金融哲学系列

市场本质

周洛华　著

上海财经大学出版社
SHANGHAI UNIVERSITY OF FINANCE & ECONOMICS PRESS

图书在版编目(CIP)数据

市场本质/周洛华著. —上海：上海财经大学出版社，2020.8
(金融哲学三部曲)
ISBN 978-7-5642-3601-4/F.3601

Ⅰ.①市… Ⅱ.①周… Ⅲ.①金融市场—研究 Ⅳ.①F830.9

中国版本图书馆 CIP 数据核字(2020)第 125875 号

□ 策划编辑　王永长
□ 责任编辑　王永长
□ 封面设计　张克瑶

市场本质
周洛华　著

上海财经大学出版社出版发行
(上海市中山北一路 369 号　邮编 200083)
网　　址:http://www.sufep.com
电子邮箱:webmaster @ sufep.com
全国新华书店经销
上海颛辉印刷厂有限公司印刷装订
2020 年 8 月第 1 版　2024 年 11 月第 4 次印刷

890mm×1240mm　1/32　11.5 印张(插页：3)　219 千字
印数：15001－18000　定价：78.00 元

作者简介

周洛华　金融学副教授，经济学博士，美国达特茅斯学院塔克商学院金融学博士后研究员；历任大房鸭公司董事长、东方网CFO、上海大学经济学院副院长、上海市宝山区发改委副主任；拥有丰富的资本市场经验；著有《货币起源》《估值原理》《时间游戏》《金融工程学》（“十一五”国家级规划教材）等学术著作与教材。

献给

热爱自由的人们

市场的本质是你们一致行动的默契

自序

这本书是我的“金融三部曲”的第二部。在第一部《货币起源》一书中，我主要讲了人类是怎么进化出货币来的，并澄清了经济学家们一直以来的一种误解：他们认为货币是早期人类发现物物交换不方便以后发明的通用支付手段和结算工具。我认为，这是对货币史第一页的最大误解。货币是道德的“补丁”。人类进化出了道德体系来约束并规范部落成员的行为，实现共同生存的目的。道德体系在具体执行过程中需要有一个类似于“核数师”和“审计师”那样的量化指标体系，于是就有了货币。

在本书中，我打算进一步澄清经济学和经济学家们给普通人带来的误解：他们认为决定市场的主导机制是供求关系——这大错特错了。市场的本质究竟是什么？这个问题很难回答，或者说我很难眼睛盯着市场来阐述市场的本质是什么。我认为应该重点阐述创建市场的是什么样的人，他们在什么情况下创建了市场，他们为什么要创建市场这个机制，他们究竟是谁？我感觉回答这一系列问题比回答“什么是市场”更远离形而上学的陷阱。

在绝大多数情况下，我们连市场是什么都没有共识。我们使用市场这个词的场景是相当宽泛和模糊的。某个股市暴跌的早晨，我遇到一个长期在上海工作的外国邻居，我垂头丧气地告诉他，market crashed（市场垮了）。他大吃一惊，“不会吧，我刚从那里买了黄瓜回来”。那天我听到他的这个回答以后，开心地笑出声来了。我对自己说，这肯定不是我犯的最后一个错误，因此，这也一定不是世界末日——否则我这会儿笑不出来。我现在已经忘记了那次暴跌的原委，却一直记得那个早晨提溜着一袋黄瓜、瞪大了眼睛的老外。

不过在维特根斯坦看来，研究市场的本质，这种企图就是错误的，并且会制造更多有关市场的迷雾。在他看来，我们根本不应该去关心市场的本质究竟是什么，我们应该转而观察人们在什么情况下需要去市场？人们又在那里干了什么？得到了什么？失去了什么？市场怎么会平白无故地降临到人类社会的？为什么同样是市场，其形式却千奇百怪？证券交易所和路边摊都被称为市场，它们却由不同的政府部门进行监管，适用的法律和税收也完全不同。为什么有人说你到一个谁也不认识谁的市场上达成的交易会更有效？为什么有的市场上每天就是这几个做市商在交叉对手盘，而有的市场上则是 24 小时由电脑自动撮合成交？哪种交易方式会更有效？不同形式的交易方式之间的差别仅仅在于效率不同吗？为什么两种市场交易形式谁也替代不了谁？邻居买黄瓜的市场和我买股票的市场是由同一种力量推动的吗？它们的运行机制相同吗？

好吧！这就是被我称之为“本质”的问题。

“回到粗糙的表面上去，你需要摩擦力才能前进；回到日常生活中去，你并不需要哲学”——这是维特根斯坦晚年对追随他的青年学生的劝谕。我们不需要去问市场的本质什么，对市场本质的痴迷，对理想化市场的追求，都说明我们还没有看清市场在人类社会中的作用；或者说我们自己还没有理解“市场”的用法，归根结底，还是我们自己没有更清楚地了解人类自身的发展规律。中世纪宗教改革之前的欧洲大陆上，人们总是想弄清楚上帝的本质是什么、上帝是怎么想的、我应该怎么信奉上帝，等等诸如此类的问题。我现在看到有一团相似的迷雾笼罩在我们头上，我们试图搞清楚市场的本质、运行规律、喜怒哀乐和定价机制。

中世纪的人们没有想明白，决定人类命运的并不是上帝，而是人类自己；我们现在也没有想明白，市场并不是一个脱离人类社会的黑匣子，市场就是我们自己。所谓研究市场规律，其实就是通过镜子来研究人类自身的特性、规律和进化历史。为什么人类发明了市场（我将其称为仅次于货币的最伟大的发明）？为什么我们在进化过程中需要一个市场？市场体现的是其自身的规律，还是人类发展的规律？在灵长类动物中，只有我们人类和另外两个近亲（黑猩猩和巴诺布猿）学会了照镜子，或者说地球上只有我们这三个物种知道镜子里的影像是我们自己。我们可以照着镜子来清除自己脸上的污垢，整理自己头上的毛发（只有我们和巴诺布猿进化出了头发），捉掉身上的寄生虫（其它灵长类动物都需要相互依存着梳理毛发）。

我有时觉得，镜子就是市场，里面照出了我们自己，那不是什么市场的规律，那其实是人类社会的规律，体现的是人的本性。“道不远人，人之为道而远人，不可以为道。”我们要研究市场的运行规律和自身机制，其实就是要研究我们自己，人类对于自身的天然好奇是永不枯竭的。

于是，我想要追根溯源地找到早期人类是在什么情况下，带着什么动机设立了“市场”。他们又在市场上做了些什么？得到了些什么？这些看似有助于澄清“市场本质”的问题，其实能够帮助我们看清我们自己。澄清市场一词的混乱用法，以及找到市场在人类进化过程中的作用，这就是本书的写作主旨。

全书的写作过程中，我极力遏制自己想写一部系统性哲学作品的念头，因为那不仅将制造一部满足我自己虚荣心的作品，还将产生一团哲学的迷雾。因此，不要被本书那些井井有条的目录所迷惑，这不是一部刻板严谨的著作。为了打消你的顾虑，我还有一个老得掉牙（但很适合拿出来“卖弄”）的笑话——一个只有资本市场上的老游击队员才能笑出来的笑话：为什么从巴菲特、芒格到索罗斯，许许多多的投资者都爱读哲学作品并坚称自己是哲学家？因为他们和哲学家有着同样的困境：

Philosopher Kant smashed his index again。从字面上看是指哲学家康德又撕碎了他自己的目录(康德哲学以构建严密的体系而著称,他对自己非常苛刻,经常否定自己著作原先的目录)。在英语中,“康德”(Kant)与“不能”(can't)谐音,而“目录”(index)又与“指数”双关。因此,这句话也可以理解为:哲学家不能反复战胜指数——此言不虚,绝大多数投资人不能长期战胜代表市场的指数基金,因此,他们都“谦称”自己是哲学家。

继《货币起源》之后,王亚娟再次担任了本书的验证阅读人。她给我的反馈和建议使我对中国人民大学的校友们充满了亲切的好感。我在思考和写作本书的过程中得到了许多朋友的支持,深表感谢。他们包括:曹均伟、王炜炜、凌力、陈信华、于朝霞、李青、时寒冰、廖建勇、李国旺、裘国根、梁宇峰、周强强、邓文杰、鲍玉芳、杨忆南、陈林、郭朝晖、赵璞、白又戈、沈燕冰、朱枫、王军、王永长、苏耀科、王真哲、谢志刚、朱凤余、赵旭东、谢桂华、富晓星、本力、陆南泉、彭晓玲和王水雄(根据我认识他们的时间顺序排列)。他们也许未能对这本书的写作提供直接帮助,但是他们为我树立了体现人类正义理想的道德模板和行动指南。他们的成功、进步和宽容以及他们和我的交谈、给我的微笑和拥抱,使得我相信这个世界正在变得更好。我还要特别感谢我的各位导师和领导。他们是:伍贻康、张幼文、Margaret A. Peteraf、陈步林和于信汇。我一如既往地感谢他们。一想到这些年我没有作出什么像样的成绩,我就责备自己人到中年,却还未实现他们当初对我的期望——在完成这本书之前，我经常深受这种羞愧心理的折磨。

亲爱的妈妈，这本书是为你写的。我特地把你在菜市场的经历写进了这本书。我隐去了阿牛、阿根和阿毛的真实姓名和摊位号码，然后我又删掉了专业术语并改写了全部拗口的句子。因此，你一定会喜欢这本书的。

周洛华
2020 年 5 月 2 日

目录

演 化

人变得越独立和越自由，市场就变得越成熟和越有效。

机 制

保护自由就是捍卫市场机制。

雏　形

市场不是讨价还价的地方

市场不是买卖货物的场所

市场不是配置资源的机制

市场不是赚钱发财的机会

市场不是严格规范的法律

市场是自由人的联合

有些市场经济发达的国家，人与人之间的关系较为冷淡和疏远。他们倾向于用明确的合同关系进行金钱结算。凡是市场经济比较弱小的国家，人与人之间的关系就密切。他们相互帮助和相互照应，同时他们也相互监督、揭发和制约。他们不怎么依赖纸面上明确的合同，而是依赖于脑子里模糊的情感，支撑这个清算体系的不是货币，而是面子。从某种程度上讲，市场经济和个体自由可能有着密切的关系。

人越不独立，就越依赖于部落；部落对人的控制越严格，人也就越难以独立出去寻求自由。但我不想在人和部落这两者之间寻找平衡，从进化史的角度来看，并没有个体与部落之间的契约关系。人类学家将“人和部落”作为一个整体、一个物种和一种基因来进行研究的。我认为这才是正确的方法。那个决定了个体不愿意离开部落出去追求自由的基因一定也同时存在于部落内其他成员身上，一定是这个基因决定了部落对个体实施更严格的控制，决定了其成员之间更加频繁的互动、关爱和监督。

我们几乎从灵长类祖先开始就已经具有了脱离原先群体、追求独立领地和个体自由的生物本能。市场是实现个体自由的场所，但它又不是一个有形的物理地址。它既是一个场所，又是一种方式、一种途径、一次机会、一个机制，更是一种愿望——一个不受束缚实现更好自我的愿望。这种愿望是进化史的推动力。

大自然母亲

雄性灵长类动物学会结盟是整个进化史的飞跃。

哈佛大学社会生物学教授爱德华·威尔逊曾经指出："社会化生存的动物具有明显的进化优势，当前地球上占优势的物种几乎都是社会化动物；而独居的动物则普遍处于劣势。"考虑到独居的熊猫和老虎目前的濒危处境，再考虑到就连我们人类也很难消灭的白蚁、蚂蚁和蜜蜂的繁盛情况，威尔逊的判断也许是成立的。在他的作品《群的征服》(*Social Conquest of Earth*)中，他还披露了一个实验：几个德国科学家(这事儿听起来就像是德国人干的)曾经对他的结论有所怀疑，特地用统计方法随机抽取了几个地块，然后在这些地块上挖了个天翻地覆，然后统计其中所有群居动物(主要是昆虫)的重量，由此得出了一个可信的统计结论。他们认为，在整个地球上全体昆虫的重量甚至超过了全体人类的重量，从而用实验数据证明了威尔逊有关社会化动物占有优势地位的判断。

在社会生物学家看来，人生来就是不自由的，或者说个体的人不可能有完全脱离社会的自由。我们时时刻刻都生活在家庭、群体、部落和国家之中，我们受到方方面面的影响和约束，我们内心渴望和其他人交往和互动，我们天然就会(并且也需要)制造朋友和敌人——绝大多数灵长类动物都是社会化动物。猴群迁徙过程中，不会照顾和召唤落单的猴子，落在后面的个体猴子会自己主动发出求救的声音，希望尽快回归群体。对于人类来说，单独囚禁是仅次于死刑的一种酷刑，一个人如果被单独囚禁一段时间，不让他和外界接触，他的免疫系统很快会崩溃。

我们生物学上的近亲黑猩猩及巴诺布猿和我们一样，都是社会化动物。它们有高度发达的社会组织形式，类似于人类“政治”活动的规则和捍卫秩序的集体行动。黑猩猩的体型比人类要小大约1/3，但是如果你在森林里遇到黑猩猩，你基本上就凶多吉少了。因为它们具有强大的咬合力，它咬你一口你就得完蛋，而你咬它十口也未必伤得了它的皮毛。

人类的祖先学会了使用语言，因为我们之间的社交活动更频繁，内容也更丰富，包括沟通、欺骗、说服、诱导、鼓舞、转达和教育等场景。为此，人类的上下颚和喉咙部分进化出更适合发声的结构，而不再适合撕咬。这也就是为什么有许多人成年以后不得不拔掉智齿的原因所在：我们的上下牙床已经缩小，容不下这么多牙齿了，而牙齿数量却未在进化过程中相应减少，拔掉最后一排智齿是我们为发声、说话、沟通和交流所付出的代价。

生物学家认为正是社会化进化推动了人类智商的提高。人生活在社会中必然学会许多复杂的“社会化游戏”：巴结、讨好、结盟、社交、报恩、复仇、对抗、背叛和厮杀。除了灵长类动物以外，其它许多动物也在社会化进化中提高了自身的生存能力。

最简单的例子是你的宠物狗，它的祖先在15 000年前还是东亚狼，但是狼从来没有进化出“动眉肌”，而狗却有这个功能。这使得它能够皱着眉头显出可怜的憨态，从而更容易获得人类的喜爱。毫无疑问，这个功能是狗成为人类宠物以后进化出来的。另外一个例子颇具争议，但我仍然接受了其所包含的逻辑：灵长类以外最聪明的动物是马。证据是马的脸最长。用电脑分析了马的脸部表情之后，发现马有27种表情，它们没有语言，相互之间只能用脸部表情来实现互动和交流。因此，它们进化出了特别长的脸，只有这样长的脸才能表达丰富的表情，而这么丰富的情感交流需要揭示了马是一个高度社会化的物种，因此，判断它们的进化程度比其它哺乳动物要高。

一旦我们理解了“社会化”在进化史中的地位，我们就容易陷入一种思维惯性：人类的进化是一种由小而大的部落进化过程。早期的人类生活在一个大家庭中，后来组成了家庭联盟，再后来又有了部落和部落首领。中国近现代仍然有民族大姓的村落聚居，可以视作这种进化机制的一种形态。当然，社会化进化的最高形式就是民族国家的诞生。

但这里面有一个误区，即人类学家们谈论的民族并不是一个种族概念，而是一个文化概念。并没有任何生物学证据表明，我们所谓的种族是一种在基因上带有明显特殊标记的人种，我们只是一群在文化上相互认同的人。这种文化认同感会自然而然地产生一种凝聚力，使得我们主观上判断那些和我们有着不同文化的人是另外一个“人种”。这其实是误解。

现代人的祖先起源于非洲,欧亚人和绝大多数非洲人的祖先都是来自非洲的克罗马侬人。其中,欧亚人带有2%—6%不等的尼安德特人基因。这说明我们的非洲祖先曾经和欧洲的尼安德特人发生过基因交流事件。

我们不能把人类的进化想象成越来越大的社会群体。我们当然是社会化的人,但是人的进化来自看似矛盾、实则统一的两种力量:个体的自由和集体的团结。这两种力量此消彼长、相互促进,人类的进化史就是这两种力量共同推动的。

社会生物学家们早就发现,那些内部具有强大自我牺牲精神的部落往往在部落之间的竞争中占优势,尽管他们的武器不如对方先进或他们的人数处于劣势。当个体具有自我牺牲精神的时候,团体就表现出一种凝聚力,而这种力量是战胜对手并赢得胜利的关键。因此,我们可以毫不犹豫地认为,团队精神是推动进化的关键力量。

与此同时,个体追求自由的努力也是推动人类进化的重要力量。个体自由和集体精神其实是“统一整体的分别反映”。试想一下,一个亲密无间的部落确实能够在丛林中战胜别的部落,但是在这个紧密团结的部落内部恰恰酝酿着一种自我毁灭的机制。越是这样的部落,越容易容忍并纵容懒人的存在。这就是人类学家所谓的“搭便车”现象。个体的人很容易就会发现“搭便车”是最好的生存策略,他可以不劳而获,可以不必承担责任,可以利用其他人的同情心和自我牺牲精神，从而为他自己获得最大的利益。当“搭便车”现象越来越普遍的时候，部落内部的人就越来越懒散，越来越缺乏责任心，越来越不想为部落做出贡献。于是，这个部落就瓦解了，不再战无不胜了。

个体不断追求自由的行动看似降低了部落的凝聚力，但同时也会提升整个部落内部的竞争性。个体的人要不断发展更有效的生产技术，这样就提高了部落的生产技术。当然，前提条件是整个部落要尊重并保护个人产权；否则，一个部落总是容忍对其中冒尖个体的掠夺，无形之中就限制了个体从事科研开发和技术创新的主动性。

请允许我套用“既要……又要……”的句式。我们既要允许个体追求自由，又要鼓励大家维护团结。一个部落之所以能够生存和胜利，关键就是建立了一个复杂的平衡机制，使得这两种力量同时存在、此消彼长、相互促进。从某种程度上来说，单独强调自由或者团结都是错误的。没有脱离于其他人的个体自由；相应地，如果忽略个人自由，集体力量就失去了基础。

一个部落要同时维持这两种力量，就要建立两套看似矛盾的说辞、制度和信念。为了捍卫个体自由，必须建立一视同仁且强调公平的法律，而建立法制的目的是让大家接受公平竞争的结果。无论这个结果是否对自己有利，也无论自己是否喜欢这个结果和这个赢家，任何人都必须接受公平法律实施的结果，这种对于结果的接受就是对法制的一种集体捍卫。法制给个人提供了努力和奋斗的空间，个人有机会通过努力在部落内提升自己的地位，改善自己的福祉。部落的法律环境保证尊重这个结果。

为了捍卫集体团结，部落还需要有另外一套说辞来维持秩序。在演化的过程中，这套说辞以及相应的舆论干预机制就逐步形成了道德。部落内部会建立一种“口头奖励，背后议论”相结合的舆论机制。在这套机制的帮助下，部落内部会提倡并劝谕大家要相互帮助，鼓励人家自我牺牲，鼓励穷人勤俭节约，鼓励富人乐善好施。这一切看似对部落内的个人自由（尤其针对个人如何支配财产的自由）实施了软约束，其实是为了维护部落内的团结，使其仍然具有凝聚力。尤其当发生对外战争的时候，部落内的团结就更加重要了。

个人自由和集体团结这两股力量同时存在且相互促进，使得部落成了一个看似松散、实则紧密联系的群体。如果读者熟悉灵长类动物进化史的话，就不会对这个结论感到突兀和陌生了（我会在本章后面的内容里介绍部分灵长类动物的进化史）。

市场伴随着个人自由的扩大而发展起来，市场的发展又反过来为个人自由提供了广阔空间。市场和个人自由的关系是相互促进和相辅相成的。但是我觉得如果我们只谈市场与个人自由的关系，我们就从根本上误解了这两者的本质。我们要把市场和个人自由放到部落生活的环境中，放到秩序和道德的环境中，放到当时当地人们的生活中，放到人具有追求个人自由和捍卫集体利益的双重人性中，放到灵长类动物的进化史中，才能真正理解市场和自由。

我感觉有必要从人类学的角度来研究一下市场的本质。市场的本质并非是经济学教科书上宣扬的那样，由供求关系、资源配置、效率改善、价格信号和产业政策所决定的。所有这些经济学概念都是在市场诞生许多年以后，经济学家们用来观测、记录和描写市场的工具，而绝对不是市场本身，更何谈市场本质。这些经济学的视角不能把读者带回到市场诞生之日，也不能告诉读者市场进化的历史和市场本身的基因。

那个被经济学家们称为市场的“场所”或者“机制”是极其模糊的，或者说人们非常随意地在各种场合使用“市场”这个词。市场可以是买卖货物的场所；可以是获得资源的便利；可以是销售商品的渠道；可以是给资产定价的机制；可以是效率竞赛的裁判；可以是自动撮合成交的电脑程序；可以是听你演讲时喝彩的观众；可以是网络直播时给你点赞的粉丝；可以是日常流动性的提供者；可以是县税务所隔壁那个熙熙攘攘的人群。凡此种种，读者还可以继续找出许多衍生的用法。

如果一个演化生物学家听到了上面这段话，他会随手举出一个具有更广泛哲学意义的例子。为什么太平洋鲑鱼会在每年秋季洄游到北美的河流里去产卵？这是一个筛选机制。同时，也印证了这样一个规律：鲑鱼不是群体活动的鱼类，它们只有在产卵期才默契地聚集到自己诞生地的河流里。对于平时就成群结队游弋的鱼群，它们很容易就交配产卵，因而不需要洄游。而鲑鱼并不是集体生活的鱼类，它们只有在特定时间、特定地点聚在一起，才能实现交配产卵。这条鲑鱼洄游的河流就是一个“市场”，平时分散在各处的鲑鱼几乎同时来到这条河流做同一件事情。请把河流想象成市场，把交配机会想象成交易的标的物，从哲学上看，这条河确实就是鲑鱼们的市场。这个市场聚集了大量鲑鱼之后，就能够为全体鲑鱼提供更多的交配机会，个体鲑鱼在市场中交配成功的概率远远大于在海洋中的概率。不仅如此，鲑鱼们在这条河流上的艰难跋涉，沿途守候的棕熊，天空中俯视着它们的燕鸥，这一切都构成了一种筛选机制。使得最后洄游到上游产卵地的鲑鱼要么是最幸运的，要么是最强壮的。“河流”作为聚集场所提供了交易的便利，“沿河向上游跋涉”则提供了筛选机制。这不正是经济学家们心心念念地唠叨着的市场为我们提供的东西吗？这里面哪有什么供求关系？

大自然母亲为所有物种提供了市场的雏形，其中至少包括了三个要素：交易便利、筛选机制和资源保障。1991 年诺贝尔经济学奖得主莫顿·米勒曾经指出，在有效金融市场上，一个项目的融资成本由该项目的风险收益比决定。简而言之，就是好公司的好项目能够享受到很低的融资成本；而当一个经营困难的公司推出一个前景黯淡的项目去向市场融资的时候，该项目将不得不面临高额的融资成本。从某种程度上看，高额的融资成本也是一种扼杀、一种筛选和一种保护：它提前把糟糕的投资项目扼杀在计划书阶段；它筛选出好项目，淘汰掉糟糕的项目；它阻止了那些毫无前途的冒险行动，从而保护了投资人。对于优势物种，大自然提供了它们生存所需的一切资源，它们会繁衍更多后代；对于好公司和好项目，市场给它们提供了便宜的融资和广阔的发展机遇。

我无法解释为什么鲑鱼们会默契地在同一时间洄游到同一条河流，我感觉生物学家们也解释不了这个问题，而经济学家们则认为这根本不是问题。我认为这里面最神奇的地方就在于鲑鱼们的一致行动。它们越是默契地行动，就越能为全体鲑鱼创造更多的交配机会。假设岸边的棕熊和空中燕鸥的数量一定，那么，个体被捕食的风险也将降低。最终的结果对每个鲑鱼个体都有利。

这个故事提醒我，鲑鱼们一定要有默契的行动，才能在交配季节创造出“市场”，而这个被我称为“市场”的集体洄游行动包含了对个体的筛选机制和对群体的保护机制。这两个机制对于平时散落在海洋深处自由活动的鲑鱼来说，至关重要。

全雄群视角

人类学家科塔克（C. P. Kottak）在其著作《人类学》中指出了研究灵长类动物的必要性。他说：

“灵长类的社会和高度进化的人类文化之间有较大的差异。然而对各种环境下灵长类的研究表明，这两者之间的相似性超过我们的预期……人类和其它灵长类之间的差别是数量上而不是性质上的，是程度上而不是种类上的。”①

其实，最早表达类似观点的是孟子。他曾经说过：“人之所以异于禽兽者几希。庶民去之，君子存之。舜明于庶务，察于人伦。”（引自《孟子・离娄章句》下）在孟子看来，人区别于动物的地方并不多，但这些微小的区别却又有着巨大的影响。而且孟子寄望于人类中的君子来保留并坚守这部分区别，他将其称为“人伦”。如果我们把孟子所说的“君子”推广来看的话，这个君子的概念很类似于黑猩猩群体中的“中间层”，也很类似于现代社会的“中产阶级”。

大自然是一个“残酷”的造物主，它创造了万物，然后又将其置于无休止的淘汰筛选机制之中。并不是每个个体都能够活下来成为“中间层”“君子”或“中产阶级”的。这其中要经历的不仅仅是个人奋斗，更重要的是要经历一场又一场的筛选，有时这种筛选看起来毫无道理可言，我们就将其称为“随机性”或者“黑天鹅事件”。在灵长类动物中，全雄群就是这样一种筛选机制。我

---

① C.P. Kottak. *Anthropology, the Exploration of Human Diversity*. New York, McGraw-Hill, Inc., 1991: 106.

认为，灵长类动物中的全雄群机制就是人类社会中市场机制的雏形。

人类学家热衷于观察灵长类动物的原因不仅在于它们和我们的基因高度重合，普遍达到了94%以上，更是因为灵长类动物不会“说谎”。人类学家发现只要耐心观察这些动物的行为和对特定事件的反应，就总是能够了解它们真实的内心世界。这对于观察人类来说，几乎是不可能完成的任务。人类在接受观察的时候，普遍具有掩盖自己真实想法的倾向，目的是使得自己看起来更“正常”和更“随大流”一些。

灵长类动物是高度进化的社会性群居动物，必然会在群体中出现阶级、等级和阶层。结盟一定是在特定的等级社会里才会发生的。个体通过结盟，取得了在群体中的优势地位。这些优势地位使得它们在食物分配权和交配权上具有更多的份额。灵长类动物的“政治活动”由此诞生了。有一种特殊的结盟形式（在绝大多数灵长类动物中都有）：由竞争群体领袖（主雄）失败的雄性、刚刚性成熟的年轻雄性、从周围其它群体流浪而来的雄性等共同构成的全雄群。

我国的灵长类动物中比较有代表性的是金丝猴（叶猴的一种）和黄山短尾猴（猕猴的一种），两者都是我国特有的物种。我选取这两个物种中的全雄群来作一个介绍。

> 在叶猴科中，除了一雄多雌的家庭群体以外，没有雌猴的单身雄猴有时组成全雄群，也有的不组群而成为独猴。

无论哪种情况，它们都不与家庭群体在一起，而是分离的。家庭群体占有一定的领地，而全雄群或者独猴则在大范围的栖息地内游荡，遇到机会就袭击家庭群，其中如有某个雄猴战胜原来的家长，就取而代之。

金丝猴群中没有母猴的单身雄猴组成全雄单元，这和叶猴科的其它物种类似。但与猴群分离的只是少数，大多数情况下，全雄群并不分离出去，而是作为整体猴群的基层单元。这是金丝猴独特的地方。

在我们局部范围的记录中，全雄群出现的次数要比雌雄猴组成的家庭单元出现的次数多1倍。一个重要原因就是，全雄群的毛色最鲜艳，并且在整体猴群中处于显要位置，比如在树冠高处，在猴群边缘，或者在迁徙队伍的最前面或最后面。

……有19次观察到雄性单元作为猴群的留守部队，处于群的后部边缘。当猴群受到人类干扰，或者有其他干扰因素时，整个猴群急速地离开干扰源，而有几只雄性则留下不动。这些雄性一般都在树上东张西望，有时用应答性的叫声与迁徙部队进行联系。等到大部队走远，它们才慢慢地跟在后面走。观察者记录到一次这样的事件：当大部队迁徙时，有十几个雄性留在后面，有几个亚成年雄性想跟着一起走，被一只成年雄性一只一只地咬回来，不让它们跟着走，直到大部队走远了，这些雄猴才离开。

……全雄群的个体数量通常有20只左右，最多有35只。观察者有一次有趣的记录，队伍在向前迁徙，但见到两个亚成年雄性反其道而行之，直走到队伍的最后面才跟着队伍走。看来这两个雄性是知道自己应该所在的位置的。①

在灵长类动物中，猕猴的进化程度应该比叶猴要高。这里有一个很简单的判断标准：母猴是否面对面地抱着幼猴。如果是面对面抱着的，说明母猴和幼猴之间的表情互动和情感交流较多，说明这个物种有更多的社交需求，也说明它们更"聪明"。如果母猴不是面对面抱着幼猴或者干脆把幼猴背在背上，说明两者之间没有眼神和表情的交流，幼猴不需要学习许多群内的社交规则。这也就说明这个物种进化程度较低。

其实，非洲的狒狒的全雄群最著名。它们争夺配偶和群体领导的斗争更激烈。实际上，我国的黄山短尾猴的全雄群特征并不明显。我一度猜测黄山短尾猴可能是母系部落，因为其中有典型的雄性迁徙换群的特征，而雌性则待在原来的部落不动（这和母系的巴诺布猿情况类似），说明是雌性短尾猴拥有这片领地，而雄猴则是外来的。尽管如此，在黄山短尾猴的雄性领导产生方式上，确实也有类似全雄群的痕迹：

① 北京大学心理学系灵长类动物研究小组、湖北省神农架国家级自然保护区科考站：《金丝猴的社会——野外研究》，北京大学出版社2000年版，第39—41页。

一般认为猴王的产生要经过激烈的争斗，但在我们对短尾猴社会群的研究中，个体没有经过明显争斗而当上猴王的情况也是常见的。这种情况发生在群中只有一个出生于研究群的个体单独进入成年期。在接近于成年年龄时，雄猴的身体迅速长大，犬齿也很尖锐，本身有较强的竞争能力，加上没有其他雄猴可与之竞争，它很容易取得猴王地位。

值得注意的是，在取得猴王地位之前，通常有这样一种现象，即它们首先从群中消失一段时间（10—30天左右）后再返回原群中。虽然离开原群体的时间并不长，但回来后的行为与出走前大不相同。它们在群内横冲直撞，经常攻击小猴子和雌性猴子，尽管这时它们的地位并没有上升。它们甚至在猴王面前试图与雌性交配，并频繁地接近雌性进行性检查。群体中的许多猴子也主动地接近年轻的归群猴子，并频繁地与它进行社会交往。现任猴王虽然此时也关注新成年雄猴的一举一动，但不敢轻易前去干涉。可能正是猴王的漠视，使新成年雄猴在群体中的“威信”不断升高，用不了几天，新成年雄猴开始对猴王瞪眼或者击打地面进行恐吓，不久新的成年雄猴的地位终于超过原猴王而登上猴王宝座。由此可见，以社会性成熟这种方式产生猴王是一个渐进的过程，不像格斗方式那样短时间较量就可见分晓。

……

(李进华)对此的解释有两点:(1) 离群使个体获得了"自信"。由于这些个体没有离开群体之前,在群中的地位很低,是那些高顺位的成年雄性经常攻击的对象,它们在群中比较孤独,处处小心,这种压抑感显然妨碍了个体竞争高顺位;(2) 这种方式可以产生一种距离感或神秘感。如果不离开群体,它们天天在一起,相互之间太熟悉。而离开群体一段时间,再返回后彼此之间有了一种距离和陌生感,原有的猴子对它也有了一丝敬畏,同时离开群体一段时间后还能返回来。这本身也向群中其它个体表明了非凡的竞争能力。

……

当群体中有两个或两个以上的雄猴同时成年时,它们通常首先与现任猴王交锋,打败猴王使其交出"王位"。紧接着同时成年的雄猴之间发生格斗,胜利的一方则是新猴王,但失败的一方不是第二顺位,而是沦落为成年猴中最低顺位的猴子,这的确耐人寻味。是新猴王缺乏宽容,还是失败者不甘担当"助手"?①

我认为,这说明黄山短尾猴的群体中缺乏一种制约猴王(也称主雄)权力的机制,群体内没有参与争夺王位的个体不能自动

① 引自李进华:《野生短尾猴的社会》,安徽大学出版社 1999 年版,第 88—90 页。

与竞争王位的失败者联合起来，形成对新猴王的制约。从这一点来看，黑猩猩的进化程度要远远高于短尾猴。竞争王位失败的黑猩猩个体很快会和群体内其它雄性个体联合起来，对主雄形成制约。要观察验证这一点，我认为，以主雄（α-雄猴）在群内获得的交配机会来衡量是最恰当不过的了：

α-雄猴占猴群全部交配数的63.5%（2/3左右），地位次之的β-雄猴占20.7%（1/5左右），更次之的γ-雄猴占8.7%（1/12左右），γ-雄猴顺位以下的全部雄猴只占7.1%（1/14左右）。①

而在黑猩猩的群体内，主雄（相当于α-雄猴）占有的交配次数只有50%，群体内的其他年轻雄性形成的中间层大约占有剩下的50%。可以想见，地位和等级的重要性对于黄山短尾猴来说远比黑猩猩来得重要。之所以会出现这样的情况，是因为黑猩猩中的雄性个体能够联合起来制约主雄，使得主雄的权力并不具有太大的决定性。

总的来说，全雄群集中了性成熟的年轻雄性，它们聚集在一起，形成一个松散的群体。全雄群一般由竞争王位失败的成年猴领导，但因为该群体的主雄并不具备分配食物和交配权的权力，因此，全雄群的领袖地位远不如由多个家庭构成的猴群或者黑猩猩群中的主雄。这也意味着全雄群内的雄性个体比它们在

---

① 引自李进华：《野生短尾猴的社会》，安徽大学出版社1999年版，第107页。

原生部落里拥有更多的自由。

绝大多数情况下，全雄群只是雄性个体的临时收容所。年轻的雄性在这里寻求自由空间，适应一段时间的独立生活，参与群体的活动，最终试图击败某个邻近猴群的猴王并取而代之。它们来到全雄群就是来冒险的，它们也可能最终一事无成，然后加入一个陌生的群体，成为其中地位较低的个体。

人类社会也有全雄群，我们最熟悉的例子就是梁山好汉。他们中有科举落第者，有仕途失意者，有怀才不遇者，有年少轻狂者，这些人的组成很像一个全雄群。而且他们占领了一片属于自己的领地之后，并不是从此就安顿下来了，他们还想着要么推翻朝廷（竞争猴王），要么归顺招安（迁徙加入其他群体）。梁山对于他们来说，只是一个人生中转站，临时停车处，短期培训班或者干脆就是一个加油站。此外，20 世纪 80 年代开始，我国掀起了一股“南下热潮”。大批年轻人自愿离开原有的计划经济体制，放弃国有企业职工的身份（俗称“铁饭碗”），带着对未来的美好憧憬，来到深圳和海南岛打工和创业。从某种程度上讲，他们就是加入了一个人类的“全雄群”。如果说当时“南下”的青年是为了寻求更大的个人发展空间和活动自由的话，那么，同时代出现的“出国热”则体现了“全雄群”的另一种特质：提升个人社会地位。从 20 世纪 80 年代开始，大约持续了 20 年的时间，凡是留学回国的人员，都能够获得比出国之前更高的地位和待遇。这当然也和当时改革开放背景下国家吸引留学人才的政策有关。

丛林到底给了全雄群什么东西？市场到底给了我们什么东西？我觉得更准确也更接近真相的问题应该是：个体为什么加入全雄群？我们内在的动机是去探索未知领域？去抗争不利的命运安排？去争取更广阔的生存空间？还是去挑战现有权威？在生物学家们看来，个体加入全雄群的意义在于为自己争取一个产生更多后代的机会。机会在这里是一个关键词，但这里有两种不同的机会，我们无法通过观察全雄群来做出解释。第一种机会是经历了在全雄群的磨砺之后，个体获得了更多的自我发展的空间，不再受制于原来的群体（“五月花”号）。第二种机会是个体经历了全雄群的磨砺之后，回归原有部落获得更高的地位（梁山好汉）。这两种机会在进化史中交替出现，由此产生了推动市场发育的两种基本原动力：个体追求更大的生存空间，个体追求更高的社会地位（前一种动力带来了商品市场，后一种动力带来了资本市场。后面会详细解释）。

基于这样的认识，我发现经济学家们经常念叨的“市场能够有效配置资源”的提法，其实是误解了市场的生物学本质。按照维特根斯坦的说法，他们陷入了“语言的迷雾”，摔下了悬崖，那里躺着一群死掉的古代哲学家。首先，从微观角度来看，自己到底需要什么当然自己最清楚。我喜欢红领带、酸辣汤和轻便鞋。只要我有自由选择权，我当然就会买我最喜欢的东西。如果给定预算限额的话，这三样东西的组合带给我的幸福感最强。因此，所谓的“市场会有效配置资源”的论述其实应该表述为：应该坚决捍卫个体的自主选择权，允许个体在预算约束下追求幸福最大化，这就避免了别人越俎代庖替我作决定而造成的资源浪费或者幸福感降低。因此，市场效率源于捍卫个体自由！或者说，那些想要捍卫自由的个体，会更注重独立性。他们既要更大的生存空间，也要更大的自由。因此，他会想方设法提升效率，这对他自己最有利。相反，那些不重视自由的个体，也就不怎么独立，他们有严重的依赖性，他们的效率（为别人工作）也一定不高。其次，从宏观角度来看，大自然也好，市场也罢，它们俩都不主动配置资源。它们俩手里都没有一个拟重点培养的明星企业名单，也没有与之相应的配套优惠政策。市场和大自然都在做同样一件事情：淘汰掉那些不适应的个体，让最适应环境的优势个体繁盛起来。并不是市场把资源配置给那些优势企业和优势物种了，而是它们在竞争中脱颖而出，并经历了随机性的考验之后，成了强壮的幸运儿。它们天然就能攫取、获得、占有并享有大自然或者市场的资源。因此，市场效率源于捍卫公平竞争！

维特根斯坦曾经愤怒地指责一位科学家，因为对方写了一本科普读物，书名叫《神秘的宇宙》。在维特根斯坦看来，把宇宙神秘化的目的是提高掌握宇宙知识的科学家在普通民众心中的地位，这种目的是自私且邪恶的。基于同样的逻辑，我认为经济学家们所谓市场有“无形的手”“市场能够自动地且有效地配置资源”等这些说法不仅是对市场本质的误解，更源自将市场神秘化并有提升自己的社会地位的企图。因此，这些说法不仅错误而且邪恶。

经济学家们谈论的市场是一个他们创造出来的“神”。这位神灵具有“看不见的手”，但却又能够操纵市场走向并决定市场参与者的命运，而且无论这位市场大神作何决定，都会被经济学家们讴歌成最有效和最理性的决定。如果你接受了历史唯物主义观点，你就不会赞同经济学家们对市场这个词的使用方法。

宗教改革者马丁·路德曾经说过，“神学就是关于上帝这个词的用法”。维特根斯坦说过类似的话，“一个词的意义就在于它的用法之中”。经济学也好，金融学也罢，都严重依赖于经济学家们如何使用“市场”这个词。无论他们讨论的是商品市场、劳动力市场、货币市场还是资本市场，似乎市场这个词如上帝一般无所不在——事实上，基督徒们认为上帝不是无所不在的(ubiquitous)，而是普遍存在的(omni-present)——也许后者更接近于经济学家们对市场一词的使用。① 但是不管怎么样，市

① 基督徒们认为无所不在(ubiquitous)这个词不能用来描写上帝的存在，因为这个词的构成方式为上帝的存在设置了空间前提。无所不在这个词暗含这样的逻辑前提：当空间场所不存在的时候，上帝也就可能不复存在了。这显然是基督徒们绝对不能接受的，因此，他们倾向于使用普遍存在(omin-present)一词，这个词使得上帝不依赖于任何空间场所而存在，上帝是一种“无条件、无前提”的存在，只有这种存在方式才符合“上帝”这个词的本义。在无神论者眼里，这场争论当然毫无意义，但它在历史上曾经极大地推动了逻辑学的进步。

场这个词的各种模糊用法已经获得了广泛的使用，得到广泛使用并不意味着这个词会在使用中形成明确的约定俗成而不再模糊了，更可能的情况是越来越多的人在模糊地使用这个词，而没有感到丝毫不安。

我对问题的看法恰恰相反，我们根本不了解市场的本质，我们只是在模糊地使用“市场”这个词。在我们真正明白市场到底是什么，是怎么来的之前，经济学和金融学的基础都不牢固。市场的源头深深地埋藏在 4 000 万年前的丛林里，市场的本质散落在灵长类动物的进化史中。只有找到市场的源头，我们才能清晰而准确地理解市场的本质。

进化过程中的生物本能是市场内在动力的源头。我只要把问题归纳引导到这个源头，即便我不能做出分析和解答，我也把你带到了一个你停止继续发问的地方。基于这样的认识，我先提出这样一个观点，稍后章节会再来具体论证：

资产价格的变动体现的是人与人之间关系和地位的变化，根本不是随机漫步过程。我知道这句话对于所有艰辛地读完《连续时间金融》并声称自己收获巨大的读者来说，是一种冒犯。但我的本意不是冒犯你们。我和你们一样，喜欢该书的作者罗伯特·C. 默顿。我还对他参与筹建的长期资本管理公司（Long Term Capital Management，LTCM）充满了敬意，他们用自己的估值理论构建了交易策略，并向充满不确定性的未来发起了冲击。尽管时运不济，他们栽倒在了天涯海角的小概率事件上。

但他们身后留下的一道壮丽余晖，一直是金融学爱好者们心头的余烬。但真相仍然是这样的：凡是认同资产价格变动是随机过程，或者说符合某种特质的随机过程（比如布朗运动）的人，要么仍然对未来充满了幻想，要么已经对过去充满了悔恨。总之，他们都对市场的本质充满了无知。

这些人对资产价格的变动感到困惑不解，又认定其中必然存在着某些高深的规律，他们急于掌握这些规律以便自己快速致富。他们其实并不确定资本市场上是否存在着可由数学方法揭示的规律。但是他们急于运用某种方法快速提高自己的社会地位（要么赚到很多钱，要么让人觉得自己很能干），他们试图把资产价格变动数学化、物理化和科学化。这不说明数学物理方法错了，而是说明他们试图去理解这种变动的动机是如此之强，以至于他们就像沉入水中挣扎的人一样，随手抓到的树枝和稻草都寄托着他们对生命的巨大渴望。在金融学中运用数学物理方法就是沉入泥潭的人们随手抓住的稻草，让他们沉下去之前充满了希望。

数学不是金融学的"救生圈"。为了要让这些数学方法在金融学领域得以应用，我们首先要接受这样一个前提条件：资产价格变动是随机过程——而这一前提从来就没有人证明过，只能诉诸人们的信仰——你得先相信资产价格波动符合随机过程，然后才能学习金融学。这就相当于我得了阑尾炎，痛得死去活来，部落酋长对我的病毫无办法，但是他又不愿意让部落里的其他成员看出来他其实束手无策。于是，酋长需要宣布我中了敌对部落的巫术，因此，需要巫师来帮我驱邪。金融学的老师在学校里教你的那些数学方法相当于巫师在部落里对我施用的巫术。

巫师和数量金融学家一样，嘴上有一套完整严密而且听起来逻辑自洽的说辞，手里还有一套花里胡哨而且看起来高深莫测的操作，但是，他们对于我的阑尾炎和我的自选股都没有任何帮助。你不信？听听诺奖得主尤金·法玛的心声吧："如果有效金融市场理论是正确的话，那么，每隔 3 000 年市场才会出现一次 6 倍于标准差的回报；但实际情况是每隔 3—4 年就出现一次"——他十分明智地选择在获奖之后才披露这一点。

我反对将数学方法生搬硬套地运用到金融学中来，尤其反对用于构建估值模型和交易策略。其实，金融学里面很早就有人意识到这个问题了，只是他们说话比较委婉而已。这就是"两定一不知"定律。你事先构建的任何一个交易策略，如果你确定该策略能够在观测期内实现累计正收益，且在观测期内实现正收益的天数大于 50%，那么，你无法在事先确定观测期的天数。委婉吧？大白话就是：任何一个交易策略都是看天吃饭。当你构建的交易策略正好在某一天同时实现了累计正收益(回报高)和正收益天数大于 50%(稳定性好)，那么，你赶紧宣布观测期结束。由此，你就可以骄傲地宣称你用天才的灵感和高深的数学方法构建了一个卓越的交易策略，跑赢了市场。但这些话你不能对着镜子说，也不用告诉老婆孩子，而是用来做成幻灯片，然后西装革履地对潜在的投资人展示你的数学天赋，让他们充满期待地把钱交给你打理，你的目的只是赚取他们的管理费。仅此而已，这就是金融行业的惯例和真相。怎么样？看到这里你是不是感觉自己的阑尾有些不舒服？你不用感到羞愧和孤独，地上躺着许多病友。

最近10多年对人类学的研习彻底解放了我。现在，我相信是全雄群——而不是供求关系和随机过程，为我们提供了看待市场的最佳角度，且相关数据已经由4 000万年的灵长类动物进化史验证过了，结论相当可靠。个体加入全雄群（市场）无非有两个目的，要么摆脱原群体内高等级个体的压迫和约束，从而获得更大的个体自由；要么寻求机会击败周围群体现任的主雄，然后取而代之，从而获得更高的社会地位。因此，全雄群里只有两个关键词：个体自由和社会地位。而在社会化群居动物中，这两者又是紧紧联系在一起的。其中，拥有更大的个体自由就需要有更多的社会资料；拥有更高的社会地位首先要有公平有序的社会秩序。实现这两个目标的方法分别是：建立商品市场和资本市场。

商品是生活资料，资产是社会秩序。商品和资产是完全不同的两类事物，它们对应的市场也完全不同。每当我看到经济学家用供求关系研究商品价格，或者用随机过程研究资产价格的时候，我的感觉就像是得了阑尾炎之后任由部落巫师摆布的病人一样——感觉自己恶心、绝望且无辜。

商品市场带来了个人自由，赋予了人脱离部落的权利，使人能够相对独立于原生部落，谋求独立的生存空间，自主地安排自己的生活，对自己的前途作出自主的抉择。如果没有商品市场，各种生活资料都要依赖于部落提供，作为个体的人就不能脱离部落谋求发展，他只能在部落内循规蹈矩。因此，只有建立一个商品市场才能让人获得独立的发展机会、更多的选择权和更高的自由度。

资产市场则巩固了社会秩序。《孟子・滕文公上》说："民之为道也，有恒产者有恒心，无恒产者无恒心，苟无恒心，放辟邪侈，无不为已。"《孟子・梁惠王上》进一步阐述了恒产与价值观念和社会秩序之间的关系："五亩之宅，树之以桑，五十者可以衣帛矣。鸡豚狗彘之畜，无失其时，七十者可以食肉矣。百亩之田，勿夺其时，八口之家可以无饥矣。谨庠序之教，申之以孝悌之义，颁白者不负戴于道路矣。老者衣帛食肉，黎民不饥不寒，然而不王者，未之有也。"在孟子看来，没有财产的人就没有价值观念，不会遵奉整个社会的价值体系，也不会捍卫社会的道德和秩序。2 000 多年以前，孟子把秩序视作王道，是王者的私有秩序。孟子意识到了私有财产是捍卫秩序的重要工具。今天人们的理解已经更进一步：财产本身就是制度。而制度是我们大家的秩序，不仅仅是王者个人或者皇室的私有秩序。

如果只谈论个人自由或只注重社会秩序，经济都会僵化或者混乱。只谈论自由而不讲究秩序的地方会走向混乱；只注重秩序而不保护自由的地方也会变得僵化。因此，要在有自由的地方捍卫秩序；要在有秩序的地方捍卫自由。这就能防止出现阶层固化和混乱无序——这两个极端都是市场发展的噩梦。

我观察过，在两个秩序井然的国家里，那个对个人自由保护程度更高的国家相对来说更富强，市场更活跃，人民更乐观，社会风气也更积极向上；在两个对个人自由保护程度差不多的国家里，那个法治更加健全的国家的经济发展水平更高，市场更有效率，社会治理水平更先进，人民也更文明。

人类学家（尤其是灵长类动物学家们）绝对不会把个体自由和群体秩序对立起来。要从群体角度看待个体，要从基因层面理解个体和群体。

保护自由就是维护秩序；维护秩序就是保护自由——这两者是统一整体的分别反应。一个物种不可能进化出两个相互对立的基因，并任由它们同时发挥作用，即便有这样遗传特征相互对立的基因，在漫长的进化史中，其中一个一定已经淘汰了另外一个。灵长类全雄群中的个体之所以同时具有追求个体自由和更高社会地位的动机，是因为这两者对我们来说，是同一个基因决定的。这是进化史中常见的现象，这只说明我们人类在使用基因方面效率很高，适用性很强。这个基因并不会只促使我们去追求个体自由，从而离群成为单独生活的个体；这个基因也不会只鼓励我们捍卫团队精神，并为维持社会秩序而作出自我牺牲。这个基因让我们能够同时适应这两种环境。只不过是我们发明了语言之后，尤其是我们开始用语言思考所谓的哲学问题之后，这两者才开始在“哲学上”对立起来了。其实，这两者本来在“生物学上”是一体的。

如果我们把有关自由与秩序的对立统一问题放在进化论的框架下来理解就会发现：更高水平的个体自由需要构建一个更精致的秩序保障体系。一个只有秩序而没有自由的部落一定是一个酋长专制的地方，那个部落一定对周围部落构不成威胁，因为那里既不会发生技术进步，也无法动员力量进行领土扩张。构建更精致的秩序去实现更高的个人自由，这才是符合进化的路径。相关内容我们将在后面的章节详细讨论。

回到进化论就能够平息许多哲学层面的争论，因为丛林就是丛林，我们不能把丛林想象成执行上帝指令或者体现经济学家意志的代理人。丛林里的事实就是：一群追求个体自由、渴望独立地位和更大发展空间的灵长类个体组成了全雄群，并由此将丛林变成了市场。因此，也一定是人的主观能动性把大自然里连片的森林或者交易所里连线的电脑变成了市场。最早的市场雏形就是全雄群，在灵长类社会中出现这个群体的根本原因在于个体天然有追求“更多自由”和“更高地位”的生物本能。更多的个体自由需要公平的商品市场来捍卫；更高的社会地位需要公正的社会秩序来实现。为此，我们今天有了两个相互交织却又彼此分割的市场，分别交易着商品和资产。

基于上述认识，市场研究者的首要任务是研究商品和资产这两个市场上的参与者，研究他们的基本人性，他们的喜怒哀乐，他们的起伏沉沦，他们的渴望与失落，他们的努力与抗争。经济学家和金融学家应该像在田野调查民风民俗的人类学家一样，忠实而全面地记录并理解市场中的人性。编撰民族志的人类学家们有这样一句话："唯有大地，歌声如风"——不要以局外人的身份带着录音机去记录人们的歌声，要带着共情心和同理心去理解他们的生活，那样的话，你会和他们唱出同样的歌。

黑猩猩的"政治"

黑猩猩和巴诺布猿是与人类基因最接近的类人猿近亲。前者是父系部落，后者是母系部落。我把它们分别称为人类的"表弟"和"表妹"。它们和人类基因的相同程度都达到了98.6%，两者基因的合集与人类基因更是有99.4%是相同的。大约500万年前，我们和它们有着共同的祖先，生活在今天的刚果河流域一带。

我们之前有关秩序和自由的讨论其实是相当抽象的，要把秩序和自由放到黑猩猩和巴诺布猿的部落里面去讨论。每个灵长类动物群体的组成形式和文化都是不同的，它们有自己的秩序。

黑猩猩的社会被人类学家们认为是实现了对权力进行制衡

的自然界典范，而权力制衡又被某些人认为是民主社会的基石。黑猩猩为什么能够做到这一点？把黑猩猩制衡权力的机制引进到巴诺布猿社会为什么行不通？答案是：黑猩猩群体中有一个强大且具有团结默契的中间层。这种强大不仅仅是指个体的魁梧（黑猩猩体格比大猩猩差远了），而是指个体意志强大，不愿意受主雄过多的约束，愿意并且敢于为捍卫自己的交配权和食物分配权去和主雄打一架。而且它知道，如果主雄没有实现公平分配的话，群体内的其他雄性黑猩猩会和它一起联手对付主雄。这就是黑猩猩社会的核心——兄弟联盟，一个由年轻雄性构成的中间层，不仅能够随时联手对抗主雄，也能在若干年后产生下一任主雄。

相比较而言，黑猩猩群体的主雄要比猕猴群和狒狒群的主雄"窝囊"许多，黑猩猩群体的个体要比其它灵长类动物的个体有更多的自由。为此，容我跑题一会儿，谈谈黑猩猩的故事——黑猩猩是除人类以外，最接近于实现了权力制衡的社会性动物群体。它们的部落里面虽然有主雄，但是主雄需要依赖中间层的若干雄性的帮助，才能实现统治。中间层的雄性一般都很强，它虽然服从主雄的领导，但是随时敢于用牙齿捍卫自己的权力。主雄的领导地位其实并不是万能的，随时会有新的黑猩猩向它挑战。如果中间层的黑猩猩倒戈，那么，主雄就被更替了，因此，黑猩猩的主雄不能像人类的暴君独裁者那样作威作福和为所欲为，它必须公正地分配食物，节制地实施交配，忠诚地捍卫领地。

从某种意义上讲，黑猩猩的主雄其实是一个为群体服务的角色。

发生在阿纳姆黑猩猩群落中的领导层的变化情况生动地向我们展示了这个物种的活力。这一过程一般会持续好几个月，而且与人们通常所认为的相反，主雄争夺战并不是由少数几次战斗决定胜负的。我自己的研究发现，一个群体的稳定性是慢慢被破坏的，在这场颠覆统治者的阴谋中，每个个体都有它的角色要扮演。未来的新首领绝不可能单独行动，不可能单方面依靠力量和残暴取代现任首领，把它的统治强加到黑猩猩群体上。它的首领地位和权力需要由其它黑猩猩认可和接受。①

这真是令人大开眼界和大跌眼镜的发现。黑猩猩的“政治生活”是一个复杂的过程，需要团结群体内的其他个体，需要动摇现任首领的地位，需要在恰当的时机展现决心和冒险精神。我们大多数人心中对于动物界主雄（首领）争夺战的理解都是一场生死大战，两强相遇，龇牙咧嘴，拼死相搏，然后成王败寇。在这个过程中，群体内的其他个体则战战兢兢地待在一旁，等着新首领来决定自己的命运。而黑猩猩群体内没有坐观成败的个体，它们的政治是全体参与和共同维持的秩序。

有时强势的黑猩猩也会走背运。黑猩猩群体经常迫使

---

① 【美】弗朗斯·德瓦尔著，赵芊里译：《黑猩猩的政治》，上海译文出版社 2014 年版，第 10 页。

强势个体逃走甚至在肉体上折磨它，特别是在它们联合起来的时候。耶罗恩（阿纳姆动物园的雄性黑猩猩领袖）很少陷入这样的困境，但我还是好几次看到过它被一群尖叫着的狂怒的雌性黑猩猩驱赶的情景。这样的事实让我相信，即便是自信的主雄也会害怕。尽管它不至于害怕到露出牙齿或者大声尖叫，但那种主雄特有的全能的、不可征服的领袖形象还是被破坏了。不过，这种事情并没有对它的地位产生无可挽回的影响，因为在接下来的和解过程中，它还是和往常一样接受雌性黑猩猩们的“问候”。

……

黑猩猩们总是不断形成各种变化不定的同盟。这些同盟之间的对抗结果并不是百分之百可以预见的。黑猩猩的社会等级秩序发生偶尔的倒转并非罕见。黑猩猩之间的社会等级次序经常被称为“柔性”和“具有可塑性”。一只不到3岁的幼年黑猩猩有时也能迫使一只成年雄性逃跑，甚至强迫它做某些事情。这些情况并不只是在游戏中发生，而是在严肃的冲突中发生。

……

两个争夺主雄宝座的对手为什么不通过战斗，从而一劳永逸地为它们之间的冲突决出一个结果呢？答案很简单：因为体力并非是决定统治与被统治关系的唯一因素，而且几乎可以完全肯定地说，体力甚至不是最重要的因素。

根据我的经验，成年雄性黑猩猩之间的冲突大多以虚张声势的恐吓结束。最典型的冲突过程包括了威胁、追逐和尖叫。在雄性之间真正攻击对方身体的情况是很少见的……每100场冲突中大约只有1场是真正的相互撕咬。

……

耶罗恩（原来的主雄）从统治者的位置上慢慢下降的过程是缓慢的。它和挑战者鲁伊特发生了两次冲突，每次都是鲁伊特一出手就赢了。如果我们从鲁伊特发起挑战的第一天开始算，这两场面对面的冲突分别发生在第30天和第59天的夜里。在白天，我们也观察到了其他冲突形式。整个统治权交替过程用了72天，第72天早晨，耶罗恩主动“问候”了鲁伊特，这是向（新）主雄表示臣服的仪式。①

首先，我得祝贺黑猩猩，它们看起来已经是一种具有“政治文明”的物种了。绝大多数情况下，黑猩猩的新主雄要做到公平、公正，要捍卫群体的秩序，要接受包括幼年雄性和成年雌性在内的其他成员的制约。这种制约机制来自这个物种的个体拥有结盟的默契。它们很容易就形成一个临时的同盟。它们经常结成临时同盟以坚决捍卫自己的利益。就连被驱赶下台的前任主雄，也不会被驱逐出境，而是继续留在群体内部成为第二或第

① 【美】弗朗斯·德瓦尔著，赵芊里译：《黑猩猩的政治》，上海译文出版社2014年版，第95、103、118页。

三顺位的个体。它会扮演一个老奸巨猾的角色，为其它有野心的雄性黑猩猩出谋划策和拉帮结派，共同对付它的继任者——这听起来真有点儿像某些国家的前总统。

其次，它们的主雄争夺战更像是一场动员、反抗、联盟和斗争的联赛。有雄心壮志的挑战者要不断拉拢其他成员，逐步孤立现任主雄，然后恰当地展现力量和意志，加速这一过程。从某种程度上讲，黑猩猩的主雄争夺战很像某些国家的总统选举，决定胜负的关键是在选举之前一年时间里的辩论、广告、拉票、承诺、煽动、演说、相互攻击甚至恶意造谣，选举的胜负并不是在选举日决定的，选举日只是揭晓了选民们的选择。

> 雄性黑猩猩有锋利的犬牙，而雌性黑猩猩则没有。于是，如果群体内部发生了冲突，两只雄性个体爆发真正的战争时，它们会使用犬牙，而当它们和雌性个体发生冲突的时候，它们极为克制，只使用门牙。尽管它们如果使用犬牙的话，一定很容易让对方屈服。这说明黑猩猩有一套行为规范。
>
> ……
>
> 在我们的灵长类近亲中，雄性黑猩猩在“暂时抑制斗争冲动”和“达成高度合作”方面的能力绝对是独树一帜的。人类男性有类似的倾向，我们能够一边致力于持续的“办公室内部斗争”，一边又会在反对共同外部敌人方面保持内部团结。雄性黑猩猩能够在斗争方面保持克制，并使得绝大

多数冲突是恐吓性且仪式化的，因为它们意识到需要随时保持一个同盟来对付共同的敌人。无论是在动物园还是在野外环境，黑猩猩兼具斗争和妥协的双重性。[①]

读者还记得我曾经介绍过的我国特有的猕猴品种，黄山短尾猴吗？它们的“政治斗争”可就完全不一样了。它们奉行一种被学者称为“高顺位联合”的策略，用大白话说就是典型的“成王败寇”和“攀龙附凤”。

雄性短尾猴之间一旦发生冲突，群中其他成年雄猴往往支持群体中位置比较高的个体，与高顺位个体形成联合。由于高顺位雄性个体本身具有攻击优势，与之联合的雄性个体就能够形成一个更强大的联合体，很快就能够对被攻击者形成压倒性优势。

雄性短尾猴在冲突中自动与“位高权重”的个体联合，而且这种联合与支持者、攻击者和被攻击者之间的亲缘关系无关，也与它们之间当时的社会关系无关。例如，兄弟俩正在相互梳理毛发，如果这时一个高顺位雄猴过来攻击兄弟俩中的弟弟（弟弟通常是劣位者），优位的哥哥通常会很快随高顺位雄猴攻击刚刚还在和自己一起理毛的弟弟。

……

① 【美】弗朗斯·德瓦尔著，赵芊里译：《黑猩猩的政治》，上海译文出版社 2014 年版，第 124 页。

> 为什么短尾猴会形成这样的联合呢？支持冲突中的优势个体有利于巩固自己在群体内现有的社会地位：大多数灵长类中个体的顺位是通过攻击获得的，而顺位的保持是通过劣位个体的主动回避而获得的。个体如果能巧妙地参与其他高顺位个体的攻击，就能够使得被攻击者也同时回避了自己，从而有利于保持自己对被攻击者的高顺位。
>
> 每个雄性都渴望获得更高的社会地位，因此，与高顺位者联合是低顺位个体改变原有社会地位的一次机会。①

黑猩猩群体看起来像是有高度"政治文明"的社会。有许多野外观察记录显示它们的某些行为甚至很符合现代人类的行为规范。比如，当主雄没有参与捕猎疣猴的时候，主雄对这只猎物没有分配权。即便是主雄也只能掌心朝上伸出右手，向负责捕猎的黑猩猩讨要一份肉食。这意味着黑猩猩的主雄不能随意剥夺别的个体的食物——这是否说明了它们的社会尊重产权？这难道是因为主雄具有崇高的人类道德意识并自觉遵从公平的市场规范？当然不是。这只意味着这个物种的个体很愿意捍卫自己的权利，更重要的是，它们很乐意结成临时同盟来捍卫权利。当主雄试图用暴力抢夺别的个体嘴里的食物时，即便是利益没有受损的个体也会立即和受害者联合起来，对抗主雄的"无理取

① 引自李进华：《野生短尾猴的社会》，安徽大学出版社 1999 年版，第 102—103 页。

闹”。黑猩猩的个体不会“事不关己，高高挂起”，而是很乐于“打抱不平”。

我只能从逻辑上推测黑猩猩个体能够预见到这样的场景：“如果今天我容忍主雄抢夺别人的食物，那么，明天主雄就会抢夺我的食物，而且届时没有人会帮助我。因此，现在就要动手帮助别人去制约主雄。”它们的基因决定了个体对自由的追求，这个基因也同时决定了黑猩猩群体秩序中的有看似“人类政治文明”的成分。

野外观察者还发现，当群体内一只雌性个体受到惊吓和追打时，它会就近躲到一只雄性黑猩猩背后寻求保护。即便这只雄性黑猩猩的地位较低，或者它刚刚受过伤，它仍然会立即进入战斗状态，面对级别比它高、体格比它魁梧的雄性个体摆出龇牙咧嘴的样子——这是否说明它们的社会里有一种“保护弱者”和“女士优先”的潜规则？不！它们当然不适用人类的规则。于是，我只能再次从逻辑上推测黑猩猩个体能够预见到这样的场景：“如果今天我没有保护好这个雌性黑猩猩，那么，我就会被视为弱者，明天我的地位就会下降，其他个体就会认为它们和我结盟的价值就降低了。”因此，即便是暂时得罪了眼前的主雄，也一定要保持强者的姿态，只有这样，才能捍卫自己在群体中的地位。只有强者才配享有自由，弱者总是装出可怜的样子博得同情和施舍。

更进一步研究显示，黑猩猩们并不具有我们所谓的“道德”，所有这些类似人类的行为规范是它们在漫长的进化史中演化出来的，是对环境和对手的适应。这就揭示了更深刻的问题：群体的文明源于个体的强大，群体的秩序是对个体自由的适应。

我们过去总是把“秩序和自由”“整体和个体”之间的关系对立起来，或者对其进行看似折中调和，实则形而上学的研究，核心仍然是将这两者对立起来。我现在把“秩序和自由”“整体和个体”这些活生生的关系放到一群灵长类动物中去，我感觉这其中的关系是很明显、很容易理解的，只不过我们需要巨大的勇气来承认这一点。

“道不远人”，没有脱离人的秩序。秩序并不是圣主明君设计出来以后降临到人类头上的。一群人之所以能够按照某种秩序组织起来，共同生活，协作劳动并接受统治，形成一个等级社会，归根到底是由这群人的基因决定的。但是基因又是一种很宽泛的代码，具有相同基因的个体可以组成不同的政治形态。

黑猩猩部落的“政治”形态给了我们很好的启示。个体捍卫自由才能形成一个高度文明的群体，这个群体自然而然会形成一种秩序来适应其个体对自由的要求。黑猩猩是灵长类动物中，除了人类以外，进化程度最高的物种了，其他诸如长臂猿、大猩猩、红毛猩猩、埃及狒狒、猕猴、叶猴等均远不如黑猩猩。

可以想象一下，如果人类社会都像黄山短尾猴那样，为“巴结权贵”而不惜“手足相残”的话，个体的社会一定充满了恐惧、相互监视和争相告密。出现问题的时候，急于辩白“这事儿和我没有关系”，个体在群体中生活的首要条件是急于证明“我是无辜的”。这就意味着整个社会对个体施加了巨大的压力，每个个体都时时刻刻处于“有罪推定”之中。在这种巨大的压力下，也许看起来也很有秩序，但在这种文化氛围中，很难诞生有创造力的经济活动。因为人们害怕自己“与众不同”，那些敢于“冒尖”的个体应该早已经被消灭掉了。在这种社会中，人们没有一个绝对价值标杆来肯定他自己，人的行为缺乏“主心骨”，出现问题的时候，都希望赢得同情，赢得街坊邻居的舆论支持，而并不在意真理和正义是否在自己这一边。为了赢得更多同情，有时候人们还恨不得自己受的伤害更重一些。因为自己的命运其实是由一群七嘴八舌的七大姑八大姨们决定的，个体不能决定自己的命运。

个体如果不能作出最符合自己愿望的决策，在经济活动中，这对于个体意味着效用的损失，对于经济体意味着效率的损失。许多经济学家们已经论证过这个问题了。当个体不能完全按照自己效用行事，整体经济的信号传递过程会出现巨大的偏差，从而在更大范围和更高层面促使其他经济单元作出错误决定。个体敢讲真话，敢于捍卫自己的权利，敢于按照自己的愿望作决策，且群体也允许他这样做，这是市场效率的基础。

我一直在思考如何才能够证明：捍卫个体效用的同时也就提升了群体效率。绝大多数我遇到的经济学家都反对我的观点。他们认为应该牺牲一部分个人效用，这样才能提升群体效率。他们的反对促使我去寻找一个案例来澄清我的观点，这就是“敦刻尔克大撤退”。我现在更倾向于将其称为“敦刻尔克大排队”。

“敦刻尔克大撤退”其实在军事上是一场大溃败。英美两国将其宣称为“伟大的奇迹”，我每每读到这样的报道时，都感觉西方媒体有些夸大其词了，把撤退说成是奇迹已很勉强，无论成功与否都无荣誉可言。1940 年 6 月 1 日，当同盟国最后一批士兵撤退以后，美国《纽约时报》当天发表的社论指出：“So long as the English tongue survives, the word Dunkerque will be spoken with reverence.”——只要世界上还有人说英语，那么，当人们提到“敦刻尔克”这个词的时候，就会自动充满了敬意。英国陆军元帅亚历山大是这样总结敦刻尔克撤退行动的：“The men at no time showed fear or restlessness. They were patient, brave and obedient, and when finally ordered to embark they did so in perfectly disciplined groups, properly armed and equipped.”——没有人表现出丝毫的恐惧和焦虑。他们显得耐心、勇敢和服从。最终接到上船的命令时，他们完美地执行了命令，(整个撤退行动)自始至终，士兵们都秩序井然，没有丢盔卸甲。

这是一个重要的线索，无论是电影场景还是历史文献，都证实了这一点：数十万士兵们背着自己的装备，整整齐齐地按照部队番号在岸边排队，按部就班地等着上船。即便在接他们的船还没有到，德军飞机不断在滩头上空实施俯冲轰炸的时候，他们也没有出现慌乱，没有人散播有关德军将领古德里安指挥的坦克师已经突破外围防线的消息。当英国民众驾驶各种小船来接他们的时候，士兵们并没有出现你争我夺、争先恐后的踩踏情况。你的第一印象会是：这是一支训练有素的部队，但转念一想，英国远征军果真在军事上训练有素的话，怎么会被德国陆军打得如此狼狈不堪，被压缩在敦刻尔克狭长的滩头上等待撤退呢？

为什么撤退中的 34 万士兵能够有秩序地排队呢？因为他们热爱自由，他们勇于捍卫自己的权利，因为他们知道保卫祖国或者盟国是他们天然的责任，这是摆脱希特勒德国奴役的唯一出路。他们为什么没有争先恐后地上船？他们除了自己勇敢，他们还知道自己的同伴也是同样勇敢捍卫自己权利的人。他们知道当压迫和暴政来袭的时候，人们一定会默契一致地团结起来进行反抗。他们还知道，如果自己破坏排队秩序，抢先上船的话，其他士兵一定会默契一致地阻止他们，没有人会对插队逃命的行为视而不见。士兵们能够自觉排队撤退，市民们能够自愿驾船救援，这一切都源自“捍卫个体自由，形成兄弟联盟”的生物本能，同时也源自个体对于自己的行为的一种预见性：“如果我破坏秩序，一定会受到惩罚。”

这种生物本能和对后果的预见使得他们能够变成一支团结的队伍，而不是一盘散沙；他们不会相互踩踏，只会相互救援。

这种生物本能在西方世界被包装和宣传成了所谓的“民主的力量”，其实是对人类本性的误读。

美国资深参议员泰德·肯尼迪曾经向新当选的国会议员推荐《黑猩猩的政治》一书——他本人在那本书中被描写成“反面人物”，一只老奸巨猾的黑猩猩。我是否能够在泰德·肯尼迪的基础上，再进一步演绎：热爱自由的人，才真正勇敢。民主制度之所以是不可战胜的，是因为民主制度的基础是人们热爱自由，愿意为自由付出牺牲并承担风险，人们不愿意被暴君奴役，人们不愿意牺牲个人自由去换取苟且和安逸。民主制度之所以强大，是因为有乐意去捍卫自己权利的人民，捍卫个人更多的权利就是扩大了个人自由的边界——民主制度深深地扎根于热爱自由的人中间。

人类的祖先比黑猩猩更喜欢自由和私密的空间。一个重要的证据就是人类喜欢在单独私密的环境下交配。而黑猩猩只有当雌性不肯配合的时候，才会出现由雄性黑猩猩带着雌性暂时脱离群体去边远地区交配。多位人类学家记录和报道了他们的发现，比较一致的看法是，雌性黑猩猩在远离群体来到陌生而新鲜环境的时候，容易产生多巴胺，这种多巴胺能够带给它更多兴奋感，从而容易接受新的性伙伴。但是，人类在任何情况下都追求单独私密环境下的交配，可以肯定的是，我们比黑猩猩更追求个体的独立和自由，我们更希望摆脱群体的控制。

由于人类的基因与黑猩猩和巴诺布猿的基因高度相似，我们其实和这两个物种不仅是生物学意义上的近亲，更有可能是社会学意义上的近邻。我们可能和这两个物种的社会形态都有些相似，只不过程度不同而已。果真如此的话，我有理由猜测：那些和黑猩猩社会的文化形态比较接近的人类群体乐于享受个人自由，敢于捍卫自身权利，善于结盟形成对领袖权力的制约。这样的社会是以个人享受，而不是社会稳定为第一追求目标的，也就相应地崇尚个人消费和私人空间，人和人之间的关系疏远且淡漠，人们更注重自己的修养和享受，不太在意其他人对自己的看法，也不太在意自己在一个模糊的小群体中的相对地位。这些文化形态决定了市场形态。

巴诺布猿的“政治”

有不止一个的人类学家宣称自己更喜欢巴诺布猿，因为它们比黑猩猩更温和、敏感，注重情感交流，善于沟通和联络感情。弗朗斯·德瓦尔说：“原始的人性就像圣杯一样，永远是人类努力追寻的目标，却从来没有人找到过。不过，我们还有巴诺布猿。这种猿类对我们深具启发性，因为它们完全没有性禁忌，也没有太多的约束。”

巴诺布猿生活在刚果河的南岸。由于刚果河最宽处达到了16 公里，因此，巴诺布猿和黑猩猩的生活区域完全被这条大河所分割。有理由相信，如果没有刚果河的话，黑猩猩会侵占巴诺布猿的领地，甚至可能消灭这个近亲。巴诺布猿社会最大的特征就是雌性联盟占有统治地位，雌性个体之间会通过各种方式来强化它们的同盟关系。

我第一次看见巴诺布猿的时候，最吸引我注意的是它们敏感而细腻的模样，而我也在它们身上发现了若干令我深感惊讶的习惯。我目睹一只公猿和一只母猿为了纸板箱拌嘴。它们先是跑来跑去，互相捶打，但突然吵完了架，反倒享受起鱼水之欢来了！我研究过黑猩猩，从来不曾经看到黑猩猩们这么轻易地从对抗转向做爱。

……

雌性巴诺布猿是怎么维持控制权的呢？答案是结盟。以圣迭戈动物园里的巴诺布猿为例，公猿维农曾经领导一个小群体，其中包括一只母猿洛雷塔，是它的伴侣和朋友。这是我唯一见过的由公猿领导的巴诺布猿族群，但那时我们还以为这是正常现象，毕竟，雄性支配是大多数哺乳类动物族群的典型现象。不过，洛雷塔年龄还小，而且是唯一的母猿；等到第二只母猿加入这个群体之后，权力平衡随即改变。

洛雷塔和这只母猿见面的第一件事情就是性交。专家把这种性交方式称为生殖器摩擦……它们俩都咧嘴微笑，并且大声尖叫，让人对于猿类是否懂得性快感的问题不再有所质疑。

洛雷塔和她的雌性新朋友的性交频率越来越高，进而导致维农失势。过了几个月，喂食时间出现了典型景象：两只母猿先性交一番，然后再一同霸占所有食物。维农想要获取食物的唯一方法就是伸手乞求，这也是野生巴诺布猿的典型现象，由母猿控制所有的食物。

相较于以雄性为主的黑猩猩，巴诺布猿以雌性为主，注重情欲又爱好和平，它们为人类提供了一种思考祖先的全新视角……野生巴诺布猿专家加纳隆至(Takayoshi Kano)指出，由于巴诺布猿从来不曾离开潮湿的丛林——黑猩猩已不完全生活在这种环境中，人类祖先更是彻底摆脱了这种栖息地——因此，巴诺布猿很可能最没有遭遇需要改变的压力，也就可能最接近于我们共同的森林猿类祖先。美国解剖学家哈罗德·库利奇(Harold Coolidge)曾经提出一项著名的推测：巴诺布猿可能比当今所有黑猩猩都更近似黑猩猩和人类的共同祖先。①

有关巴诺布猿的资料很少，学术界仿佛一直把研究重点放在黑猩猩上，而对这种和我们很相似的类人猿多少有些忽略了。巴诺布猿其实被许多人误解了，不能用人类的道德观念去考察他们的行为。它们并不是所谓"性瘾严重"的动物。性行为对于

---

① 【美】弗朗斯·德瓦尔著，陈信宏译：《猿形毕露》，生活·读书·新知三联书店2015年版，第10—14页。

巴诺布猿来说，是社交行为，是团结、和解、化解矛盾和回避冲突的重要手段。我们只能认为它们花了许多时间在社交活动中，它们致力于维护相互之间的关系，而不能认为它们道德沦丧或者沉溺于性游戏之中不可自拔。另外有一条线索可以支持这个观点，凡是进化到重层社会的灵长类动物都有口交行为，这并不是性行为，而是社交行为。

> 不论雄性还是雌性巴诺布猿，性与情感在它们眼中毫无差别。
>
> ……
>
> 在自然界里，只有雌性巴诺布猿才会迁徙，一到发育期就离开自己原先的群体。公猿则待在原本的群体内，享受着母亲的陪伴和照顾；母猿如果有影响力，它的儿子在群体中的地位也相应提高，可以接近食物。雄性巴诺布猿都是如假包换的“离不开母亲的孩子”。
>
> ……
>
> 虽然巴诺布猿通常善于调解，但它们之所以有这种能力，也正是因为它们经常发生争吵。在巴诺布猿身上，我们可以看到，社会就是因为潜藏着紧张关系，所以才必须致力于维系和谐。[①]

---

① 【美】弗朗斯·德瓦尔著，陈信宏译：《猿形毕露》，生活·读书·新知三联书店2015年版，第18—19页。

巴诺布猿像一面镜子一样带给我们许多思考，它们的行为提醒了我们用一种发现的眼光去看待那些平时被我们习以为常的事情。有关等级、阶层和权力的问题在人类社会中是怎样的一种架构呢？人类社会可能介于黑猩猩和巴诺布猿之间。在黑猩猩的群体里，等级是明确的，个体对于自己的地位是知晓的。这样一来，反而使得问题简化了，不同等级的黑猩猩之间只要维持一种低等级主动问候高等级个体的仪式就好了，并不需要时时刻刻地斗争和冲突，用最新的冲突结果来确立当下的相对位置。巴诺布猿群体内的暴力行为不明显，其等级秩序也同样不明显，这就意味着那里时时刻刻需要用各种小规模的冲突和摩擦来确认等级、顺序和地位。我们只看到巴诺布猿善于解决矛盾的灵活社交能力，我们还应该推测到它们之所以具备这种能力，是因为它们需要面对更多的矛盾、冲突、摩擦和问题。

巴诺布猿社会之所以没有明确的等级，需要用一系列摩擦和解决摩擦的社交手段，是因为它们个体之间的联系依赖于亲缘关系，而不是依赖打斗能力确定的顺序。或者说，它们群体内并没有一个公平的规则，也没有一个能上能下的等级垂直流动机制。这是一个重要的特点，值得我们反思：人类社会呈现出文化和社会的多样性，因此，不排除有些类型的人类社会文化更像黑猩猩群体，而有些则更类似于巴诺布猿的文化。

支配斗争发生在母猿之间的情形远少于公猿，而且一旦发生，绝对是出现在同一个年龄层的母猿之间。一个猿群里若有30岁以上的母猿,20岁的母猿就不可能当上领袖。这不是体力的问题——20岁的母猿体力正达巅峰——而是年轻母猿似乎根本无意挑战那些经验老到、冷酷无情的老太太。我看过掌权数十年、从来不曾遭受挑战的雌性巴诺布猿领袖。当然,雌性领袖的掌权时间仍然有限,主要取决于它本身的身心健康;不过,母猿会比黑猩猩群体中的雄性领袖晚几十年才必须面临这样的时刻。

年长母猿压服年轻母猿的方式非常有趣,通常没有任何明确可见的攻击行为。由于年轻母猿的母亲都不在自己身旁,因此就把年长母猿当成妈妈。于是,年长母猿若要表达内心的不悦,只要拒绝对方示好,拒绝分享食物,或者在对方想要讨好它来帮它梳理毛发时转身走开,借助这种方式拒绝情感交流。年轻母猿也许因此哭闹一番,可是年长母猿只会冷眼旁观,因为这种状况早就看多了。这种冷漠拒斥的行为经常也是由难以察觉的细腻因素引起的。

……

雄性支配主要基于打斗能力和盟友支持,因此,年龄对于雄性阶级地位的影响也就颇为不同。年龄增长对于雄性黑猩猩来说绝对不是优势,所以,雄性领袖的掌权时间通常不超过四五年。在黑猩猩的社会中,领袖位置总是经常换人;但是,在巴诺布猿这样的雌性领导体系中,社会变动不但较不常见,也不会那么剧烈。只有在雌性领袖年老力衰或者去世以后才会有变动发生，而且这样的变动也只会发生在社会顶层。因此，在这种体系中，满怀野心的个体也就比较没有地位攀升的机会。

巴诺布猿社会里之所以较少有政治上的纵横捭阖现象，还有另外一个原因：它们的结盟总是以亲属关系为主。亲属关系和年龄一样，都有既定的条件：儿子不可能挑选母亲。雄性巴诺布猿必须把握机会才能往上爬，它们争夺社会地位的斗争远不如黑猩猩那么激烈。雄性巴诺布猿的一切都取决于它的母亲，以及母亲和其他母猿的相对地位。雄性巴诺布猿不会与其他公猿结盟，因此，它开创自己未来的机会就远不如黑猩猩。①

巴诺布猿是一个尊重“前辈”，承认资历的群体。我很难将人类和黑猩猩或者巴诺布猿的群体进行“政治”或者“文化”的相似性比较，但我总也抑制不住自己读完这些文字后的念头：巴诺布猿、黑猩猩和我们人类可能真是源于 500 万年前的共同祖先。

善于社交的巴诺布猿向我们揭示了这样一种社会形态：它们善于社交是因为它们的群体中有更多的“压抑”“对峙”“杯葛”“孤立”和其他形式的冲突。和谐欢快的群体和温和友善的个体

---

① 【美】弗朗斯·德瓦尔著，陈信宏译：《猿形毕露》，生活·读书·新知三联书店 2015 年版，第 76—77 页。

背后是一种持续的紧张。这个群体中的个体必须时刻保持敏感性，才能及时捕捉到微弱的紧张气氛，调整自己的社交策略，巩固自己的地位，这个群体中的个体一定比黑猩猩个体更聪明、更敏感、更软弱、更关心同伴也更容易主动回避冲突。

我是一个不能喝酒的人，不仅因为我的酒量差，更因为我是一个爱面子的人。结果就是我经常被灌得烂醉如泥，而且绝大多数酒精是我自己灌下去的，以便在酒桌上取悦对方。我感觉自己生活在一个人情社会，尽管我们各自都有一张编号不同的身份证，但是人与人之间的关系却比连号的钞票更紧密，或者说，我们作为个人，并不那么独立。

我曾经长期在北方地区出差。我发现每到一个新的地方，我都会喝得烂醉如泥。而且，第二天醒来以后，我根本不记得我昨晚喝的是什么，说了些什么，吃了些什么(多数情况下，我要么没吃什么，要么都吐了)。我估计我每次都在酒精的刺激下说了一大堆热情洋溢的豪言壮语，还有光明磊落的勇敢承诺。每次我醒来以后都庆幸当地人从来没有在酒席上摆一个录音机，然后找我兑现我的承诺。一开始，我对这种中国北方的“酒文化”还感觉很亲切，觉得这其中有一种温暖人心的东西，酒精唤醒了我内心沉寂已久的“兄弟情谊”。但是随着年龄的增长，尤其是在胆囊的提醒下，我现在越来越抵触这种喝酒的仪式。我甚至觉得这种酒席上灌醉来宾的仪式很像新西兰南岛的毛利战士舞，只不过毛利人在一番对空的拳打脚踢和“哼哼哈嘿”之后，给你脖子上挂一种称为“毛利胡萝卜”的东西，其实就是部落的通行证。

通行证！这个词提醒了我。喝酒的问题来到了人类学范畴，劝酒者的关键动机极有可能是提醒对方：你进入了我的领地，要服从我的规矩。Man is territory animal——雄性都具有领地意识。为什么我去你们家做客一定要多少送点儿礼？这是我向你表示我将无害地进入你的领地。为什么我在你们家做客只能待在客厅，不能去你的卧室参观？因为这表示我尊重你的核心领地，没有入侵的意图。为什么我在你家使用厕所需要征得你的同意？因为我意识到在你的领地上留下尿液可能被误认为是一种冒犯。这些看起来像是人类文明礼仪的东西，其实都源自我们作为灵长类动物的本能。

一个外乡人进入山东、河南和陕西这些地区去拜访客户，争取赢得他们的信任和他们的合同，这相当于说他进入了一个部落的领地，部落的领袖需要确认这个陌生人不会搞事情，不会惹麻烦，不会破坏秩序，要确保他遵守这里的秩序。最好的办法就是以热情好客的仪式化的招待来迫使他服从这里的民风民俗，迫使他尊重这里或有的潜规则，防止他破坏这里本来的秩序和等级。

我看到全国有这样一种普遍但又很模糊的规律：凡是洋溢着个人主义和自由主义的地方，凡是市场经济比较发达的地方，凡是法治环境比较好、市场竞争比较公平的地方，比如深圳、广州、上海和杭州，这些地方的人几乎从不劝酒，他们甚至还担心自己被认为有劝酒陪喝的义务，唯恐避之不及。倒是在某些经济还比较落后的地区，人们会强调人与人之间的关系，敏感地照顾彼此的面子，在意于特定场合的虚荣心，不惜用一种近乎身体自残的方法来向对方确认：我是一个群体内守规矩的人。

现实的情况已经很清楚了，那些不怎么劝酒的地方经济更发达；那些喝酒凭感情的地区反而经济不怎么发达。这说明了什么？人的自由是经济发展的前提条件还是必然结果？这是否说明在那些讲究人际关系的地区，经济运行效率反而低下？这是积极维护个人面子的结果还是原因？这些问题我将在本书稍后的章节解答。

我不知道其他人的情况是怎么样的，反正我自己的经历告诉我，每当你以为自残式地喝倒自己就能赢得对方的信任和感情，酒醒后即可凭借这份感情去兑现一份商务合同时，你完全是在痴心妄想。酒精和你们公司的财务报表没有任何关系，它只和你个人的体检报告有密切关系。

话说到这里了，我不得不讲一个人类学家口口相传的有关巴诺布猿的故事。这是一个令人惊奇的实验：每次喂食的时候，把两只年幼的巴诺布猿关在中间有透明隔板的两个笼子里分别喂食，喂食结束以后再把它们俩放回群体中去。当饲养员给双方都递一根黄瓜的时候，它们俩都很乐意接受，吃得津津有味，然后勾肩搭背地回到群体中去了。而当其中一个小巴诺布猿继续得到一根黄瓜，而它的邻居得到一串葡萄的时候，令人惊讶的事情发生了：得到黄瓜的那只小巴诺布猿愤怒地拍打笼子表示抗议，而那只得到葡萄的小巴诺布猿则惊恐地看着葡萄，尖叫着躲避着饲养员的手。尽管葡萄是它们最喜欢的食物之一，是远比黄瓜可口的美味，但是它就是不敢吃。因为它很清楚，如果它今天吃了这串葡萄的话，它是回不去的，或者回去以后会接受更大的惩罚。它预见到了群体对它的惩罚，它抑制住自己想要更好的食物、过上更好日子的念头，用牺牲自由的办法换取了自己在群内的安全——它所在的群体一定对个体实施了极强的控制。

只要我们没有成为具有独立人格且保持体面距离的人，那么，手握酒瓶的主人就能够继续发挥他的领地优势：要求、劝慰、胁迫、感化他的访客按照他的规则来维持他的秩序。在人类学家看来，那瓶酒简直就是一枚手榴弹。我们不得不屈服，接受并服从于手握权力的人随口制定的各种喝酒规则：什么头三杯尾四杯，什么站着喝不算数，什么客人第一次来要用大碗。这些从来就没有见于中国古代的任何典籍之中，却被遵奉为中华“酒文化”。这不是因为我们有喝酒的文化，而是因为我们屈服于权力，我们放弃了为自己的自由而斗争的念头。我们希望得到对方的肯定和接纳，是的，这在心理学上被称为 approval addiction，渴望得到特定人群对自己的肯定而不可自拔。这是一种类似于“酒精”或者“毒品”上瘾的心理依赖症状——这是病，得治！

一想到以茅台为代表的白酒在中国销量如此之好，而且绝大多数情况下，茅台是社交场合的酒——我很少听到有人在家看电视的时候喝茅台。我因而有理由担心，我们经济运行的效率是否仍然有待进一步提高？只有给个人更大自由和选择权，防止一种无形的看不见的手来操纵一个人的命运，才能提升经济效率。这就意味着我们经济运行得更公平也更透明，没有人能够用权力把资源私有化，也没有人能够用酒精和自残式的喝法来获得竞争优势。合同的双方是交易的双方，他们把各种不确定性考虑在自己的责任和义务范围之内。他们还会毫不犹豫地捍卫自己的权利，绝不会自残式喝酒，不会害怕得罪招待自己的主人，也不会害怕那串葡萄，更不会为了维护对方的面子而作出商业上的自我牺牲。这反而是一个效率更高、更依赖规则也更公平的市场经济。

在我国北方地区喝过酒的业务员们也许能够向你证明我的观察（是的，这是我的观察，而不是我的指控）：在这些喝酒成风，不喝酒就没有人脉，不能进入采购体系的地方，其实很难做成一笔交易，因为你根本找不到那个真正作决定的人。每个人似乎都有影响力，但每个人又都不作决定。你无法通过喝酒找到那个一锤定音的人，即便是这个公司最高职位的人，他也无法独自作出决定，他也像那个面对葡萄的小巴诺布猿一样，受制于一种被称为“体制”的群体意志，仿佛有一张无形的网控制着每个节点上的人。在这种群体里面，每个人在作决策时都感觉自己背后仿佛有一只无形的手操纵着自己，另外还有无数双眼睛紧盯着自己。每个人都害怕自己作出的决定会犯错误，一旦犯了错误，不仅会受到惩罚，还会成为被嘲讽的对象，并导致相对社会地位下降。防止自己犯错误的最好的办法就是什么事儿也不干，最安全的事情莫过于和大家伙儿一起开会了——开会的时候也不要发言，尽量坐后排，埋头记笔记。

你更像是在和整个群体做交易，你必须灵巧地把握他们之间的相互关系，你必须说服整个群体，才能达成一笔交易。在这种“谁说了都不算”的体系内，每个人都没有独立的意志，和它们达成交易的代价实在是太大了。对于这个群体本身来说，任何一个决策都是困难重重、效率极低的过程。相对来说，你会更容易和一个类似于黑猩猩的群体达成交易。黑猩猩的个体足够强大也足够默契，它们能够制约主雄，它们能够捍卫自己的地盘，它们能够决定自己的喜好；人类社会中那些个体能够约束政府的社会说明个体足够强大也足够默契，他们之间能够实现相互尊重地保持距离。这样一来，如果有人对你违约的话，他会受到他所在的社会的制约和惩罚；如果有人愿意和你达成协议的话，他不会受到来自群体的制约——没有无形的手在背后操纵着决策，没有无形的力量在阻挠个体的决策。

巴诺布猿群体看起来很团结、很亲密、很和谐，个体之间的关系很好，其实有一种无形的恐惧感控制着这个群体。如果人类社会类似于巴诺布猿群体，那么，我们会整天担心别人对自己的看法，我们会非常依赖于群体对自己的评价。这不仅仅涉及面子和荣誉，还涉及安全和生存。这样的群体里面，只有交易而没有市场。市场是由追求自由的个体组成的全雄群，一个开拓新领地的群体，一个诞生新物种的环境，一个发明新事物充满了独立性和创造力的地方，而不仅仅是一个交易发生的场所。市场必须是创业者得以生存，企业家得以成长的地方。就像美国脱离英国独立那样，类似于一个全雄群脱离原群体去大自然闯荡。

在一个类似于“巴诺布猿”的社会里，人与人之间的关系是很密切的，看起来人们好像亲密无间。但是巴诺布猿之所以有那么多社交互动，根本原因在于它们之间的相互制约、相互斗争、相互嫉妒、相互嫌弃、相互监督，它们很少有相对独立的私人空间和个人领地。你无法和一个巴诺布猿个体单独达成交易，它属于这个群体，而群体有着复杂的情感和利益纠葛。它们相互之间既相互提防又紧密联系，你的交易对手无法独立作出决定。当它做决定的时候，它只能去作一个群体能够接受的决定。为此，它不敢去接受一个对它自己明显有利的合同(想想那串葡萄)。是的，也许你能和整个巴诺布猿群体达成一个交易，但请记住，那只是一笔交易，那里并没有一个可以称为市场的机制，因为那个群体缺乏鼓励个体发展的机制。你一定感觉很奇怪，为什么野外的巴诺布猿没有被黑猩猩群体灭掉呢？问得好。答案在于伟大的刚果河隔开了这两个物种，巴诺布猿又被法国人称为“左岸猿”。类人猿都是怕水的动物，你看到任何动物园里面的类人猿周围都有一层浅浅的水池，它们绝对不敢跳入水中。

市场中的交易主体必须是一个可以独立作出决定的人。他可以依据自身喜好、愿望和发展需求来作决定。当有人试图影响他的决策过程时，他绝不会把这种影响视为对他的关心和帮助，而是将其视作对他个人神圣权利的亵渎、对他个人自由的践踏、对他领地的入侵、对市场机制的破坏和对人类进步的妨碍。个体对自由的捍卫是市场机制的基础。更重要的是，当个体自主选择的自由受到阻碍和侵犯时，市场各参与者必须具有一致行动的默契。他们将团结起来致力于排除这种干扰因素，而不是争先恐后地向试图取代市场的独裁者妥协和屈服，以便通过建立良好的个人关系和友谊来保住自己的眼前利益。市场的参与者们必须意识到这种对个人自由的侵犯和干预不会只针对某个人，而是对他们全体的伤害。因此，一定要本着“等同身受”的理念去拔刀相助，去帮助一个素不相识的人，捍卫市场就是捍卫自己的自由。

我曾经参加过国有企业的混合所有制改革工作。我感觉当时的气氛很奇怪，谁也不愿意出头，明明是一次脱离体制束缚、独立去市场闯荡的机会，而且还有各种配套的优惠政策，但是国企的员工们宁可不要奖励，就像那个拒绝葡萄的小巴诺布猿一样。那些想抓住这个机会的国企员工都明显地感觉到周围人的嫉妒，那种嫉妒会化成一种不安全的生存状态。因此，每个人都拼命表示对这次改革没有兴趣，每个人都想留在体制内而不想去市场闯荡，他们把这种心态称为“忠诚”。我始终认为忠诚是一个崇高且不能被亵渎的词，忠诚只能来自对祖国的热爱和对事业的奉献，而绝不能来自对出头的恐惧和对嫉妒的回避。

即便你没有参加过国企改革工作，你在平时的生活中一定也体会到中文不仅简洁，里面还有许多多音字。在汉语现代化之前，古代汉语的语法也并不严谨，古人的文学作品中常见缺乏主谓结构的句子，并大量使用了前置倒装句式。许多学者认为，这说明中文表达意思的效率比英文高，人与人之间用中文沟通的效果更好。这当然是对的。但是，问题还有另外一个方面，那就是我们的语言模糊性强，要准确传递意思，一定要依赖于人与人之间有一种相互理解的默契。我们的社会存在着密切联系、相互熟悉、知己知彼和心照不宣的人际关系。如果没有这种社会关系的话，一种松散的语法并广泛使用多音词只会制造语言的混乱和沟通的误会。

我们不能脱离人的生活来单独研究语言。维特根斯坦说过：“回到粗糙的表面上去，我们需要摩擦力才能前进。”他曾经试图构建一种纯粹的逻辑语言，目标是让人类清晰无误地使用一套严密的语法来进行沟通，从而避免误解和纠纷。后来，他恍然大悟，认为在光滑的冰面上反而无法前进，人与人之间要相互理解，就一定要回到他们共同的生活中去，就像我们只有在粗糙的表面上借助摩擦力才能前进一样。

人 性

热爱自由的人们创造出市场机制来捍卫自由

市场是自由社会的秩序

越是经济学家们认为是“正统”的观念就越像是“针筒”。那些东西读起来让我如坐针毡，感觉需要给我注射一些麻醉药物之后，才能让我勉强接受他们想要灌输给我的观念。

世界上绝大多数人在使用“市场”一词的时候，他们所指的含义是不同的，但是，他们相互沟通和交流却毫无问题。这令我倍感惊奇。我理解了维特根斯坦的名言：一个词的意义就在于它的用法之中。要去关注人们在什么场景中使用“市场”一词，而不是和经济学家们讨论什么是市场。经济学家和金融学家并不垄断市场这个词的用法，他们甚至不比普通人更好地理解市场，因为他们只是在演讲稿和期刊论文中反复使用这个词而已。

我陪儿子看过电影《英雄联盟 4》，里面的坏蛋叫“灭霸”。他看起来就像一个冷漠无情的经济学家。他的主要诉求是消灭地球上一半的人口，为了体现他的公正性，他是随机选择受害者的。这项大屠杀的主要理论依据居然是进化论和供求关系的奇怪混合体（我估计到这会儿生物学家和经济学家都否认与此有关）。灭霸认为，地球上的资源承受不了人口的爆炸式增长，因此，必须消灭一半的人口，让人类和大自然“重新和解”。为了解释他的动机的合理性，灭霸还真的使用了一个经济学名词“再平衡”（rebalance）。我当时在电影院里就在想，要么灭霸是经济学专业毕业的，要么编剧是在嘲讽经济学家。

理性

这部电影倒是让我想起了人类学家梅辛泰尔(Macintyre)教授在他的著作《相互依存的理性动物》(*Dependent Rational Animal*)中提出过这样一个假设的场景：人类雇用了一个绝对理性的外星人担任人类重大决策的顾问。当某次致命流感爆发的时候，这个顾问果断地向我们下达了杀人指令——尽快将所有得了这种流感的人处死。外星人顾问在下达指令的同时，解释了他的动机：比起任由流感肆虐导致的死亡人数来说，为了阻止流感传播而杀死的人要少得多。通过将流感扼杀在萌芽状态，我们可以挽救更多的生命。这个决定对于人类整体来说是有利的、理智的，也是正确的。因此，执行吧！我又想起了维特根斯坦的名言："一个得不到执行的命令不是一个命令"——人类不会执行这项指令，无论它听起来多么理智且崇高。

我一直感觉梅辛泰尔在其书中使用"外星人"的这个角色其实是委婉地指向了人类社会中的"经济学家"和"计算机决策模型"。你在替其他物种作决策的时候，很容易体现出一种居高临下的"理智"，而在外星人鼓励我们杀死得流感的同类这个假想的案例中，极度冷酷的外星"理智"体现为对人类进化史的"无知"——这恰恰是经济学家们经常犯的错误——脱离人性谈市场。

那个推动人类进步的市场力量从不栖身于黑板上和模型中，它发源于刚果河畔的丛林中，深深地根植于人类的基因中，维系着人类的道德体系。

市场决定了我们只能提供正面的激励，而不能退而求其次去选择对同类下毒手，然后把自己隔离在某个区域里获得孤立的安全。资本市场会给那些能够试制出疫苗的公司极高的估值，这个估值甚至与他们的经营现金流毫无关系，但这估值鼓励了更多的资金去投入流感疫苗的研制，从而推动了人类克服这项挑战。如果我们听从外星人的决策——这种听从意味着我们放弃了自主的决定权，我们此刻就已经背叛了那个解放我们自己的市场力量——对感染流感的同类下手，我们最终会面对这样一个巨大的风险：当流感病毒发生轻微变异的时候，我们需要再次对另外一批同类举起屠刀，而这其中可能还有我们的亲友。这种屠杀本身既不人性也不理智，不仅是因为我们放弃了去研发疫苗的努力，还因为我们自己毁灭了我们所有人未来的自由生活，这种自由是我们的祖先以结盟为基础共同捍卫得来的。为了躲避流感病毒而残害同类破坏了人类共同的价值观。

3 000 万年前，灵长类动物中的全雄群个体选择脱离原生群体，选择了冒险，选择了结盟，选择了面对大自然，选择了探索新的领地，选择了自己保留选择权。灵长类动物的全雄群是市场的雏形，因此，选择市场的人们同时也选择了不确定性的未来，他们不会退缩、出卖和背叛。市场就是最初鼓励我们前进的激素，就是不断鼓励我们继续前进的力量。

罗伯特·默顿曾经谈到推导期权定价法的另外一条道路：Martingale（有文献译为“鞅”）。大意是期权定价法得以成立的资本市场相当于这样一个赌场：人们进入这个赌场时，就已经知晓这个赌场有两条独特的规则：一是每次赌输了以后就用借钱的方法把赌注加倍，继续下注赌下去；二是当人们离开这个赌场时，他身上带着的钱和他进入赌场时是一样的。我无法用准确的数学语言表达 Martingale 的概念，我的理解是你带了 100 元进入某一个赌场（Martingale 的世界）的时候，你已经知道自己出来的那一刻（期间经历输赢起伏）还是只有 100 元，此时你仍然决定进入这个赌场。随着年龄的增长，我越来越感觉到 Martingale 是一种更深刻的哲学思想，比原来我顶礼膜拜十多年的偏微分方程推导期权定价法更基本而稳定，依赖于更少的假设，体现了更多的人性。

什么样的人会愿意进入这个 Martingale 的世界呢？乔治·马洛里出发去挑战珠峰之前回答记者有关他登山动机的问题时，只说了这么一句话：“因为山在那儿。”他没能活着回来，或者用数学语言说他至今还没有走出 Martingale 的世界。普通投资人是否意识到金融学所描写的那个 Martingale 的世界和分析师们宣扬的那个“为了获得高收益而必须承担高风险”的资本市场是有本质区别的吗？如果构建金融学大厦的诺贝尔奖大师们对金融学基石的要求是进入一个 Martingale 的世界（期权定价法就是对这个随机过程求出一个条件期望或称伊藤积分），那么，什么样的投资者才符合这个条件进入股市呢？我们入市的时候如同出发去登珠峰一样，已知自己历经艰辛之后即便活着回来，也还是同样的自己——我们并不会因为经历艰难困苦之后就积满德行而变成一个更富有的自己。

《约翰逊传》的作者包斯威尔说过这样一个故事：他和同事们在泰晤士河上乘船游览，一起在讨论古典文化的价值，包斯威尔认为古典文化如今已无现实价值，没有这些东西，人们的生活依旧会继续下去。约翰逊表面附和包斯威尔的判断，然后当场做了一个实验。他说："今天给我们划船的这个少年并不知道阿尔戈号上最早的水手的故事，但他依然能够为我们划好船。"然后，他扭头问这个划船的少年："为了了解阿尔戈号上船员的故事，你愿意付出什么呢？"那个少年停下桨说："我愿意付出我的一切，先生。"我打赌您读到这段内容以后会产生这样一个念头：去网上搜索有关阿尔戈号水手的内容。我猜对了吗？

《浮士德》中有这样一句话："太初有为"（In the beginning was the deed），那种最初驱动人性的一闪念是最重要的，也是无法用逻辑去解释的，甚至无法用文字描述和储存。

理智开始的地方，没有理智。我们称为智慧的东西，是一种生物化学反应，这种反应严重依赖于人类的激素水平。是的，是激素，也叫荷尔蒙，有多达上百种激素参与了人类的思考过程，并在这个过程中消耗了我们大约 1/4 的氧气和能量。

流感疫情到来的时候，即便我们明知研究疫苗的旅程就是进入了一个 Martingale 的世界，我们仍然会开始一段艰难而壮丽的探索。这是本能，这是激素，这是进化，这是太初有为。

如果我们按照经济学家、机器人、灭霸或外星人的指令消灭掉感染病毒的同类，我们不仅没有获得安全感，我们还在幸存的人类中制造了恐惧，使得所有人都提心吊胆地生活着，因为任何一个人都可能成为下一个牺牲品。这不是我们祖先为了捍卫自由而加入全雄群的初衷，这也违背了"太初有为"的人性。

人性中的一个基本原则就是不能相互背叛。如果我们生活在一个提心吊胆的世界里，我们就会相互提防，而不是结成同盟。一想到背叛和抛弃朋友，我们就有羞愧的心理，这是一种天然的抑制剂。我们有关道德的决策是在大脑的前额叶皮层中解决的。这说明人类的道德并非某一代人在后天习得的，而是已经在漫长的进化过程中内化为人类自身内在的生化机制。

有关道德决策，还有一个广泛流传的测试题："轨道车问题"。谢天谢地，这道题不是经济学家发明的，而是人类学家菲利普·福特构思出来的。关于轨道车问题有三个场景：

情景 1　你站在一条铁轨旁。这时，你注意到一辆空无一人的轨道车正在沿着轨道下滑，而前方有 5 个人。如果这辆轨道车继续沿着当前轨道前进的话，那么这 5 个人都会被撞死。为了阻止这样的悲剧发生，你所能做的唯一的事情是扳动一个开关，使得轨道车转入旁边另外一条轨道；轨道车进入那条轨道后也会撞死人，但那条轨道上只有 1 个人。当被问及该问题的时候，绝大多数人都会说应该让轨道车进入旁边的轨道。他们都认同那样的做法会救下 4 个人的说法。

情景 2　你站在轨道上方的天桥上，而且你没有办法让轨道车改道，你只能自己跳下去，用牺牲自己的方法来拯救那 5 个人。绝大多数人略带羞愧地回避了这个选择。

情景 3　你站在轨道上方的天桥上，但是你自己的体重太轻，跳下去也不足以让轨道车停下，你身边有一个胖子，他的体重正适合用来阻挡轨道车，你愿意亲手把他推下去，用牺牲他一个人的方法来拯救那 5 个人吗？绝大多数说，不！我们不能这样做。所以，在轨道车的三个版本的测试中，受众的答复分别是："我应该""我不会"和"我不能"。

这里面包含了巨大的信息量，无论我们怎么选择，这些场景都和理智无关，而且面对这些选择本身就让我们感觉不舒服。根本原因是我们中的绝大多数人"拒绝担任上帝的角色"。我们很不喜欢在这三个场景中作决策，我们认为那是上帝的责任。而且无论上帝作何抉择，我们都欢呼、拥戴和感佩，因为上帝使我们免于陷入那种道德困境。

现在，请回到笼子里那个拿到一串葡萄的小巴诺布猿的故事。我们之所以不愿意担任类似"上帝"和"同类命运仲裁者"的角色，是因为我们意识到，无论我们作了什么决定，我们都会像吃了一串葡萄的小巴诺布猿一样，很难再回到群体中去了。在情景1中，你操纵轨道车转向撞死了一个人；在情景2中，你没有牺牲你自己；在情景3中，你亲手谋杀了一个胖子。你之所以对这些情景感到不舒服，不愿意作决策，是因为你和小巴诺布猿一样意识到你回不到你生活的群体中去了。你已经预见到群体里面的其他人会对你指指点点、窃窃私语、议论纷纷，把你说成是一个冷漠无情的“杀人犯”或者是缺乏自我牺牲精神的“胆小鬼”。总之，你再也回不到平静的生活中去了。

我们需要第三方、上帝、仲裁者和公证人，而不是凭借我们自己的理智去作决策，然后凭借自己的肌肉将决策付诸实施。我们希望作完决策之后，还能回到群体中去过正常的生活。因此，人类部落早期就出现了仲裁者这个角色。仲裁者是我们的代理人，他满足了我们既渴望独立又渴望留在群体中的愿望。我们这种相互矛盾的生物本能决定了市场需要出现一个仲裁者的角色。

有时在经济学家们眼中的不理性恰恰蕴含着经济学家们不能理解的理性。2005年，弗朗斯·德瓦尔提出了进化论中著名的“贝多芬悖论”(Beethoven Error)：既然自然选择是一个残酷无情的淘汰过程，那么，在这个过程中最终胜出的幸存者一定都是残酷无情的动物，经过了若干代的筛选之后，像贝多芬那样充满对人类关爱和忘我激情的人根本就不会诞生——而事实却并非如此。因此，只可能有两种解释：要么我们还在缓慢地淘汰高尚人格的进化过程中；要么进化根本就不是一个残酷无情的淘汰过程。

很多年以来，经济学家们一直认为，人是理性的，市场也是理性的。直到金融学家从另外一个角度证明了一个新观点：市场无所谓理性与否，它是有效的。我曾经写过两本散文集，书名分别是《经济学家是我的“敌人”》和《经济学家是我的“仇人”》，当时我是不同意编辑在“敌人”和“仇人”上加引号的。

经济学家围绕着“市场”制造了许多迷雾。股票涨了，他们说是供应减少，需求增加了；股票跌了，他们说应该减少供应，停止发行新股；房价越涨，老百姓越是心慌，越是想买，结果经济学家说这是需求旺盛决定的。他们不关心这个需求是来自居住需求还是涨价恐惧，他们就给买房的人贴上需求标签就好了。按照经济学家们的理论，房价涨了以后，应该导致需求减少而供应增加，但实际情况恰恰相反，房价越是涨，开发商越是捂盘惜售；房价越是涨，老百姓越是省吃俭用也要攒够一个首付，然后连夜排队去买房。一旦房价下跌或者滞涨以后，买房的人反而没有那么踊跃了。于是，经济学家们又说，是需求减少了。从哲学上讲，经济学家没有提供任何有价值的线索，他们只是把“价格上涨”这个现象描述成“需求旺盛”或者“供应短缺”而已。他们只是给货架上的苹果换了一个标签，而并没有告诉你苹果的营养成分、产地和保质期。我试图在这本书中告诉你一些完全不同于经济学家们说教的东西（我意识到有一个词可能比“说教”更适合于经济学家的演讲场景，那就是“说唱”，指的是一种上海本地的曲艺形式)。

我对经济学家的反感最早来自他们对“供求关系”的滥用和误用。在经济学家眼里,凡事都可以归结为供求关系,这使得经济学简直就是一种神学。任何起伏、波动、突发、偶发和日常的交易都是供求关系决定的。“物价上涨”和“供不应求”其实只是用不同的语言在描述同一个现象。只不过我说的是中文,邻居说的是英语,我们说的是同一件事情,我们俩谁都没有设法解释这个现象。你完全可以把“这一切都是由供求关系决定的”这句话换成“这一切都是由上帝安排的”,在哲学上完全通顺,也符合神学的逻辑。这样一来,整个经济学和神学就贯通了。

我宁可去听唱诗班合唱一曲《全赖上帝巧安排》,也不愿意听经济学家们的演讲。事实也的确如此,我每次参加研讨会、座谈会和发布会时,只要台上是经济学家在演讲,我就后悔刚才茶歇时咖啡喝少了,以至于我现在没有正当的理由去厕所待着。

那些收费昂贵的星级餐厅能让顾客感觉食物质量上乘,物有所值。其实,这全是顾客的主观想象和判断。我们的主观判断常有偏差,为的是说服自己、安慰自己,让自己在支付巨额账单时好受一些。有些人在经受巨大的痛苦之后,反而觉得自己的经历很值得,觉得自己得到了锻炼和提高。这些其实都是认知偏差。你自己说服了你自己以后,反而不那么痛苦了。如果你继续责备你自己,反而会加剧身体的痛苦。

我们来看看平时我们经常产生又常被忽略的认知偏差吧,

然后我们就会发现经济学家们吹嘘的理智多半是他们捏造的——有一个问题我始终没有想通，人类社会为什么会进化出经济学家这个角色呢？

一是无辜者偏见。

统计数据显示，在职业联赛中，80%的点球都踢进了，只有20%不到的情况下是被扑出或者干脆射偏了。在这些进球中，有29%的球是射向球门正中的，但守门员只有6%的情况下是站在中间不动的，其他情况下，守门员都奋勇但徒劳地扑向球门的一边。而且即便守门员扑对了正确的方向，他也很难扑出这个点球。相对来说，站在球门中间不动，反而能够从容不迫地扑出更多点球。但是在绝大多数情况下，守门员都不会选择守株待兔待在中间。因为他们特别不愿意面对这样的场景：在那些71%的情况下，球是射向球门两边的，而他们站在球门中间静止不动，就会被人嘲讽和指责，被人说成是无能、懒惰、不够敏捷。守门员害怕被人说成是无所事事的人。

我参加过国企改革的工作，我发现这个“守门员现象”很普遍。我们很希望扮演那种浑身是泥（最好满嘴是泥）的辛苦劳动者的角色。这不仅能够提升我们在群体中的地位，还能够免除我们被指责的可能。我们大多数人对于无所事事的人持有指责和批评的态度，我们对于满嘴是泥的失败者反而持同情和原谅的态度。我们认为后者“没有功劳也有苦劳嘛”。于是，在国企改革过程中，许多文件和会议布置下去了，誓师大会、动员大会都开过了。这些都使得我们看起来很辛苦,我们卷起了袖子而且浑身是泥(外加满头大汗)。于是,再也没有人能说我们什么也没有干了。无论改革是否得到了推进,国企效率是否得到了提高,我们都已经成功免除了自己的责任,变成了无辜的人。

任何事情,无论做成与否,首先要保证的是,当这件事情做不成的时候,我们仍然能够保持“无辜者”的地位,从而免受惩罚。我们作任何决定的时候都意识到其他人对我们决定的评价,我们会不自觉地把这个因素考虑进去。

二是舆论偏见。

每年被闪电击中致死的人多,还是游泳时被鲨鱼咬死的人多?正确答案是闪电。但是绝大多数人都感觉被鲨鱼咬死的人多。这不怪我们,不是我们不好,而是因为新闻报道倾向于大篇幅地报道鲨鱼咬人的事件,而对夺命闪电则一笔带过,甚至只字不提。在美国,每年被鲨鱼咬死的人大约有 26 个,但是媒体对此类事件的报道次数多达 170 次;同样是在美国,每年被闪电击中而死亡的人数高达 974 人,但媒体报道次数却只有 11 次。

我们通常只听到别人认为我们会喜欢听的事情;媒体只报道那些他们认为可能在人群中引起惊悚效应的新闻。长此以往,我们对客观世界的认知就发生了偏差。

我们今天生存的环境尽管已经发生了巨大的变化,个人主义和自由主义的兴起已经极大程度地改变了我们的社会结构,但是,社会仍然倾向于“教育”我们,“提醒”我们,“遏制”我们的各种冒险念头。从舆论编辑的角度来看，他们可能认为闪电是躲不过去、防不胜防的随机事件，因此，无须过度渲染闪电带来的危险。而编辑们可能认为下水游泳是一件可以提防、可以避免的事情。

尽管没有了“酋长”，但他留下的告示牌还在，我们仍然生活在时刻想要“教育”我们的部落里。

三是风险厌恶。

我们绝大多数人在绝大多数情况下都在人云亦云的状态中。我们一提到资本市场，第一反应就是那是一个充满了波动的市场。价格随机涨跌，随时随地有人间悲喜发生。这是一个巨大的错觉。

如果你看的是当天的股价波动，这也许是一只无头苍蝇的随机飞舞；如果你看的是过去20年股市的走势图，那其实是一个稳健向上的曲线。而且，普通人把钱存入银行就不再关心这一年里面的货币市场基金利率变化，也不关心汇率变动。在他们心里，感觉自己到年底肯定能够保本收息。同样的情况发生在国债投资人身上，他们不太在意这一年时间里面国债价格的涨跌，幸福地坚信自己的投资每天都在稳健增值。

为什么我们会产生这种误解呢？我们有一种本能的冲动，希望自己每天都在取得进步，无论这种进步是多么微小，我们就是需要这种天天进步的感觉，我们喜欢生活在这样的幻觉中，感觉自己每天在积累着财富和胜利。我们特别不能接受另外一种景象，那就是别人在取得进步，而我们的股票投资一泻千里，损失得一塌糊涂。所以，我们在心理上夸大了股票价格日内波动带来的损失和影响。

四是自信偏见。

如果你问一个普通人："你的驾驶技术怎么样？"75%的人会认为自己的驾驶技术高于全国平均水平。这意味着我们中有许多人高估了自己的能力和表现，有相当一部分人的真实驾驶水平很一般，却认为自己驾驶水平很不错。不仅仅是驾驶技术的问题，我有理由相信这部分人在其他问题上也有类似的倾向。这些人是早期部落里面的"消息散布者""舆论制造者"和"道德监督者"。他们总是把自己摆在高高在上的道德高地、永远正确的正义立场上，他们可以毫无羞愧和内疚地批评指责其他人的行为。人类学家指出大约在4万年前，部落里面进化出了这个角色，他们用控制舆论的方法来执行部落的道德。

其实，在投资方面人们也有高估自己能力的倾向。我们很相信自己的选股择时能力，我们不喜欢基金定投这种不动脑筋的"笨办法"。巴菲特倡导普通投资人购买指数ETF基金并不是因为他有多聪明，而是他勇敢地意识到了"我们并不比市场更聪明"。

五是位置优先的幻觉。

我早就说过，资产价格的涨跌并不符合一个被称为是随机漫步的过程，而是体现了人与人之间社会地位的升降变化。我们并不在意资产价格的涨跌，我们在意的是自己在社会中的相对地位。这是一种伴随着我们决策过程产生的焦虑情绪。

在投资决策中，我们很在意别人怎么说、怎么做，我们内心很向往更高的社会地位，但不是全社会范围的社会地位，而是我们自己生存的小圈子里面的相对地位。是的，我们在乎的是自己所在的小圈子。有研究显示，人们倾向于听从自己周围的“能人”的投资建议，尽管这些“能人”根本不是投资专家。美国大都会保险公司的销售人员发现一个奇怪的规律：他们深入各个行业和场景去推销他们公司的投资产品时，那些餐厅的女招待们总是很重视这个餐厅主厨有关投资的建议；那些修车铺里面的技工们总是很在意里面那个类似于技术工头对投资的建议。尽管那个主厨和这个技术工头对于投资和他们一样外行，但他们周围的人就是很在意他们的建议。我们只能认为，人们很在意保持自己的相对社会地位。如果主厨也作这项投资，那么，我只要跟上主厨，就至少能够保持自己在这个团体中的相对社会地位。后来，大都会保险公司的销售员还专门把这个现象总结到他们的培训教材里，去推销任何产品之前，先去和这个地方的“主厨”聊几句，争取他对产品的兴趣和支持，然后再把员工召集起来宣传推广。

1984 年，美国电话电报公司(AT&T)受到美国反垄断局起诉，其市话业务被分割，依据地区成立了 7 个独立的小贝尔公司并分开上市。之后，研究人员发现投资者只喜欢投资本地的小贝尔公司,不喜欢投资外地的。这种结果只能用投资者偏好本地资产来解释。

我们很在意本地的新闻,关键在于我们在意自己所生存的群体以及自己的地位。我们的这一特性造就了资本市场的一大奇观:追涨杀跌。抛的时候大家一起抛,买的时候大家一起买。一个股票在涨就是它继续上涨的最好的理由。大家盲目追涨是因为我们想追上其他正在发财的邻居,我们忍痛杀跌是因为我们想踩着别人的肩膀尽快上岸。我们把前者称为贪婪,把后者称为恐惧。其实无论是贪婪还是恐惧,都源自同一个动机:提高或至少保持自己在群体中的相对地位。

大多数情况下,我们都是在这些生物本能的驱使下作出所谓"理性"决策的。近年来,行为金融学描绘了许多投资人的心理图谱。我借鉴了他们的成就,并表示感谢。这些年来,学者们在该领域的进步提醒了我。我们所谓的"理性"其实意味着我们在群体内的生存技巧和策略。我们所谓的理性绝不是一个孤立的人,我们可以具有独立人格,但我们并不孤立,我们作的任何决定都在一个环境下、一个群体中、一个氛围下、一种期待中,我们就是这样进化来的。

结盟

灵长类动物结盟的动机和策略要比博弈论复杂得多。许多时候，结盟对于个体的收益既不直接，也不明显。个体结盟以后不会马上获得确定的收益，即便将来获得收益，也很难事先量化。但是，结盟是灵长类动物进化史的飞跃。可以毫不夸张地说，人类能够进化到今天的程度，主要归功于我们的祖先学会了结盟。

爱德华·威尔逊曾经指出："人类群体之间的结盟具有很大的弹性，不仅会和自己的亲属结盟，也会和不同家庭、性别、阶级和部落的个体结盟。这种联盟得以成立，在于个体和群体能够了解其他个体和群体，同时也能分配个人财产并决定他的地位。"他进一步指出："由于结盟的成员之间需要彼此相互估量对方，因此，人类的远祖发展出社会化属性的路径就不同于其他由本能驱动产生社会性的昆虫。个体在群体内的成功，个体所属的群体在更大群体中的成功——这些互动竞争关系导致了人类形成社会化属性的特殊性。个体为了适应这种复杂的游戏，被迫进化出把握各种社会关系的能力，包括合作、竞争、支配、服从、互惠、妥协、背叛与欺骗。个体由此演化出更高的智能，他们必须要有同理心，要能知晓朋友和敌人的情绪，判断对方的意图并据此定下自己的应对策略。结果就是人脑能够很快地发展出各种人际关系的剧本，包括短期和长期的关系维持计划。人脑中的记忆不仅要能长久地保留之前的情节，还要能想象和展望未来人际互动的各种场景和可能的结果。这些各自不同的人际交往策略是由大脑中的杏仁核、情绪控制系统和自主神经系统一起掌控的。”[①]

黄山短尾猴是我国特有的猕猴品种，它们普遍采用“高顺位结盟”的策略。短尾猴会自动和群体内的强者结盟，共同攻击弱者，以便顺势提升自己在群体中的地位。更高的地位意味着什么？是否意味着更多的食物、更安全的生存环境还是更多的交配机会？为什么短尾猴这个物种中的每个个体都爱和强者结盟？这是否意味着它们特别在意自己的地位并将这种结盟视为提升地位的捷径？个体和强者结盟是免费的吗？不会。个体一定会付出代价。其中最明显的代价就是：这种结盟的临时性和不确定性。与强者结盟的个体随时会被强者牺牲掉。弱势个体依靠攀附而获得的社会地位是暂时的，而且完全取决于自己与强者之间的“关系”，实际上这种结盟完全取决于强者的好恶。只要强者突然改变其亲宠偏好，转而去和其他个体结盟，那么，现在群体内地位相对较高的个体（在人类社会中相当于“一人之下，万人之上”的地位）很快就遇到“墙倒众人推”的窘境。它的社会地位很快被打压到群体的底层。短尾猴是奉行“成王败寇”原则的典型物种，它们不像黑猩猩，在黑猩猩群体中，即便是竞争主雄失败的个体，也仍然保持着较高的地位。

这也同时解释了为什么短尾猴这类群体中的等级层数总是

---

① 引文摘自【美】爱德华·威尔逊：《群的征服》（*The Social Conquest of Earth*），台湾左岸文化出版社2018年版，第24—25页。

很多，它们依靠前后左右的对比才能准确定位自己的社会地位。一般来说，当群体内的个体数量比较多的时候，就需要有更多的级别和阶层来容纳这些个体，而且不同阶层的个体之间不会结盟。它们不会形成一个制约猴王的新阶层。因此，猴王的统治策略之一就是不停更换自己周围的结盟个体，把不同的个体“提拔”上来，进入更高阶层的目的，是为了把原有的相对更高等级的个体“打压”下去，使得不同阶层的个体相互敌视和提防，使得全部个体都依靠猴王来决定自己的相对社会地位。

相比之下，黑猩猩群体中的等级层数就少很多。等级层数越多，“强势”的猴王就越能把其他个体分别列入不同的层级，阶层是猴王“离间”个体的工具，防止它们在同一个阶层中相互团结，最终形成一个可以对抗猴王的联盟。因此，短尾猴这类灵长类动物的群体级别很多，个体相互之间不团结，各级别之间相互斗争和压迫，归根结底，这类群体是由一个“强势”个体（猴王）主导的。等级繁多、相互倾轧和巴结强者等现象都是个体对“强势”统治者的被动适应。

在短尾猴的群体中，个体在乎的是自己在群体中的相对地位。它的相对地位依赖于群体中的其他个体对它的反应，包括猴王对它的“提拔”和低等级猴子对它的“巴结”。心理学家们将具有类似于这种社会群体文化倾向的人称为自卑综合征(inferiority complex)。具有这类心理倾向的人群特别在意别人对自己的意见、反馈和评价。他在群体中的相对地位完全取决于别人对他的评价。在拥有这种文化的群体中，人们会对流言蜚语特别紧张和关注，因为别人散播对自己的看法就会直接影响自己的地位，而且人们不太会散布对某人有利的消息，人们更倾向于散布对某人不利的消息，以便打压这个人的社会地位。在这种文化统治下的群体中，人们容易背后“嚼舌头”，爱议论人也喜欢告密。其实，告密这个动作本身，很像是低等级的短尾猴主动和猴王结盟，然后联合攻击第三只地位介于它们两者之间的个体。

这类人群还有一个明显的特征：缺乏历史记忆。这是被迫产生的一种生物特征。黑猩猩的记忆就非常好，它们记得哪些伙伴曾经背叛过自己，它们有很强的复仇心理；它们也记得那些帮助过自己的伙伴，它们有时会在对方需要的时候“行个方便”，看起来好像很“重情义”的样子。荷兰安纳姆动物园曾经引进一只雄性黑猩猩，在将其放入园内已有的黑猩猩群体之前，动物园方面做了大量的准备工作。一般来说，黑猩猩群体对于新加入的雌性个体会直接接纳，而对于新来的雄性个体则要争斗撕咬一番，然后才能确定它在群体内的地位。情况严重时，还会出现伤亡。最后的结果却令管理动物园的人类大跌眼镜，这只黑猩猩放入圈养黑猩猩群体的大笼子以后，首领黑猩猩看了它一眼，然后直接扔给它一把树叶。这意味着首领黑猩猩(主雄)直接接纳了它，没有进行争斗。一开始，科学家们认为这是圈养的黑猩猩丧失了部分野性，最终，科学家们找到了当初这两只黑猩猩的资料，并揭开了真相：大约14年前，它们俩还是年幼的小黑猩猩时，曾经被刚果河流域的同一个保护站救助过，当时它们关在一起。主雄认出了它14年前的伙伴，因此，它扔了一把树叶给对方，直接接纳了“童年伙伴”。向对方扔树叶这个动作相当于宣布对方在群体内享有食物分配权（人类社会有类似的仪式，婚礼上一定要由新娘来切蛋糕，相当于新郎所在的部落宣布授予她食物分配权）。这说明黑猩猩这个物种不仅有历史记忆，而且“重情义”——其实，“重情义”是个体之间结盟的必要条件。中国古人有过类似的总结：“不义之人不可交。”

对于有历史记忆的物种来说，你选择背叛它的时候，需要多掂量几分，因为你不可能“免费地”或者“无后果地”背叛它。它有历史记忆，它会记得恩怨情仇，它锱铢必较，它有自己的价值取向。你一旦选择背叛和出卖了它，你今后就很难再争取到它的支援，并且还有可能受到它的报复。所以，历史记忆提高了个体之间相互背叛的门槛，从而有助于形成一个具有同盟关系的群体。但是，对于黄山短尾猴这个物种来说，就没有这样的“历史包袱”，你可以随时背叛、抛弃和出卖它。它没有历史记忆，它只知道迅速判断出眼前的强弱、形势和力量对比。即便你对它很好，是它的亲兄弟，正在和它相互梳理毛发，一旦猴王开始攻击你，它会立即忘记了你们之间的友谊、亲情以及你给它的恩惠，马上调转枪口和猴王一起攻击你，从而提高自己在群体中的社会地位。而且如果你也是短尾猴群体的一员的话，你也根本不会记仇,你只会记住:“那个刚刚出卖了我的猴子,现在它的社会地位已经比我高了,我要尽快巴结它。”从逻辑上讲,不记仇的物种,一般也不会报恩。我把这种短尾猴的结盟策略称为“临时结盟”。在这种结盟方式下,个体的社会地位是经常发生变化的。

清代小说家孔尚任在《桃花扇》中借着老艺人苏昆生放声悲歌:“俺曾见,金陵玉树莺声晓,秦淮水榭花开早,谁知道容易冰消!眼看他起朱楼,眼看他宴宾客,眼看他楼塌了。这青苔碧瓦堆,俺曾睡过风流觉,把五十年兴亡看饱。”人类社会中,独裁者往往很善于在社会上营造一种相互告密的风气。这种风气源于人们想要通过“贬低别人,巴结独裁者”来抬高自己的相对社会地位。独裁者利用了人们的这种类似“短尾猴”的心理,创造了各种等级、阶层和荣誉头衔,鼓励人们相互之间背叛和欺骗,告密和造谣,并根据自己的意志(而不是市场规则和法律)随意地打压、提拔和消灭这些阶层的人们。独裁者的这些做法,巩固了自己的最高统治地位,使得整个社会人人自危,如一盘散沙,相互之间没有记忆和信任,不能形成一个统一的团结的能够对抗独裁者的中层阶级。

“刘备摔阿斗”的故事大家都很熟悉了。东汉末年,曹操和刘备两军相遇,刘备麾下骁将赵云拼死冲杀,七进七出曹军包围圈,终于救出了刘备之子阿斗。刘备接过儿子,掷之于地,愠而骂之:“为汝这孺子,几损我一员大将!”赵云抱起阿斗,连连泣拜:“云虽肝脑涂地,不能报也。”这就是《三国演义》中的刘备摔阿斗。赵云救出阿斗,说明他认为阿斗的社会地位比他高。刘备、阿斗和赵云三人的社会地位应该是降序排列。而刘备摔阿斗则是突然降低了阿斗的社会地位,抛弃阿斗意味着表明愿意和赵云结盟,这个动作也就立即提升了赵云的社会地位。当时,刘备身处曹军重围之下,摔阿斗就是对赵云的奖励,奖励的目的并不是古人所谓的“收买人心”,而是和赵云“临时结盟”。如果把刘备阵营看成一个短尾猴的群体,那么,这里一定经常发生人物地位的升降,没有法律和风俗来保障一个人的基本人权和稳定的社会地位。

“临时结盟”是短尾猴群体对生存环境的被动适应,是它们的生存策略。从进化论的角度来看,这些物种并非对自己的仇人“宽宏大量”,对恩人“薄情寡义”,而是这些物种本身根本就还没有进化到恩怨情仇的地步,它们没有历史记忆。大脑的前额叶区域内对瞬间记忆特别深刻,只能应付当前时刻(now and here)的事情,它们既没有历史记忆,也不能展望未来。不过,从人类的情况来看,那些对历史很淡漠的民族,确实也缺乏远见卓识。

相比较而言,黑猩猩要比短尾猴的进化程度高很多。它们之所以能够建立一个制约主雄的兄弟同盟,关键在于它们对未来有一致预期,它们能够预见到在没有兄弟同盟的情况下,主雄会对群内个体“分而治之”,实施更严厉的统治,它们能够预见到自己的命运会因此而变得更差。所以,这种一致预期对黑猩猩个体的当前行动产生了影响。毫无疑问,黑猩猩有历史记忆,这种记忆修正、约束、提醒和影响了它们当前的结盟决策:接受还是放弃某一个结盟对象。从我们的近亲黑猩猩身上,我们可以知道,我们对未来的预期,我们当前的取舍和我们对历史的记忆是一体的,共同构成了一个群体的行为规范和价值取向。

托克维尔在比较欧洲和美国的社团组成方式的时候,曾经说过这样一段话:

> 人们把自己的力量同自己的同志的力量联合起来共同活动的自由,是仅次于自己活动自由的最自然的自由。因此,我认为结社权在性质上几乎与个人自由一样是不能转让的。一个立法者要想破坏结社权,他就得损害社会本身。但是,如果说结社自由在一些国家可以促进和加快繁荣,那么在另外一些国家又可能因为滥用和歪曲结社自由而使它由积极因素变为破坏的原因。在我看来,对比一下对自由有正确理解的国家的社团和滥用自由的国家的社团所经常采用的不同方法,对于政府和政党都会是有好处的。
>
> ……
>
> 处于少数地位的美国公民之所以结社,首先是为了显示自己的力量和削弱多数的道义力量;其次是为联合起来进行竞争,从而找出最适合于感动多数的论据,因为他们总

希望把多数拉进自己的阵营,然后再以多数的名义掌权。

……

促使我们把结社自由只看成是攻击政府的权力的,是我们对自由还没有经验。一个党也和一个人一样,当它意识到自己强大而产生的第一个念头,就是以力服人。说服人的念头只在很久以后才出现,因为这要由经验中获得。①

托克维尔的这段话几乎就是在说这样一个道理:热爱自由的人民天然会寻求结盟,且他们的结盟方式是基于社团规则和个体自由的。麦克法兰进一步比较了英国和美国的结社情况。

现代性的关键是消除三种传统的强制合作手段:亲属关系、绝对主义国家和绝对主义教会。但是如果说现代社会有什么特别的话,那是它需要每一个人为共善(general good)作出比以往任何时候更大的自我牺牲。怎样才能做到这一点?

……

答案不仅仅是分工,即涂尔干所称的"有机团结",或亚当·斯密和曼德维尔所说的市场机制。分工也罢,有机团结也罢,不可能生发一种至关重要的强烈感情,有了这份感情,人们才能把明智的利己主义变成对更大的目标和全社

① 引自托克维尔著,董果良译:《论美国的民主·上卷》,第四章"美国的政治社团",商务印书馆2009年版,第240—243页。

会利益的追求。

……

为了使协作活动成为可能——如一支运动队或管弦乐队那样，必须成立各种各样的“人造”团体。托克维尔指出，英格兰人出于成事的需求而联合在一起，他们的旁支，美国人更是有过之而无不及。“有鉴于此，更多的人感到了结社的必要，因为成事的渴望如今变得更广泛和更强烈了。”皮埃尔·梅特兰注意到：“法国人从家庭和国家的角度想问题，英格兰人倾向于从个人和社会的角度想问题。”换言之，英格兰的构成成分是个人，不是集体，但是同时，个人又通过不可胜数的社团构成了一个社会，名曰“公民社会”。

……

很多人指出，英格兰人天生喜欢组成俱乐部和社团。确实，英格兰人不仅给世人带来了种种团队游戏，也给世人带来了形形色色的社团：俱乐部、男女童子军、救世军、牛津饥荒救济委员会、撒马利坦会、大赦国际、扶轮社、独立共济会，等等，不一而足。除此以外，我们还可以加上许多其他组织：政治俱乐部、皇家学会、英国学术院、工会、英国广播公司。它们都是英格兰这个结社文化中的结社性实体。

……

仅就大自然和旅行这一狭小领域而言，贝利斯发现英格兰人创造了无数生机盎然的产品：登山俱乐部、地理学会、游艇协会、滑翔联盟、植物园、动物学会、皇家防止虐待儿童协会、荒野协会、园艺委员会、环保协会、绿党、钓鱼俱乐部、风景画协会、动物解放信徒会、观鸟俱乐部、丛林野味俱乐部、四轮驱动车协会、南极学会、国际保护袋鼠协会。

……

有些俱乐部不太正式,只是一群志趣相投的朋友相聚而已:“英格兰人总是围着餐桌做事情,他们在那里才感到最快乐和最自由。”有些俱乐部却是制度化的,例如长期以来英格兰各地涌现的政治、社交、科学、学术俱乐部。但是无论何种俱乐部,均未将个人接管下来:一名俱乐部成员,犹如一名运动队成员或一名管弦乐队成员,保持着一名成员应有的一部分自主权,同时也和其他成员合作。

……

对于这种既保留个人自由,又充当团体成员的现象,托克维尔评论说:“经过思考,我倾向于认为:追求个性的精神是英格兰民族性的基调,结社则是人们感到无法独力成事时采取的必要手段。不过,追求个性的精神处处显身,在每一个方面都露出了峥嵘。”托克维尔发现,为了实现某种目标而加入社团是英格兰人特有的需求——与法国的情况迥然不同,这种精神“促使英格兰人汇聚众人之力,去实现我们法国人绝对想不到要以这种方式去抵达的目标”。英格兰有各种社团,旨在促进科学、政治、娱乐、商业等等。

……

托克维尔发现了一个悖论：这类俱乐部一方面在某种程度上将人们的个性融为一体，一方面又非常排他。他指出："譬如俱乐部，还有什么比一群个人联合起来组成一个俱乐部更好的结社例证吗？还有什么比俱乐部所代表的集体人格更加排他的吗？同样的悖论几乎适用于一切民间社团和政治社团，如公司和市政府。"

……

他例外地被难倒了："我不完全理解，为什么结社精神和排他精神同时在同一国人民身上变得如此发达，而且经常结合得如此浑然一体。但是，原因似乎非常清楚：身份认同和互相团结之所以产生，主要是因为设立了他人不得入内的象征性边界。"

……

所谓"我们"和"他们"，一般情况下是指亲属团体或种姓团体与他人的区别。但是在英格兰，"我们"指的是足球拥趸、学院成员、飞镖队成员、商号成员、社交俱乐部成员组成的团体。英格兰作为一个古老国家，还拥有其他一些手段——例如阶级、地域等凝聚物——用来团结人群；而美国作为一个新生的个人主义和平等主义国家，这些凝聚物一概阙如，因此，结社这个在英格兰极其重要的原理，到了美国变得更加重要。托克维尔指出："英格兰人经常孤家寡人地干大事。相反，美国人做最小的事也要结社。显而易见，前者认为结社是一个强有力的行动手段，后者却认为结社是他们所拥有的唯一的行动手段。”①

一个物种的个体，究竟是喜欢更高等级带给它更多的荣耀，还是喜欢更广阔空间带给它更大的自由，或者说它打算争取和捍卫的究竟是等级还是自由，这个问题决定了个体之间不同的结盟策略，也由此决定了它们群体的行为。相对于其他灵长类动物而言，黑猩猩在灵长类动物中真是一个非常独特的物种。它有一个相互团结互助的中间层，该层级中的个体更倾向于捍卫自由，而不是等级。我把黑猩猩中间层的这种结盟策略称为“长期结盟”。

我曾经把《水浒》中的宋江和他的好汉兄弟们想象成脱离原生群体的“全雄群”，他们“占山为王”和“落草为寇”的行动看起来很像是独立占领一片新领地的全雄群体。现在看起来，可能也并非完全如此前所料。他们并不追求更大的个体自由，他们追求的仍然是更高的社会等级。因此，宋江处心积虑地想要朝廷招安自己和兄弟们，目的就是要回到原来的等级社会中，取得更高的社会地位。这也符合当时的一首民谣“若要官，杀人放火受招安”所描述的情况。

---

① 摘录自【英】艾伦·麦克法兰主讲，管可秾译：《现代世界的诞生》，上海人民出版社2013年版，第159—164页。

我想用一个例子来梳理一下结盟的几种情况。

大家可能都很熟悉“三个和尚没水喝”的故事，故事开头当然是这样的：“山顶有一个庙，庙里有一个和尚……”和尚每天下山挑水自己喝；后来又来了一个和尚，两人轮流挑水；最后来了第三个和尚，他们三人就相互扯皮，谁也不挑水，宁可自己没水喝也不给其他两人挑水。

一个和尚面临的问题是“成本与收益”，他设计挑水桶的容量时，不仅应该考虑自己跑一趟来回消耗的体能，还应该考虑单次挑水自己的负重能力。这样的话，他可能会选择一个足够大的桶，挑一次水足够自己喝几天，成本收益型问题的约束条件也就演变成了山上山下的往返距离和桶的容量的问题。解决这类问题需要的是理智，纯粹的理智，如果你没有进化出理智的话，你就会被大自然淘汰，最终会有一个足够理智的人来解决这个问题，他会顶替你的位置。

两个和尚面临的问题其实是博弈论问题。根据博弈论预测，如果两个和尚都有在此长期修行的打算，他们迟早会学会相互合作，轮流挑水或者合作挑水。究竟是选择轮流挑水模式还是合作挑水模式，又取决于水桶容量和挑水距离的约束条件了。如果其中有一个和尚打算提前离开，那么，他们的合作机制就会瓦解。

“三个和尚”相互扯皮没水喝的问题在于他们没有学会结盟。博弈论中的合作和生物学中的结盟是两回事。合作依赖的是个体的理智，合作是基于预期的理智决定；博弈论的模型可以帮助你量化出合作的预期收益。个体只要能够对未来收益存在预期和判断，就能够思考自己是否应该与别人合作。但是结盟意味着更复杂的生物适应机制。

“三个和尚困境”最终只有一个解法：结盟。其中两个和尚结成同盟，且该同盟的力量大于另外的第三人。然后，这个两人同盟制定规则并建立秩序，对第三方个体实施统治。一部分人率先结盟就是在整个人群中建立秩序，具备结盟愿望、能力和默契的人就是这个社会的中坚力量。中间阶层和谁结盟决定了整个社会的价值取向。

问题来了，假设三个和尚的个人能力分别属于“高、中、低”三种情况，那么，哪两个人更容易结盟呢？对于人类，乃至任何一种群居性灵长类动物而言，如果没有迫在眉睫的外部敌人或者上级检查，全体结盟的情况就不会发生。因此，三个和尚结成一个同盟一起挑水喝的情况是不太可能出现的。更大的可能性是出现“两个人结成同盟，第三个人服从这个同盟所制定的秩序”的局面。这会是一个比较稳定的结构，也是比较常见的情况。

其实人类学家们早就在研究这个问题了，他们将这类问题称为“关键中间人问题”。在给定 A、B 和 C 三个人的情况下，可以有三种组合结成同盟：AB、AC 和 BC 结成同盟来对付第三人。如果其中有一个和尚想要由他一个人统治另外两个和尚，他就在无形之中促成了另外两个和尚的结盟，从而会使自己处于不利的局面。因此，在个体选择结盟对象的时候，最强的个体并不占优，很少出现一个超强的个体统治另外两个个体的情况。因为在三人组合中一旦出现超强个体，很快就会促使另外两个个体结盟并占据优势地位，那个超强个体反而沦为了劣势成员，被迫接受另外两人的领导。

我用A、B和C表示高、中和低三种社会等级的人群，这样就有AC、BC和AB三种组合，分别代表了社会上高中、高低和中低阶层的三种结盟方式。请您暂时放弃苛严的历史学视角，转而接受为抽象提炼问题的核心而使用的人类学“马赛克”镜片。你会发现在过去的400年里，德国、英国和法国的历史分别对应了高中、中低和高低阶层的三种结盟方式。由此决定了三个国家的不同命运和路径。普鲁士的贵族阶层和新兴的资产阶级相互结盟，统一后的德意志帝国就体现出一种严格的等级制度。英国的新兴资产阶级和底层人民相互结盟，掀起了大宪章运动，成功地限制了王权，由此建立了一种民主制度。法国的权贵阶层不断地和底层人民结盟（然后又轻易地相互背叛），结果就出现法国大革命那样的反反复复的动荡局面，根本就没有一个稳定的秩序。想想吧，从1789年到1830年，短短40年时间，保皇党人、吉伦特派、罗伯斯皮尔、雅各宾派、热月党人、共和派、拿破仑派，最后又是保皇党人，他们反反复复地煽动底层人民起义，推翻现有的政权。这种政权反复更迭的情况说明了这种（高层和底层）同盟关系是不稳定的。

要结成稳定的同盟，“中间人”特别重要。即便是超强个体，也会在三人组合中选择结盟。中间人倒向哪一方，哪一方就占据优势。这就是灵长类动物“结盟”策略中的“中间人”问题。我仍然假设 A、B 和 C 三人的个人能力和强壮程度分别是“高、中、低”，那么，处于中间的 B 将是问题的关键，A 和 C 都会全力争取和他结盟。对于最强的 A 来说，尽管他可以轻松地和最弱的 C 结盟，但这种 AC 联盟将是脆弱的（想想法国大革命）。因为 C 力量太弱，在 AC 同盟中不太可能拥有很高的地位，C 对于 A 是一个累赘，A 并不希望和 C 结盟，A 和 C 结盟的唯一目的是防止 C 被 B 争取过去。因此，C 是 AC 同盟的危险因素，因为 B 时刻可能开出更高的价格诱惑 C 背叛现有的同盟，转而和 B 组成新的同盟。C 在 BC 同盟中的地位一定比在 AC 同盟中要高。人类学家通过观察人工饲养环境下的猴群验证了博弈论的观点，即只有 AB 和 BC 的联盟才是稳定的——已经有越来越多的证据表明博弈论和大自然的进化机制作出了一致的选择。

试想，如果 A 和 B 结盟，对于 B 来说，抛弃 A 这个强大的盟友，转而寻求去和 C 尝试建立新的同盟的风险是巨大的，BC 同盟未必能够战胜 A，因此，对于 B 来说，自己在 AB 同盟中的地位虽然低于 BC 同盟，对于自己却是最安全的选择。而 AB 同盟中的 A 已经通过同盟锁定了自己的优势地位，更没有动机去背叛 B。因此，选择倒向这种 AB 同盟的 B，其生物特性就是倾向于安全和稳定。

我们再来看 BC 同盟。对于该同盟中的 C 来说，他如果背叛 B，转而寻求与 A 结盟，不可能得到一个比现在更好的条件，因为对于盟友来说，他是一个弱小的伙伴，可以讨价还价的筹码不多。因此，他背叛 B 的预期收益是下降的，这样的同盟也是稳定的。如果 B 选择和 C 结成同盟关系，说明 B 自身很强大。如果 B 不强大，他就会选择和 A 结盟，那样会是更稳定也更安全的选择。B 之所以选择倒向 C，结成 BC 同盟，是因为他相信 BC 同盟足以强大到能够制约 A，而在 BC 同盟中，B 的地位会更高，他的自由也更大。

一个群体中，如果中产阶级数量庞大，他们就会倾向于和底层人民结盟，追求更大的自由。一个群体中，如果中产阶级力量薄弱，他们就会倾向于和执政者结盟，追求安全。

无论是 AB 同盟还是 BC 同盟，B 的力量都是至关重要的。这就是灵长类动物进化史中很重要的一个发现：中间层是决定群体命运的关键。如果中间层比较懦弱，他会倾向于和强大的 A 结盟，以便迅速获得安全保障和优势地位；如果中间层比较强大，他会倾向于和弱小的 C 结盟，以便自己在两人同盟中占有领导地位并对强大的个体 A 进行统治。总之，中间层才是关键，到底是和弱者联盟制约强者还是依附强者来掠夺弱者？B 决定了整个联盟的结构和整个社会的取向。我们会发现，灵长类动物群体中，AB 和 BC 结盟的情况都存在着，这两种结盟方式甚至出现在同一个物种之中。在人类社会中，如果中间层倾向于依附最强大的统治者，社会就倾向于专制；如果中间层倾向于和最弱的底层结盟来制约权贵，社会就倾向于民主。这两种社会形态在人类社会普遍存在。这也就是为什么许多社会学家发现，专制社会强调的是秩序和稳定；民主社会则往往崇尚规则和自由。

因此，只有结盟才能解决三个和尚没水喝的问题。只要三个和尚中的两个学会结盟，他们就能够构建一个类似于等级社会的秩序，就能够执行挑水的任务。无论这个任务安排对于某个个体是否合理和公平，同盟带来的秩序都将按照一定的规则安排人去挑水。我无法预测这三个人怎么挑水，我只知道他们会解决这个问题。解决的方法就是让所有人接受秩序，而秩序来自其中两人结成同盟。

三人结盟问题是一个简化的模式。在绝大多数情况下，我们面对许许多多的个体，又该怎么办呢？这些个体该怎么解决分工和合作的问题呢？他们究竟需要一个什么样的秩序？其实，等级社会和自由市场都能够给你带来“秩序”。你选择什么路径取决于你所在的群体中的中层是什么样的人，他们是希望安全还是希望自由？他们是否足够强大？他们是否有一致行动的默契？

等级社会和自由市场都能够带来稳定、秩序和繁荣，两者并行不悖。如果中间层选择和强者结盟，他们就选择了等级社会，他们自愿成了第二等的公民，他们自愿顺从并依附于强者。就像中国古代的儒家知识分子总是依附于帝王之家。在古代社会中，无论是帝王还是儒家，他们最需要捍卫的是等级，一定要想方设法地把人分成三六九等。但是要维持住一个等级社会，一定要使之具有一定程度的垂直流动性，这就给底层的人民带来了奋斗的希望。中国古代的科举制度就是这样的一种安排，相当于等级制度的"润滑剂"和底层社会的"安慰剂"。

什么情况下会诞生一个自由市场？那就是当中间阶层选择和底层结盟的时候。自由市场是专制暴政天然的敌人。相传亚历山大大帝好不容易才寻访到了古希腊犬儒学派哲学家第欧根尼。亚历山大大帝问道："我是亚历山大大帝，你需要我为你做些什么？"第欧根尼漫不经心地回答："麻烦你闪到一边去，别挡着我晒太阳。"亚历山大大帝后来对人感慨地说："如果我不是亚历山大，我愿意是第欧根尼。"这个故事在西方社会广为流传。由此可见，西方的知识分子和我国古代知识分子的价值取向是不同的。在我国古代，历来就有"学成文武艺，货与帝王家"的说法。可见，中国古代的知识分子和商人阶层都希望依附于强者，而不是和底层人民联合起来限制独裁者的权力。

市场诞生于社会中间层和底层的结盟。这种同盟关系意味着他们都不希望自己成为一个等级社会中的二等公民和三等公民。他们都希望提升自己的地位，并且有结盟的默契。其次，中间层和底层的结盟就意味着他们的同盟始终要面对一个更强大的潜在竞争者。而对于中间层来说，最大的威胁就是底层的人背叛了这个同盟，转而去和强者结盟。为此，他们采取了许多措施：一是他们提倡人人平等。但是，诚如美国谚语所说："有些猴子天生比别的猴子更平等。"中间层提倡平等的目的是让底层的人感觉自己的地位能够被提升。二是他们鼓励人人进步。进步就是这个社会的主题。这个同盟所建立的秩序就一定要允许、鼓励甚至帮助人的进步，目的是让更多的底层社会的人进入中间层，从而强化他们的同盟。三是他们鼓励宽容，有时甚至到了不分青红皂白地鼓吹多样性和包容性的地步。对于底层来说，同盟最大的威胁是中间层背叛自己去和强者结盟。为了克服这种风险，这个同盟中的底层就要表现得宽容、包容、尊重多样性，这样就给予了同盟中的中间层更大的空间，更多的权利、自由、尊敬和荣誉。因此，中底层结盟的社会会鼓励个人自由、进步和包容。这是维持这个同盟的生存策略。

诞生市场的地方，一定是一个追求个人自由的地方，一个鼓励个人发展和提升自己能力的地方，那里一定有尊重人、保护人和发展人的环境。个体的人越强大，他们越容易结成中底层的同盟，从而拒绝和贵族高等级的人结盟，他们更愿意捍卫个人自由和领地。这种结盟方式看似追求个人自由，推崇个人主义，其实个体之间有着结盟的默契，他们会共同捍卫自由和领地。

所有同盟类型中，中间层都是关键。如果一个社会的中间层倒向强者，这个社会就体现为等级社会。如果中间层倾向于和底层结盟，这个社会就崇尚平等。如果中间层本身很弱小的话，这个社会就表现为两极分裂的状态，社会观点极端对立，全体人民自动选边站队，无信仰、无原则地支持和保护自己阵营的人，同时无理由、无条件地攻击和反对对方阵营的人。这种社会就从“三个和尚”模式退回到“两个和尚”模式。其中的原因当然很复杂，但一旦出现这种情况，这个社会就只强调“什么是有用的斗争技巧”而不注重“什么是正义的理想”——或者用金融学的语言说，这种两级对立的社会只讲求“交易策略”，而没有“估值体系”。拜占庭帝国晚期的“蓝绿党争”就是鲜明的例证。“蓝党”的人逢绿必反，绿党的人也以牙还牙。两党全面对立，从服装、歌剧、美食、政见、礼仪和宗教都完全对立。这就是一个社会开始向内塌陷的开始。

人类开始结盟以后，无论采取哪种结盟的模式，社会都会建立相应的秩序，以结束“三个和尚没水喝”的无序状态。个体就被一个强大的秩序（它看起来像是一个按照规则默契行动的庞大集体）所控制了。人会不自觉地服从这个集体，把自我奉献和自我牺牲看成一种高尚的行动，给人心理上的回报。人的思维、行动、食物分配权和个体交配权都依赖于这个集体，人和人之间的互动形成了这个集体的规则、默契、冲突、和解、报恩、复仇和背叛等一系列复杂的社会性活动。

灵长类动物的结盟动机是一件很难量化观察的事情。我们无法预测哪两只猴子会结成同盟关系，结盟的两只公猴很可能有亲缘关系，或者它们俩有独特的“化学反应”，或者结盟对象根本就是随机选择的。当然，也有可能是它们各自针对形势的理智判断。我们只知道个体数量越多，结盟的难度越大，结盟以后越难形成稳定的同盟。因此，如果底层社会的个体数量众多，中间层将被迫选择倒向强者，与上层结盟，因为中低阶层结盟以后，很难在数量众多的个体中建立一个新秩序，也就很难维持同盟关系。

我们再来看看黄山短尾猴的另类结盟方式。它们的结盟一般只限于2—3只猴子个体，从未观察到它们像黑猩猩一样结盟以后去对抗主雄。倒是有大量野外观察显示，这个临时组成的公猴同盟会去共同欺负一个低等级的年轻公猴。它们结盟的方式是“架桥”，这是两只成年雄猴之间相互确认“我愿意与你结成同盟”的一种仪式化的行为。

架桥(bridging)：短尾猴社会中一种非常有趣的行为就是架桥。在这种行为中，两只个体(称为架桥个体)同时举起一只幼猴，使其腹部朝上，然后这两只个体低下头舔其腹部或者生殖器(阴茎)，两猴同时碟牙，有时还发出兴奋的叫声。

架桥的个体有多种组合，最常见的是成年雄性之间和成年雄性与未成年雄性之间，有时雌性个体之间以及成年雄性与成年雌性之间也架桥。架桥行为虽然涉及3个个体，但实际上幼猴只是架桥个体之间进行社会交往的过程中被利用的"工具"。因此，通常情况下，在架桥结束后，幼猴即被释放。[①]

这段野外观察记录使我联想起人类社会的类似场景。男性之间结盟可以是任意场合的临时起意。当我和另外两个男性（一个中年人和一个年轻人）交谈的时候，我会很自然地和那个中年人拉近关系。他可能会给我递一支烟，我即便平时不吸烟，这时候也会点上吸几口，以便释放"我愿意与你结盟"的善意。然后，我会故意摆出老兵才有的那种沧桑世故，侧着头问对方："3.27 国债那天你在哪儿?"对方可能会把头微微上扬，用一副"百战归来不言勇"的淡然答道："那天我就在'黄万'门口。"[②]"黄万"这个名字就是等级、资格、资历和阅历的身份证明。我遇到的绝大多数中年股民都声称自己那天就在现场（尽管我知道依概率我不可能遇到那么多那天正好在现场的人，但我不会去调查并揭穿他的"谎言"，事实上我正在期待他的"谎言"以便迅速提高我自己的地位）。声称自己曾亲历过 1995 年 2 月 23 日发生的"3.27 国债事件"有助于我们俩迅速提高在年轻人面前的地位。于是，我们俩默契地演了这么一出"老兵重逢"的社交

① 引自李进华著：《野生短尾猴的社会》，安徽大学出版社 1999 年版，第 67 页。

② "黄万"特指"3.27"国债事件的主角，同时也是申银万国证券前身之一的万国证券在上海市黄浦区九江路上那个最老的营业部。当时适逢改革开放初期，国内流行抽进口香烟，有一种牌子叫万宝路，分为红色和白色两种包装，分别叫"红万"和"白万"。于是抽烟的股民就把万国证券在黄浦区的营业部称为了"黄万"，这个外号只有资本市场的老兵才知道——现在你也知道了。

情景剧，然后装模作样但又推心置腹地攀谈起来，好像旁边的那个年轻人根本就不存在一样。但是年轻人此刻并不在意我们对他的忽略和冷淡，他反而会显出一份羡慕、向往和尊敬的神态。他会想方设法以更卑谦的姿态加入我们俩刚刚构建的松散同盟。于是，我们两个中年人非常默契地开始拿这个年轻人“开涮”。我们对他的某些过激的“调侃”言语并不会引发年轻人的“反弹”，相反还会引导他的“自嘲”和对我们俩的“恭维”。这表示他尊重我们两个中年股民建立的同盟，他放低姿态表示愿意服从我们的指示。这样一来，我们三个人就开始了更加热络的讨论，直到渐渐有了一起去喝酒的念头——买单的往往是那个年轻人，他会坚持要请两位新认识的“大哥”吃饭。这个场景像极了李进华描写的黄山短尾猴的一种社交场景：两只成年雄猴拿一只幼猴“架桥”。请大家再延伸一下想象力：三个和尚中的两个中年和尚建立同盟关系以后，剩下的那个年轻小和尚一定会服从这个同盟制定的“挑水规则”。两大一小的三只黄山短尾猴、挑水的三个和尚还有声称曾经在“黄万”门口抽“红万”的三个股民，这三个场景中有维特根斯坦说的“家族相似性”。也许，4 000 万年的灵长类动物进化史早已在我们身上烙上了共同的印记。

谁和谁结盟决定了社会的形态、风俗、法律和文化。为什么演说在某些国家很重要？因为演说能够为你赢得支持你的潜在盟友，他们即便没见过你、不认识你，只要他们认同你的理念、接受你的建议、和你具有相同的价值观，他们就很容易和你结盟，并且在下一次大选中用选票支持你，成为你的盟友，并且不需要你的回报。他们的个体很强大，并不期待你"苟富贵，勿相忘"。而在另外一些国家里，演说根本就没有用，民众对于口才好、煽动性强的政客不是尊敬而是鄙视。这里的人民更相信实力，他们服从于现实的权力，他们根本就没有相互结盟以制约最高权力者的默契。

有些国家的人喜欢插队。从表面上看，问题在于某些人不爱排队，不遵守社会公德。但仔细一想，我发现这其实不是个人素质问题。归根结底还是因为这里的人民比较懦弱，他们不敢公开对抗插队的人。更深层次的分析发现，那些在皮鞭下遵守排队秩序的人，一旦摆脱了残酷的统治者，就会立即恢复原样，继续插队。这说明遵守排队秩序这个行为不能够作为一种文化特征和道德规范在这群人当中保留下来。这个国家的人民很可能就表现为一盘散沙，相互猜疑而且告密之风盛行。假设有人插队站到了他前面，他当然很不舒服。但是，他无法单独阻挠对方插队这个侵犯自己利益的行为，他需要有临时的同盟者，形成二对一的优势之后，他才能确保胜利，否则他可能受到插队者的进一步侵犯和打击。他可能想过开口阻止对方，但他开口之前，一定已经提前预判到了这个队伍中其他人的反应：他们一定是保持冷漠并袖手旁观。这个文化类型的人群不容易形成结盟关系，他知道自己无法赢得一个同盟者，也就无法战胜插队者，因此，他只能忍耐利益损失，并幻想着自己变得强大，去侵犯别人的利益。插队盛行的文化里，男性之间一定缺乏结盟的默契。

有些国家的人民对陌生人很友善，有些国家的人则很提防陌生人。基于同样的理由，我推测这可能是因为友善国家的人民结盟倾向比较强。那些对陌生人友善的国家，它的国民个体很强大（他拒绝攀附强者，而选择和弱者结盟），而且这些个体有结盟的倾向，因此，他们会对陌生人友善一些。这些友善国家的个体还可能喜欢“管闲事”，他们天然有同情弱者、帮助弱者并和弱者结盟共同对付强者的生物本能。

雄性灵长类动物学会结盟是整个进化史的飞跃。

等级

雄性黄山短尾猴不仅有拿幼猴架桥的社交行为，还有相互骑跨的现象。两只雄猴中地位高的一只骑跨在地位低的猴子背上，类似于和雌猴交配状态，地位低的雄猴还有碟牙行为，就像雌猴在交配时配合雄猴一样。观察者认为，这是地位高的雄猴在向群体内其他成员宣示自己的身份更高，同时也是地位低的雄猴向其他成员告知自己对高顺位雄猴的服从。种种迹象表明，这种“羞辱下级”和“顺服上级”的现象是等级社会常见的社交行为。

野外观察发现，日本猕猴群中地位最低的年幼公猴会独自去河边对着自己的倒影怒吼。在灵长类动物中,只有人类、黑猩猩和巴诺布猿能够意识到镜子里的形象是自己。其他灵长类动物不具备这种自我意识,因此,年轻的日本猕猴以为河里的倒影是一只比自己地位更低的猴子,而且对方永远不会反抗自己的怒火。它经常去河边怒吼、呵斥、恐吓自己的影子,就能够使得自己感觉自己的社会地位得到了提高,因为它可以"蹂躏"它的下级(即便这不过是自己的影子)。

种种迹象表明,人类比我们的灵长类近亲高明不了多少。

粉丝经济是什么?宅男给女主播打赏说明什么?他面对虚拟的屏幕后的影像作出这种财务上的自我牺牲是为了什么?他是否和面对虚拟倒影的小猴子有相似的动机?他得到了什么享受?他打赏从不谋面的女主播是否在一个虚拟的社交环境中提升了自己的社会地位?他是否会感觉自己身边多了一个丫鬟从而成了尊贵的人?写字楼里白领叫外卖给自己送餐是为什么?他们真是忙得要命,还是懒得要命?抑或是为了感觉一下自己有被人服务的尊贵和威仪?我没有答案,我只是抑制不住自己想这些问题。

你会把这种"网红主播""打赏"和"外卖送餐"称为一种新兴产业吗?你认为他们创造了新的市场需求吗?反正我不会。我看不到任何新技术,也没有实现人的进步。我倒是发现他们维护和巩固了现有的等级制度。他们为等级社会提供了新工具,当你很难提升自己的社会等级的时候,这些新工具慰藉了你,让你感觉不那么难以忍受自己地位低下的现实了。我不愿意把这种安慰剂行业视为一个新市场，我心目中的“市场”，一定要提升人的价值，实现人的进步，释放人的潜力并推动人类社会的发展。

1998 年的亚洲金融危机拖累了东南亚经济的发展。直到 2003 年，其后续的影响还没有完全消除。当时，有些亚洲国家和地区的民众自发举行了一场在市场原教旨主义者眼里不可理喻的示威游行，起因据说是因为当地的房价大幅下跌，造成许多中产阶级因住房价值缩水，低于其按揭贷款金额，从而使得当地的中产阶级沦为了“负资产”阶层。如果我是一个市场原教旨主义者的话，我不会同情他们的处境，因为任何一个社会里面都有等级或者阶层，而且不同阶层之间会有垂直升降，这是人类社会的普遍规律。假设我是造物主，我同情其中某一个阶层，我帮助他们维持自己的相对地位，我其实就惩罚了这个社会的其他阶层，并破坏了社会本来应有的道德体系。个体的人应该学会如何面对自己社会阶层的升降。

我在想一个抽象的问题，为什么在房价上涨的时候，同一地区的底层社会的人没有游行示威呢？恐怕是因为他们本来就在社会底层，房价上涨下跌都和他们没有关系。他们本来就租住在政府提供的公租房或者慈善机构提供的廉租屋里面。那么，我们在乎的到底是资产价格的涨跌还是自己相对社会地位的升降？

你听说过“炒鞋”吗？年轻人并不在乎这双鞋的价格，也不在乎这双鞋对膝盖和足部的保护，他们在意的是这双跑鞋的“发行量”。厂商似乎很配合，也很会操纵这种心态，他们动不动就会推出一款限量版、特供版、定制版的跑鞋。这款鞋从工艺到功能都和其他跑鞋差不多，但是外观设计上略做修改，而且产量很低，版式发行后立刻销毁。于是，就有了“炒鞋”这一个新行当。炒家专门囤积某些限量版式的跑鞋，然后加价卖出。关键是消费者在买鞋的时候抱着一种“我比你行”的心理——“我们买我们不需要的东西，以便展现给我们不喜欢的人看”。

你听说过国内餐厅流行吃野味吗？其实，营养学家早就指出野味并不比家禽具有更高的营养价值。但是相当多的人还是乐此不疲，因为我一想到大多数人吃不到新鲜的野味，我就感到自己高人一等。网络聊天工具和社交媒体平台上的晒图帮我实现了虚荣心。

为什么在中国经营的奢侈品品牌的售价都很高呢？好像卖得越贵越有市场，便宜的品牌反而不好卖，奢侈品体现的不是供求关系，也不满足虚荣心以外的需求，它是社会等级的身份标签。

我们应该提升人自身的素质，让人成为更和蔼、和睦、朴素、简洁、注重环保、平等对待其他穷人、关心地球资源的人，我们应该想方设法使人成为更好的人，还是应该想方设法满足人们的虚荣心？一个人人进步、注重和主张人性提升的地方，才有真正经得起历史和自然考验的优胜劣汰机制——市场提升人的价值。

在一个消费火爆的地方，人们可能只是建立了一个等级社会，而不是一个市场机制。那里的消费有炫富的成分，并没有实现人的进步。等级制度的机制中缺乏提升人性的因素，那里有的只是嫉妒心和虚荣心。当然，这些嫉妒和虚荣也可能诞生催人奋进、提升自己社会地位的感人励志故事，但那里不创造什么新价值。小部分人的光鲜亮丽和绝大多数人的沉沦失落是同时发生的。那是等级社会的特点，那里一定是一个金字塔型的社会。从人类历史来看，等级社会最终会逐步瓦解，人民会突然发现金字塔的底层松动了，金字塔其实建在流沙上。

等级社会在乎的是自己的相对社会地位。只要自己的相对地位高于自己的同事、朋友、亲属、同学、邻居以及所有参照对象，自己就宁可忍受巨大的痛苦和牺牲，包括而不限于：忍饥挨饿，打肿脸充胖子，只要面子不要里子。很多年前，我听到一个老股民告诉我，他其实输了很多钱，但是每年回老家还要“装大款”给乡亲们发红包。他说自己过的是“冻死迎风站，饿死打饱嗝”的生活。我很同情他，但我一直在想，是什么原因驱使他对我说了真话呢？可能他把我当成了一个外乡人，不属于那个时时刻刻评价他、议论他、考核他、羡慕他或者贬低他的那个原生部落群体。因此，向我披露自己内心的失败和伤疤并不会降低他的社会地位。①

① 人类学家发现，男性之间主动向对方披露自己的“伤疤”，能够给对方营造一个“我抗住了各种打击”的印象。其潜台词是“我足够强大到了值得你重视和交往”，从而有利于建立男性互信，进而建立同盟关系。

我相信他的问题不是孤立的。这不是一种个人的喜好和品质的问题。这一定是他所生活的这群人的问题。一个人不独立于他所在的群体,就不可能作出独立的决定。他不能时时刻刻为自己作一个对自己最有利的决定,他必须每时每刻提防和注意别人对他的反馈、印象和评价。他作的任何决定的出发点就是“让别人更好地看待自己”,为实现这个目标,最简单的办法就是“只让别人看到更好的自己”。夸大部分事实,然后掩盖部分事实,这样就能成功地为自己塑造一个更好的形象。等级社会对于任何真相总是遮遮掩掩的。你不可能在等级社会里找到全部真相,披露全部真相就等于是拆散了这个社会赖以维持的秩序。你也不能向他们披露全部真相,你只能把他们带到一个停止发问的地方。

等级社会中的最高统治者过得并不比低等级的人轻松。他需要经常证明自己的伟大和正确。于是就有了罗马帝国的凯旋仪式(有时候打了败仗的皇帝也谎称自己凯旋),还有了至今仍令我们叹为观止的罗马斗兽场。罗马帝国晚期,身披紫袍的罗马皇帝经常在斗兽场举行盛大的演出,而且还对公民开放。罗马公民不仅可以免费观看演出,还可以享用免费的食物。爱德华·吉本在《罗马帝国衰亡史》道出了其中的真相,这些盛大的表演其实是罗马皇帝向潜在政敌宣示自己实力和民众支持的手段。罗马皇帝通过这些免费的表演和食物来安抚普通老百姓,让他们在自己出场时向自己欢呼。一般来说,如果表演很盛大、很精彩、很刺激，罗马人就向皇帝发出一浪高过一浪的欢呼声。斗兽场里排山倒海的欢呼声向罗马皇帝的政敌宣告了他目前仍然有能力维持秩序，还拥有广泛的民心，现在还不能发动宫廷政变和刺杀行动。表面上是罗马皇帝用大拇指来决定角斗士的命运，其实是观众的喝彩声在决定皇帝的命运。

这里的核心是一个关于效率的问题。在等级社会中，统治者需要不断向政敌宣示自己的控制力，需要不断向民众展示自己的权威性，他的领导的公信力完全取决于一些“花里胡哨”“排山倒海”“中看不中用”的文艺演出和形象工程。这是对社会资源的一种浪费。即便罗马斗兽场的建造是对工程学的促进，即便斗兽场的建造刺激了罗马的建筑业，即便斗兽场的建设是遵循着公平招投标程序完成的，这个建筑本身及其为建造它而花费的一切都是一种浪费。

市场是一种机制，它吸收需求信息并将其体现为特定的激励。如果个体的人能够真实完整地将自己的需求表达出来，市场的效率就高；如果个体的人因为被部落“黏连”，被群体“控制”，受虚荣心驱使，只能部分地且夸大地表达自己真实的需求，那么，市场的效率就低。因此，人越是独立的地方，市场效率就越高。

嫉妒和攀比都不是坏事情，它们给这个等级社会注入了活力。等级社会里的人并不追求普遍的平等和平均。在这个等级社会里，人们会形成一个密切联系、相互攀比、互为对比和集体参照的小圈子。然后，这个小圈子的人看似关系密切其实相互之间不能忍受对方的社会地位比自己高。对于小圈子之外的更高等级，他们乐于攀附、巴结、模仿，并想方设法参与上层社会的活动，以被上层社会接纳为荣。而对于小圈子之外的底层社会的同胞，他们则普遍缺乏同情心，因为他们同胞的不幸从某种程度上提醒了他们自己社会地位的安全和稳固。他们把不幸的同胞当成镜子，折射出自己的优越感(想想河边怒吼的小猴)。

效率低和资产泡沫不是同时出现的，而是相互孕育的。资产泡沫就意味着资源被用到了错误的地方，最终导致了效率低下；而效率降低则会使得资产价格成为巨塔沙基或者空中楼阁。资产泡沫不是等级社会独有的。人类社会无论在哪个阶段、哪个国家，都是某种程度的等级社会。区别只是在于等级是否森严，是否有庞大的中产阶级，中产阶级是否和底层人民联合，是否鼓励人的进步和保卫人的自由。但是无论一个社会多么标榜自己的人权和自由，它归根结底仍然是一种等级社会。这是镶嵌在人类基因中抹不掉的本能，这也是人类保持稳定、繁荣和进步的基本生物条件。在一个等级社会里，任何人(包括身披紫袍的最高统治者)在作决策时都要受到等级社会的限制、约束和影响。有些影响是确实存在的，有些则是无形的，没有生活于其中的人无法体会这种影响和压力。由此导致了在等级社会中，人们追捧某项资产的目的不是实现更好的人性的提升和进步，不是对地球资源的更好保护和利用，不是对部落群体和社会的无私贡献，而是巩固和提升自己的社会地位。这就为资产泡沫埋下了种子。等级社会里，人们追捧任何一种体现身份和等级的商品或者资产。等级社会更容易产生资产泡沫。我观察过历史上出现狂热泡沫的时期，在资产价格飙升的末期，人们疯狂买入，不问价格，他们争先恐后，害怕被甩下这趟发财的火车，或者说是害怕因为没有买入这些资产而沦为社会底层，是一种恐慌情绪支配了他们的买入行动。最后一批买家往往不是因为贪婪，而是因为恐惧才进场的。

人类有两种英勇行为：一种是自由人之间的结盟，个体的人基于历史记忆、价值观和兄弟情谊作出自我牺牲的自愿行为；一种是在等级社会中被胁迫加入某个团体，也能表现得异常勇敢，但这不是自由人的结盟。第二次世界大战期间，日本海军的指挥官在战败以后往往会选择随舰沉没。他们表现出来的“英勇”都不是源自对自由的捍卫，也不是来自对祖国的热爱或者对崇高使命的忠诚，而是源自比死亡更可怕的恐惧。他们很清楚，在当时的日本社会，打了败仗的指挥官是回不去的，回去不仅是死，还有羞辱，而且还会连累妻儿老小。他们只能选择随舰沉没，这是基于理智的预见，是对更高级别的恐怖统治者的服从。反人类的专制暴政从来就只有一个工具，那就是制造和散布恐惧，唯有恐惧能够为它赢得忠诚。一定要让每个人都生活在恐惧之中，才能让人人发誓要誓死捍卫它，从而实现它邪恶政权的稳定。

等级社会常常创造出一种特殊的奖励：免除羞辱、豁免虐待、免于惩罚等。为此，等级社会首先要创造出一种羞辱人、虐待人和惩罚人的体制，才能使得这种豁免变得有价值。

受虐和施虐冲动都能帮助个人摆脱难以忍受的孤独和无能为力感。通过对受虐者的心理分析及其他经验观察，有显著的证据（限于本书范围，我无法引证）表明，他们恐惧孤独和自己的微不足道。他们在主观上经常意识不到这种情感，常常掩盖在卓然超群和完美之类的补偿性情感中。然而，只要深入这种人的潜意识领域，就会准确无误地发现这些情感。个人发现自己在消极意义上是“自由的”。也就是说，孤独一人面对一个被异化了敌对世界。用陀思妥耶夫斯基的《卡拉马索夫兄弟》中的一句话来说，在这种形势下，“最迫切的需要是找到一个可以投降的人，尽快地把他这个不幸的受造物与生俱来的自由交给那个人”。惊恐的个人寻求某人或某物，将自己与之相连，他再也无法忍受他自己的个人自我，企图疯狂地除掉它，通过除掉这个负担——自我，重新感到安全。

受虐冲动便是实现这个目标的方式之一。受虐冲动的方式各异，但其目的只有一个：除掉个人自我，失去自我。换句话说，就是要除掉自由的负担。这是那些有受虐冲动者显而易见的目的，其中个人寻求一个他觉得强大无比的人或权力并臣服之。（顺便提一下，我们应该相对地理解他人的力量强大。它可能以另一个人的真实力量为基础，也可能以确信自己完全微不足道和无能为力为基础。在后一种情况，即使一只老鼠或一片树叶都可能具有令人恐惧的特征。）

……

在某些情况下，这些受虐冲动是相对成功的。如果个人找到了满足这些受虐冲动的文化模式（如法西斯主义），发现自己与数百万有同样情感的人联为一体，他就会获得某种安全感。[①]

我具有双面性。我既能适应等级社会，又向往个人自由。我既向往和心爱的姑娘在一个遥远的、没有人打扰的美丽海岛上过一辈子，又渴望抛开儿女情长去和战友们一起在一场捍卫人类正义或者祖国保卫战中浴血冲杀。人类的基因一定是很宽泛的，并不预先设定任何模式，否则生物进化史就成了有事先规划的路线图，而且上帝手里掌握着时间表——这不符合进化史。

人既渴望个体的自由，又渴望被一个有魅力的领袖领导，周围还有一群充满兄弟情义的伙伴。现在问题来了，这两种相互冲突的本性究竟孰轻孰重？我们的本性究竟是愿意牺牲一部分

① 引自【美】埃里希·弗罗姆著，刘林海译：《逃避自由》，国际文化出版公司2002年版，第五章“逃避机制”，第107—113页。

个体自由，以便我们拥有一个坚强的领袖和一套严格的制度；还是说，我们愿意拥戴一个公正的领袖并服从一套公平的制度，以便我们能够捍卫个体的自由？这是市场与部落的根本问题。这两者从来就没有分开过，这就是人的本性。我们应该庆幸自己拥有两面性，这种两面性带给我们更广泛的适应性。

尽管都使用“自由”这个词，但等级社会和自由社会对于“自由”的理解和实践是完全不同的。在自由社会中，自由是与生俱来的东西，是人的生命的一部分，它不需要君王和法律来把这种权利(right)授予普通人，而且在自由社会中，人人都有这种意识，他们有天然的动机去捍卫自己的自由，就像保卫自己的生命一样；他们有一致行动的默契去捍卫别人的自由，就像防范自己的生命受到同样的威胁一样。

在等级社会中，“不自由”才是常态。只有确保每个人都不自由，才能凭空创造出一种可供特定人群享用的“自由”，才能使得自由变得有价值，可以被授予，可以被剥夺，甚至可以被买卖。自由在等级社会里面是特权(privilege)，是恩惠(benefaction)，它从未和人结合起来，它始终在施予者的手上，它随时可以被授予，也随时可以被剥夺。为此，等级社会里一定要建立并维持一种“有罪推定”，使得每个人始终都有义务要向更高等级、权威机构和社会公众证明自己无罪。只有更高等级的权威和更高权力的机构才能宣布你无罪，只有这样，才使得你感觉“无罪”是一种幸福的降临。对于更高等级和权威部门来说，他们通过在全社会推行“有罪推定”，就可以轻而易举地在自己手里创造出一件对底层人民极为宝贵的“财富”：免于被怀疑有罪的特权。这成了他们控制广大人民、维持社会秩序和巩固等级社会的一个很有用的工具。许多电信诈骗案都利用了人们的“有罪”心理。

一则关于苏联的笑话。

问：什么是世界上最幸福的事情？

答：晚上，克格勃来敲门。我打开门以后，克格勃对我说，“伊万诺维奇，你被逮捕了。”我回答道：“对不起，伊万诺维奇住在隔壁，我是他的邻居科瓦连克。”

这当然是一个笑话。而且很有可能与实际情况相去甚远。但是，这个故事流传的范围却极广，而且到处在听众中收获“会意的微笑”。由此可见，这个笑话多少披露了一部分事实，那就是在苏联这个等级森严的社会里，人人都需要不断证明自己是无辜的。一旦自己向权力机关证明了自己无罪，这就是一种巨大的解脱，这种解脱感带来巨大的幸福感。同时，这也是一种巨大的浪费。资源、精力、时间和秩序都被用来“证明自己无罪”，而不是用于提升人的价值，也不用于实现人的进步。等级社会里，即便存在着被称为“市场”的交易场所，即便这个“市场”也体现某种供求关系，即便这个“市场”也包含了“信息与反馈”渠道，即便这个“市场”也存在着某种激励机制，但是这个市场是一个无效的市场，因为它根本就不能实现人的进步。

但也别由此对自由社会向往过高。在自由社会里，人人生下来就欠着政府的税，需要不断地填写税单报税。每年的税务申报日毫无疑问是每个美国人最痛苦的日子。要是哪一天突然宣布“税务假期”，不用填税单或者免税了，我保证你将看到满城醉汉彻夜狂欢。对此，孟德斯鸠早就说过：

> 税收可因臣民享有自由的增多而加重；反之，奴役增加时税收必须随之减轻。这是一条普遍的规律，过去始终如此，将来也始终如此。
>
> ……
>
> 在政体宽和的国家里，对于过重的税赋有一种补偿，那就是自由。在专制国家里，对“不自由”也有一种补偿，那就是较轻的税赋。
>
> ……
>
> 在专制政体下，不可增税，理由是不能加重已经达到极限的奴役①。

自由社会里面的人几乎生下来就天然欠着政府的税款。孟德斯鸠对此辩护道：政府需要这些钱来保障个人自由。我相信美国“茶党”的发言人是不会同意他的观点的。不过，我不争论税款的用途，我觉得更重要的事情在于，人人需要创造更多的财富才能享有自由。这就是一种激励机制：自由社会不容忍懒人。你玩命工作之后，并没有一个上级机关来给你签发一张“免

---

① 引自【法】孟德斯鸠著：《论法的精神》，商务印书馆 2013 年版，第 260—261 页。

税单”，保障你今后1年的自由。你玩命工作之后，市场根据你的表现和贡献给你一张支票，你用来完成自己的税收义务，剩下才能去喝一杯——你可以边喝边骂税务局。一句话，在自由社会里，一个人的命运不是交给他的上级，而是被推向了市场。市场被当成了主宰所有人命运的上帝。任何人都必须按照市场的规则（在美国工业化早期，这种市场规则确实被宣传为上帝的旨意）努力工作，接受市场的检验和考核，然后他才能享有自由。

这也就是为什么提倡自由的社会特别重视言论自由，这就是让市场充分吸收信息，然后将其体现为全社会的需求。个人表达自身需求越真实全面，表达渠道越畅通及时，市场就越有效。否则的话，全国只有一个有线广播反复播送粮油价格，那么，这个国家大概率会停留在农业社会的生产力水平上。

请读者抛开历史、哲学和经济学的背景知识，原原本本地回归到逻辑上来思考一下市场。你就当自己是一个程序员，要教会眼前的电脑模拟人类的市场功能。你大概需要以下几个逻辑步骤：

一是允许个体的人把自身需求用各种各样的方式体现出来。

二是承认这种需求的正当性。

三是提供激励机制来鼓励别人满足这些需求。

四是将上述过程置于两个约束条件之下：第一，确保经过这一循环后，人实现了进步，且这种进步既符合人类的道德又符合进化规律;第二,确保这一循环的过程中人取得的进步大于资源的投入,或者资源的使用上取得了更高的效率。

自由社会一定不会是压抑个人需求的社会。自由社会鼓励人人坦诚相见,说出自己的想法,表达自己的愿望。这种畅通机制就使得市场上的信息更全面、及时和准确地表达人的需求。自由给市场带来了效率。自由社会也一定是一个无特定目的的社会。人就是它的目的。它没有发展特定产业的具体规划,因为人的需求、人的进步、人的价值是不能由其他人来决定的。

等级社会里也有经济活动,也有买卖交易,也有产业发展,甚至也有工业革命和技术进步。但是这一切成就都不属于个人,这一切就像是一场幻象,用于激励特定的人去实现特定的目标,一旦实现就将其抛弃。因此,个人地位在等级社会是临时的,个人财富在等级社会是不可靠的。

关于德国犹太人的著作很多,我这里只引用布莱希罗德个人的经历来说明自由与市场的关系。布莱希罗德是一位成功的德国犹太银行家。他帮助普鲁士首相俾斯麦统一了德国,建立了德意志第二帝国。多种证据表明,如果没有他在金融和财政上的支持,俾斯麦的个人财富和德意志帝国都不可能获得如此巨大的成功。

俾斯麦首相任内解放了普鲁士的犹太人,允许他们离开指定的“隔离区域”,允许他们接受教育,允许他们从事贸易、出版、金融和手工艺等行业,几乎给予了他们与普通德国人一样的权利。但是19世纪的德国仍然是一个等级社会。犹太人名义上得到了解放,其实仍然是被压迫在社会最底层,他们不能参军,因为他们被认为“不够勇敢”,实际上是被认为“不够忠诚”。犹太人没能联合起来争取完全平等的待遇,也没能和底层德国人联合起来,共同争取更大的自由。德国犹太人的自由始终是等级社会里的上层社会的权威机构恩赐的。犹太人的自由始终是上层社会调动他们积极性的工具。

后世的历史学家们指出,在德意志第二帝国的建立过程中,普通德国民众似乎并不理解什么是自由,或者说他们对于自由的理解和英国民众的理解完全不同。

> 德国犹太人的融入反映了19世纪德国社会所走的特别道路,与法国、英国和荷兰的道路截然不同。德国人不情愿地解放犹太人。解放者们认为,比基督徒低等的犹太人(在被解放以后)将通过皈依来提高自己的道德。解放者们没有预料到的是,犹太人被解除隔离以后,从一个相对封闭的社区走出来,很快就充满活力,机会大量出现,新富者将挑战昔日的特权者。解放给予了犹太人史无前例的飞跃机会,他们突然有可能通过教育和财富来出人头地。德国犹太人从社会各阶层的流动中受益……但流动对于某些人来说,意味着自由;对于另外一些人来说,意味着心理冲击和可怕的动荡和社会地位的下降。当犹太人在经济领域春风得意时,那些失去原有社会地位的群体(经常与犹太商人和

贷款人有过直接接触和竞争)回想起解放者的初衷,即犹太人会提高自己的道德。19 世纪 70 年代,批评者宣称,犹太人不仅没有提升道德(成为德国人),反而把德国人拉低到他们的层次,用他们的物质主义污染德国人。从 19 世纪 70 年代中期开始,一个新的反犹主义团体认为犹太人象征现代性、自由主义和资本主义,并从中牟利。与其他西方国家相比,德国的自由主义较为弱势,在意识形态上也有所区别。德国的市民阶层也从来没有像英国和法国的资产阶级那样获得自信和历史意义。这意味着德国犹太人社群没有自由之盾,以普遍承认和接受的人权法则来保护他们的权利①。

热爱自由也意味着坚持自己的独立性,不被旁人的意见所绑架。如果一个人生活在别人的期望里,或者生活在自己想象出来的别人对自己的期望里,那么,他就不独立,也不热爱自由。他可以牺牲自己的真实想法去迎合其他人的意见,他会牺牲自己的真实愿望去做符合其他人期望的事情。他做的这些事情就可能与他个人的进步和提升相互矛盾。当一个社会充满了这样自相矛盾的"需求信号"时,这个市场就是低效的。它不能实现人的进步就不是一个市场,它只是一个买卖场所、交易平台和物

---

① 引自【美】弗里茨·斯特恩著,王晨译:《金与铁:俾斯麦、布莱希罗德与德意志帝国的建立》,四川人民出版社 2018 年版,第 630—631 页。

流渠道。

一群捍卫自由的人,中产阶级,他们热爱的究竟是自由,还是自己的相对社会地位,这一点很重要。这一点决定了他们会和谁结盟,也就决定了这个社会的基础和市场的形态。如果他们和底层社会结盟,他们就选择了更大的个人自由。与此同时,他们也必须要去全力捍卫自由社会。这可谓是一个“高风险、高收益”的选择。如果他们和上层社会结盟,他们就选择了安全,由此缔结了等级社会的同盟。这可谓是一个“低风险、低收益”的选择。

德国的中产阶级选择了和贵族结盟。他们的同盟决定了德国是一个等级社会。那么,解放犹太人只是执政同盟为发展经济而采取的一种手段,而不是因为他们同情底层人民。犹太人的自由始终是统治者的恩赐。犹太人明白这一点,他们没有机会去和底层社会的德国民众结盟。德国底层民众只想把犹太人继续压制在更底层的社会,以便提升他们自己的相对社会地位。于是,德国犹太人本能地转向统治者寻求保护。布莱希罗德的一生就是这段历史最好的写照,这段历史向我们呈现了等级社会的真实面目。只有从这个角度去理解,一切才变得顺理成章。

> 柏林不是巴黎。
>
> 和俄国一样,在新的德意志帝国的首都,那种在法国早就消失的偏见依然存在。这种偏见包括:不愿意当着第三人的面和犹太人握手,不愿意让其他人知道自己去犹太人

家里或者邀请犹太人来自己家做客。

我特意强调“当着旁人的面”，因为在亲密的私下交谈中，所有这些顾虑都会消失。整个世界没有其他地方如此鄙视犹太人，但又如此多地利用他们。

……

在政治上，德国人处于一种被掩饰的奴役状态，他们甚至不知道俾斯麦的独裁和皇帝间断性的专制限制了他们的自由。心理上的倾向正好对应剥夺他们政治体验的严酷政治现实。巴姆贝格曾经宣称“这个民族从来就是不自由的”，但他没有意识到，这也适用于他的许多犹太同胞。德国人和犹太人都习惯于浮夸的恭顺。这既可能造成奴性，也可能导致突然出现关于帝国命运或社会重生的乌托邦式的美梦。德国人和犹太人都特别善于快速改变情绪；二战期间，丘吉尔对此作了精辟而夸张的评价：“匈奴人要么直取你的咽喉，要么跪在你的面前。”①

后世许多人分析说德国犹太人在商业上成功以后炫耀自己的财富，以期提高自己的社会地位，由此招致了妒忌和不满。我不赞成这种判断，这简直就像是强奸犯的辩护律师在指责被害人长得太美是犯罪的根本原因一样。犹太人并不是那么热爱虚

① 引自【美】弗里茨·斯特恩著，王晨译：《金与铁：俾斯麦、布莱希罗德与德意志帝国的建立》，四川人民出版社2018年版，第641—642页。

荣的人。布莱希罗德作为德国犹太人成功的代表，他慷慨解囊，赞助了许多德国的慈善事业。他并不是为了炫耀自己的财富，而是想向对方展现自己对德意志帝国的忠诚，想让对方认为自己“有用”。他向德国民众显示了自己的成功，他用一段从零开始的个人奋斗成功史来向德国民众证明自己的能力。归根结底，布莱希罗德和他的犹太同胞希望被德国人民所接纳。他们希望用自己的成功来说服对方：“快看啊！我们至少和你们一样优秀，有些地方我们甚至做得更好。”布莱希罗德没有意识到，“基督徒们需要他保持犹太人身份，当他试图竭力缩小与基督徒的差别时，他们感到了威胁”。① 试想一下，每天到河边对自己影子发泄的小猴子如果看见倒影变成了一只真正的猴子，它该有多么失望和恐惧啊！

1879 年，德皇宫廷牧师阿道夫·施托克曾经公开宣称：“犹太人应该放弃成为德国人的目标。”他的传记作者瓦尔特·弗朗克这样描述他的反犹主义动机：

> 除了小商人和小业主，还有受过教育的中产阶级、军官、公务员和青年学者，他们的职业和社会阶层观点的形成与普鲁士军政府关系密切。虽然他们没有像其他人那样陷入经济上的困境，但他们感觉在经济上更加强大的犹太人

① 引自【美】弗里茨·斯特恩著，王晨译：《金与铁：俾斯麦、布莱希罗德与德意志帝国的建立》，四川人民出版社 2018 年版，第 648 页。

威胁到自己的社会地位。犹太人非常清楚如何把经济实力转化为教养，把教养转化成权力[①]。

德国犹太人这种希望被对方接纳的做法在对方眼里往往被视作虚荣、肤浅、浮夸的暴发户，因而更受鄙视和抵制。这种希望被对方接纳的想法恰恰说明了犹太人在德国社会的既不独立也不自由，且处于社会底层。但这并不是犹太人缺乏独立性的依据，从更宽阔的视野来看，无论是历史唯物论还是人类学的田野调查，都把问题指向了德国社会本身。当时的德意志帝国一定不是一个崇尚独立、爱好自由和尊重人权的国家。那一定是一个等级森严的地方，一种强大的社会意志戴着“爱国主义”的面具对全社会的人实施精神控制，使得个体的人不可能脱离社会的认可而单独依赖市场就获得生存所需的资源和空间。在一个社会上，个体的人越不独立，市场也就越不发达。同理，市场越发达的地方，人也就越独立。但归根结底，市场不是一个独立于人的机制，自由市场和等级社会都是一群人组合起来维持秩序的方式。只有一群人热爱自由，且能默契地联合起来捍卫自由，他们才能实现市场机制。这个机制将替代等级，给社会生活带来一种新的秩序。

如果我们从反犹主义兴起的 19 世纪 70 年代到第二次世界

---

① 引自【美】弗里茨·斯特恩著，王晨译：《金与铁：俾斯麦、布莱希罗德与德意志帝国的建立》，四川人民出版社 2018 年版，第 693 页。

大战结束的1945年来看德国历史，我们就会发现，那个曾经的繁荣升腾和光芒四射的德意志帝国是多么脆弱。没有自由的地方，繁荣是暂时的，繁荣最终会被那种造就它的力量所摧毁。19世纪60年代，在被问及最痛恨哪种恶习的时候，卡尔·马克思的回答是“奴性”以及“意见不一的追随者”。[①] 但是马克思所痛恨的“奴性”并不会单独出现，它一定是在一个号召服从团体意志、鼓励放弃个人自由的等级社会里诞生的生存策略。在一个没有专制暴政的社会里，人民并不会自发产生奴性。我情不自禁地想起孟德斯鸠的一句名言：“是专制国家的人民自己选择了独裁者，自愿成了他的臣民。”相应地，自由国家的人民自己选择了自由，并自愿捍卫自由。他们的自由并不是由什么开明的君主或者完备的法律授予他们的恩惠。

> 布莱希罗德的新德国主义显然刺激了他希望自己的德国人身份被明确承认的愿望。大多数德国人具有所谓的“纽扣孔恐惧”，害怕自己的纽扣孔上空荡荡的没有缀满勋章。对抗羞耻感有多种方法，有人需要遮羞布，有人需要镶嵌珠宝的勋章。
>
> ……
>
> 这些外在荣耀的问题在于，它们永远无法带来长久的

---

① 引自布鲁门贝格：《来自马克思生活的未知资本：与荷兰亲戚的通信》，《国际社会史评论》1956年第1期，第107—108页。

> 满足，总有更多的荣耀被觊觎。荣耀意味着更高的知名度、更多的开支和更容易遭受嫉妒者的恶意攻击。
>
> ……
>
> 1885 年，当维多利亚女王最终不情愿地封纳撒尼尔·罗斯柴尔德为世袭贵族时，英国犹太人以近乎疯狂的兴奋欢迎这个消息……英国犹太人的解放终于真正完成。而在德国，反犹主义情绪从 19 世纪 70 年代中期再度兴起。那里社会同化的压力很大，对于“异类行为”的接受程度也远不如英国。人们对布莱希罗德的期待是同化，而这也是他最想做的。但同化举动招致憎恶和嘲笑，他既与犹太同族稍稍疏远，又没能被他试图加入的新群体所接受。更糟糕的是，他成了他们的笑柄①。

我常想这样一个问题，英国和德国都经历了解放犹太人的过程，这两个国家也都是基督教新教为主的国家，且或多或少都对犹太人有一些抵触和反感情绪，为什么只有在德国，犹太人才遭到灭顶之灾呢？因为一个普通英国人也许讨厌犹太人，但他更讨厌暴君。

归根结底，德国是一个中间层的地主阶层（容克）和上层的贵族统治者结盟的等级社会。这个同盟共同维持着对底层人民

---

① 引自【美】弗里茨·斯特恩著，王晨译：《金与铁：俾斯麦、布莱希罗德与德意志帝国的建立》，四川人民出版社 2018 年版，第 645—647 页。

的统治。犹太人就成了底层人民发泄对社会愤懑不满的对象。而统治阶级对此顺水推舟、乐见其成，这样一来，他们自己肩上的压力就小了。萨特说得好："世界上根本就没有犹太人，是反犹主义者创造了犹太人。即便没有犹太人，他们也会创造出其他'替罪羊'。"这段话几乎立即使我想起了猴群中地位最低的年幼公猴在河边对着自己的倒影怒吼。无论是日本猕猴群还是德意志第二帝国，只要是在等级社会里，底层社会的成员一定要想方设法创造出一个"倒影"来发泄，这样能够提升自己的社会地位，或者说给自己喝下一剂麻醉药，让自己错误地以为自己的社会地位得到了改善。所以，我认为"解放"这个词在特定语境中的含义是不同的。俾斯麦首相签署的"解放犹太人"法令其实不是一种"解放"，而是把本来关在隔离区的犹太人"转移"到德国社会，并试图将其永久性地"关押"在最底层，从而使得其他各阶层的德国人受益。这哪里是一种"解放"？这分明是一种新的"奴役"。因此，等级社会和自由社会在使用"解放"这个词的时候，含义是完全不同的。

美国是一个移民国家。我大致了解他们的移民政策，我发现那些"又穷又聪明"的人比较容易被美国移民局批准接纳为新移民，而那些"又富又懒惰"的人则反而不容易移民美国。这很有意思。富人能够给这个国家带来财富，形成新的税收来源，而懒惰的富人更是能够刺激消费，从各方面看，都应该优先批准这批人移民。而实际情况则恰恰相反，那些名校毕业的高学历理科生在高科技企业找到工作以后，反而很容易移民。现代美国是一个中底层人民结成同盟的国家，而19世纪的德国则是一个中产和贵族结盟的国家，两者分别代表了自由社会和等级社会。等级社会欢迎那些“慵懒的富人”去移民；同理，自由社会希望更多“能干的穷人”加入其中，两者分别带去的黄金和技能都会巩固原有的社会秩序。

此外，等级社会提倡的道德和自由市场往往格格不入。这也难怪，本来道德就不是从天而降的行为规范，而是一群人自己约定的评价体系。在等级社会里，可能会诞生省吃俭用的“守财奴”，他们热爱金钱带给他们的社会地位，他们对钱的理解是财富，是等级证书，是资产，是光环。而在一个自由社会里，人们对钱的理解是不同的，钱不是物质财富，也无须炫耀，更多的钱意味着未来有了更多的可能，空间上有了更多的选择，个人在时间和空间上有了更大的自由。所以，我们有时会看到自由社会的富豪会花钱去参加太空旅行，而且往往是匿名的。对于花钱提升自己人性的想法，等级社会里的富豪们是绝对理解不了的，他们宁可买地或者买房子，也不愿意花这个“冤枉钱”。只有当他拥有了足够多的房产证之后，他才可能考虑参加一次这样的太空旅行。为此，他一定会要求对方提供一张精美的证书，以便放在办公室显眼的位置上，展现给其他只有房产证而没有太空旅行证的人看。

等级社会最明显的道德特征是节俭，节俭使得人能够维持在现有的社会等级中，既不会因为天灾而滑入更低层级，也不会因为努力而进入更高层级。自由社会最明显的道德特征是进步。而且一定要鼓励人人都进步，他们用个体的强大来防止出现某个权力阶层，防止自由社会演变成为等级社会。

等级社会经常被人诟病成一个腐败滋生特权横行的社会。孟德斯鸠说过，一个国家之所以腐败，不是因为那里的官员太贪婪，也不是因为那里的法律太松懈，而是因为那里的人民太懦弱。我认为孟德斯鸠也是在不同结果之间建立因果关系。真实的原因并不是人民懦弱，而是他们相互孤立、相互提防、相互猜疑，他们缺乏相互信任，没有共同信仰，难以形成一致行动的默契，也就无法捍卫法律，捍卫自己的权利。因此，这些国家的法律很难约束腐败分子。

在某些专制国家里，政府为了防止人民形成一致行动的默契，可谓绞尽脑汁、想尽办法，他们会采用各种监视手段，甚至鼓励同事之间相互监视，邻居之间相互举报，朋友之间相互举报。如果形成一个人人自危的社会以后，独裁者就容易推行专制统治了。因为这个社会的各个阶层的人民都无法团结起来，犹如一盘散沙。

有些国家提倡个人“从我做起”，使得个人成为一种公民的榜样。这种做法很可怕，它过早消耗了这个社会的积极因素，因为靠个人的单打独斗毫无效果，根本改变不了整个社会的风气。一定要有一致行动，这就意味着一个整体的阶层具有默契，而且它还能够联合比它高或者低的阶层一起行动，这就能够在社会上建立秩序，树立风气，维系道德，推行法制了。

请读者务必全面而辩证地理解本书所说的“等级”与“自由”，是为了简化问题才由“三个和尚”的故事演化出这两种社会形态。毫无疑问，等级社会中有自由，自由社会中有等级。我提出的这两个概念，与其说是把不同的社会分成了这两种类型，不如说是看待不同社会的两种角度。维特根斯坦说，换个角度看问题，特定的哲学迷雾会自动消失。

在我的《货币起源》中，我发现在世界货币史中，“礼崩乐坏”大概是世界上有记载的第一次通货膨胀。“礼”是社会等级的制度，对于个人来说，也是价值的坐标；“乐”是一种社会风气、风俗、习惯和观念，对个人来说，也是行为的动机。“礼崩”和“乐坏”一定同时发生。西周晚期，奴隶制度正在瓦解，当一个社会原有的等级被破坏了，原有的价值观念被打破了，原有的价值体系出现了巨大的调整，这时整个社会的风俗习惯都会出现变化，原有的观念就会被抛弃。如果此时没有一种新的、更符合人性和更先进的制度确立的话，人们就陷入了迷茫、恐慌和混乱。

等级社会有秩序，秩序可以带给人以安全，给人以稳定的预期。一味地反对等级社会未必是正确的好事。消灭了等级社会的同时，你很可能夺走了一大群人的社会秩序，而这群人本身又只适应等级社会，他们习惯于强势统治者，他们本身是“一盘散沙”,无法建立一种新秩序。于是,他们就生活在孔子所说的“礼崩乐坏”的混乱之中了。

自由

市场是自由社会的秩序。

这种秩序需要自由人的一致行动来捍卫。

公元120年,由罗马元老院选出的执政官、著名历史学家和罗马共和制度的保卫者塔西佗被军事政变推翻,他被叛军处死之前昂然而平静地留下了这样一句话:

“我死之后1 000年,人类才会出现一个真正的共和国。”

塔西佗高估了人类进步的速度。在他死了1 600多年以后,人类才试图建立一个共和国。1787年北美大陆制宪会议结束。费城的鲍威尔夫人在独立厅外拦住本杰明·富兰克林,问道:“哦,博士,我们得到了什么,一个共和国还是君主国?”富兰克林脱口而出:“一个共和国,只要你们能保住它。”再好的制度,没有人民的捍卫,根本就只是一纸空文。

我在下面摘录了几段富兰克林的名言:

“试图用自由换取暂时保障的人,既不配得到自由,也不配得到保障。”

“有常识但没受过教育的人,要胜过受过教育但无常识的人。”

“没有自由的安全，叫作监狱。”

“美国宪法不保障幸福，它只保障对幸福的追求。要获得幸福，得靠你自己努力。”

“自由不是他人的馈赠，而是上帝和自然的法则赋予我们的权利。”

“只有有德性的民族才能获得自由。随着国家变得腐败、邪恶，他们更需要的是主子。”

“归根到底，人要么受上帝统治，要么被暴君管辖。”

富兰克林是《独立宣言》的起草人，他也参与了美国宪法的制定。他对自由社会的理解很值得我们思考。在富兰克林眼里，自由来自个体的强大。这个强大的个体必须是“有德性的”“有常识的”以及“信仰上帝的”。其中，“信仰上帝”这一条不能从宗教上来简单理解，一个人信仰上帝的结果就是他不怎么依赖于其他人、政府和教会组织来灌输和肯定他的价值观。他依赖于自己对上帝的理解和信仰来确定自己的价值观。因此，在富兰克林这段话的语境中，并不是指信奉宗教的人会获得自由，而是一个独立的个人拥有自由。个人的独立和集体的契约会同时产生。个人自由主义的精神与集体崇尚契约精神，这两者相辅相成，互为因果。为了捍卫自由，他们必须有一种集体的默契来对抗外敌入侵和国内暴君；为了捍卫自由，他们必须在经济上实现个体的独立，否则就会依附于一个“雇主”“地主”或者“其他什么名义上的主人”。

为此，自由社会一定要有一个“市场”。市场提供了人维持自己独立地位所需要的一切，确保了人的独立。于是，独立的人不仅享有了自由，还默契地捍卫了这个自由社会。

试想，在某个地方只有一个地主，所有人都得租用他的土地来谋生，这个地主就一定成了所有人的“主人”，大家都沦为了他的“佣工”。在这种情况下，其他人和他之间的关系就是“佃农和地主”之间的关系，除了地主以外的其他人就不可能是一种独立和自由的状态。然后，请想象在一个相反的状态下，某个旅游胜地有多个宾馆，你花钱租住他们的房间，他们对你巴结得像是你的“仆人”，临走还眼巴巴地渴望从你口袋里得到一份小费。后一种情况下，宾馆的所有者仍然是地主，他仍然拥有合法的土地和地上建筑和运营许可，但是他在市场中向你提供由土地派生出来的服务，你享受他提供的服务并不丧失自己的独立性。你和他之间的关系成了“顾客和厂商”之间的关系，而不会是“地主和佃农”的关系。

请读者再想象一个场景，你办任何事情都需要到一个政府部门去请示、报备、备案通过或者审批通过，你才能花钱去投资、去买设备、去雇佣员工、去销售产品、去经营企业。尽管这些钱全是你的，技术全是你的，但这一切都不听命于你，你并不真正拥有它们。你感觉这是一个什么状态？政府和企业的关系变成了“官府和百姓”的关系，而不是“公仆和人民”的关系。人就不能独立于政府，尤其是不能独立于操纵着封建衙门、掌管生杀大权的县太爷。你还有什么自由？你能去“市场”买卖东西，但那个市场不足以保障你的独立性。因此，那个你做买卖的地方并不是一个自由社会保障人的独立和自由的市场机制，那只是官府征收税收的场所。

还有一种特定的关系容易被忽略。有些经济体内逐步形成了垄断大企业，或者几家稍大的企业形成了寡头联盟。它们非常默契地控制着产量，轻慢地对待下游企业和客户。它们不思考如何扩大生产、改进技术、提高效率，它们只思考怎么折磨下游企业。这就把“供应商和客户”的上下游关系演变成了“绑匪和人质家属”之间的关系。

最后，“我爱上了拐角面包店主的女儿怎么办？”这是另外一类需要注意的问题，它演变下去也会影响市场机制发挥作用。你和面包店的关系会随着你的爱情一起发生变化，你不再是客户了，你变成了女婿。你天然有讨好岳父的愿望。这个愿望会扭曲你作为客户的决策独立性。

我们要约束政府，约束大企业的垄断，约束寡头之间的默契交易，约束上下游厂商之间的暗箱价格操纵，还要约束自己的想放弃独立决策的念头。不仅要制定法律，还要有一群热爱自由的人主动来捍卫法律，而不是投靠这些寡头垄断集团以便获得个人利益并谋求个人更高的社会地位。那样的话，自由社会就演变成了等级社会。这一切反对垄断和约束政府的行动看起来都是为了保卫市场的公开和公平，其实都是为了保卫人的独立和自由。但还是请回到塔西佗的那句遗言：没有热爱自由的人民的默契行动，任何捍卫共和国的法律都是得不到执行的。

自由的人首先应该是独立的人。有些国家人们喜欢把一些涉及隐私的个人事项公布给社会公众，并希望“街坊邻居们，大家给评评理”，并且找长辈，找对方单位领导，要求“给个说法”。在这些国家里，人们一旦受了伤害，就希望别人知悉，并用舆论杠杆给对方施压。这些国家的法院判决其实只相当于在事后用文本的形式公布了社会公众和舆论媒体早已达成共识的判决。这些国家的个体被牢牢地黏连在一张无形的网络里，根本不能相互独立。这些国家的市场发育程度似乎比较低。

另外一些国家的人则完全相反，他们动辄诉诸法律，在法庭上相互对抗，坚信上帝和正义在自己一边，不怎么在乎舆论导向，不怎么在乎邻居朋友的看法。这些人的亲戚朋友平时也不怎么来往，逢年过节见面时，也就是一般地寒暄一下，相互不打听对方的家庭私事。这些国家的个人主义倾向比较明显，相应地，他们的市场发育程度也比较高。

为什么会出现这样的情况呢？一个人如果不能独立于他的家庭、部落、社团和组织，他就不需要从市场上购买满足他个人需求的商品和服务，去实现他个人的自由。如果一个社会上的大多数人都不能脱离原生的部落和单位，这个社会就不需要存在一个市场，这里的人们不需要有一个替代部落的机制，去帮助他们实现个人自由的冒险。他们会选择待在安逸但有些压抑的部落里。

其实，自由到底是什么？我有时候很自责，自由是一个很模糊的概念，和市场这个词的用法一样模糊。但是参加了几次经济学家和金融学家的研讨会之后，尤其当我听了那些经常上电视的专家的有关言论之后，我的自责情绪不仅没有向内疚发展，反而得到了相当程度的缓解——我并不比他们更糟糕。

自由是指不受约束的、多样化的选择权？自由是指按照公平原则去努力奋斗就能够提升自己社会地位的可能性？我们与其说是定义了“自由”这个词，倒不如说是我们先感知并定义了“不自由”这个词，然后我们才去寻求自由。当我们对待在部落里感到“不自由”的时候，我们就有了出去冒险的念头。因此，“冒险和自由”有时确实是一体两面的。

诗人珍妮特·兰德（Janet Rand）写过一首赞美冒险的诗，她认为热爱自由意味着冒险。这首诗是谢志刚老师推荐给我的，他是保险精算方面的权威。我很喜欢这首诗，抄录在下面：

大笑，意味着当众犯傻的风险，
流泪，意味着显得感伤的风险。
接触他人，意味着卷入是非的风险，
敞开胸怀，意味着展现真实自我的风险。
在众目睽睽之下谈论梦想，意味着被人耻笑的风险。
去爱，也许你得不到任何回报，
去生活，尽管回报是生命终将衰老。

保有希望意味着你冒着承受失望的风险。

勇于尝试就是承担了可能失败的风险。

但我们一定要去冒险，因为人生最大的危险是不去冒险。

不冒险的人，一无所为，一无所有，一无所是，一无所用。

他们或许免于失望和悲伤，但他们无法从失败中学习和感知，无可改变人生，也无力成长，他们无人去爱，余生无趣。

他们是确定性锁链下的奴隶，他们出卖了自己的自由。

唯冒险者真自由。

这首诗写得好极了，我翻译得也不错。我在想每次我冒险之前如果读一遍这首诗，也许有助于我分泌多巴胺并帮助我下最后的决心。爱自由的人也爱冒险，这是因为他们要追求独立的生存空间。这和他们创造并捍卫市场机制是同一个动机。

为什么自由社会的普通人更诚实？为什么有经济学家由此误以为自由市场经济的基础是诚信？他们错了，他们在同一个事物的不同结果之间建立了因果关系，而且采用的数学模型极为复杂。这就像1万年前的部落里面的巫师向部落族人证明自己有巫术，能够教会所有的鸟儿飞行一样。自由社会的基础是中低阶层结成同盟来制约贵族。因此，这个同盟的成员之间必须是彼此诚实的。自由社会里面人与人之间一定存在基于诚实的相互信任，否则他们不可能结成同盟。请想象一下等级社会里面，为了维持等级社会的秩序，谋求自己的安全，人们被迫相互提防、监督和告密。由此就会导致每个人都不诚实，每个人都很聪明、很敏感，但就是相互不信任也不团结。他们一定要经常掩盖自己的真实想法，这是对自己最好的保护，这也是在等级社会里的生存技巧。如果是在一个自由社会里，人们没有这种相互提防的顾虑和被告密的担忧，他们天然就会表现得不设防，他们之间一定会表现得坦诚相见。这是包括人类在内的灵长类动物结盟的基础。如果彼此不能坦诚相见，就不可能基于信任而结成同盟，也就不能制约暴君和独裁者，也就没有了个人的自由和自由社会。因此，彼此诚实是自由社会的生存法则。

自由社会是中间层和底层的联合，而且其中最关键的因素是中间层的意愿。中间层倾向于安全和地位，他们就会和高层（强者、传统贵族、独裁者或者军事领袖）结盟，这就是等级社会的雏形。中高阶层的同盟会捍卫等级制度，维持他们对底层人民的统治。为了维护这个等级制度，他们有时也创造出一些各阶层垂直移动的通道，以便他们的统治看起来不那么僵硬和残忍。中国古代的科举制度就是一例。中间层倾向于自由和独立，他们就会和底层结盟，这就是自由社会的雏形。但是，自由社会是很难诞生的，因为绝大多数情况下，社会是没有中间层的，只有少数富裕的贵族和广大贫苦人民。所谓的中间层，往往就是附庸着贵族而诞生的一些“衍生品”。从历史上看，大多数情况下，底层人民起义的结果往往是诞生了一批新贵族，由这批新贵族继续维持一个等级社会的统治，而不是创造了一个中间层阶级并诞生一个自由社会。

我猜测人类历史上诞生自由社会是有一定随机性的。塔西佗有关“要等 1 000 年”才有共和制的预言包含了他对现实的无奈和小概率事件的期待。在“五月花”号送来一批清教徒之前，北美大陆和世界上其它地方的情况差不多，是一个等级社会。印第安部落本身是等级制度的社会，英国殖民者更是端坐在整个金字塔最顶端。从欧洲移民来的清教徒们逐步成了这片新大陆的中间层。他们是白人，他们的地位就天然会比原生的印第安部落的地位要高，因为当时这片土地的主宰者英国殖民者也是白人。但他们又被英国殖民者，如总督和他的军队所管辖，被迫要向英王缴纳沉重的税收，所以他们的地位比殖民者要低一些。这个由清教徒组成的北美大陆中间层还很团结，他们不信仰英国国教圣公会的那一套说辞，他们坚信自己的清教徒或者其它新教教派的信仰，他们宁愿为此背井离乡。如果他们在英国本土不肯投靠英王室，就更不要指望他们流亡到新殖民地以后会攀附英王室和统治者了。于是，北美新殖民地上就有了一个团结的中间层。他们决定和底层社会(包括欧洲来的新移民、北美破产农民和一部分印第安部落)联合，推翻上层社会(英国殖民者)。

许多学者总是喜欢把荣誉的花环扣在某一个领袖头上。他们总是热情讴歌华盛顿将军的开明，说他不擅权，不恋权，不想当皇帝，所以才成就了美国这个人类第一个真正意义上的共和制度的国家。还有学者提出，美国的宪法写得实在是高明，认为这套严密的法律制度是美国立国的基础。总之，要么是开明君主，要么是缜密法律，他们绕来绕去地说着这些看起来像是原因的东西。这让我想起了章太炎先生的一句话，“读书多而不求于心，则为俗学”。

我认为，美国建立一个共和制国家放在人类历史上，像是上帝随手扔了一个骰子；放在人类学视角下，更像是验证了“三个和尚”的结盟模型。一个在人类社会中难得出现的追求自由和独立而且保持团结默契的社会中间层，决定捍卫他们的自由，并追求更大的自由，为此，他们决定和底层联合。难能可贵的是，他们始终坚持中底层的联合，为此，他们做了两件事情：一是不断吸收外来移民，让这些移民从社会底层开始奋斗。二是创造一个公平的规则，让所有人都有提升社会地位的通道，也都承担奋斗失败后地位下降的风险。面对一个默契团结的中底层联盟，任何人想当独裁者都没有机会了，他只会安心地离开总统的位置。在一个中底层联合且中间层有行动默契的社会，不可能诞生一个独裁者。这和个人意愿、个人修养、个人道德崇高乃至法律的严密性都没有关系。这个联盟已经决定了这个社会的形态是自由社会，由此就天然地排除了独裁者，就像一个男人不会怀孕一样。一个自由社会绝对不会是由一个圣主明君按照武林秘籍建立起来的，对此判断，我们要斩钉截铁，不需要其他啰里啰唆、看似严谨的学术论证。

自由社会和等级社会都考虑规则问题。在等级社会里，人们从小被教育说，规则和个人自由可能存在相互冲突的地方，一切要以团体和社会的稳定为大局。因此，个人自由是可以被牺牲掉的。等级社会强调人们要遵守规则，其实是要求人们服从上级，因为规则都是上级制定的。在等级社会里，人民是没有机会参与制定规则的。因为规则一旦制定出来，就需要人民去捍卫；而为了捍卫规则，人民就必须默契地结成同盟。如果他们能够结盟的话，他们就不会生活在等级社会里了。

自由社会对自由和规则的理解都不同。自由社会认为，自由不是一个个人的概念，它是一个集体的概念。自由依靠同盟者捍卫，孤立的自由是流放，而不是自由。为了享有自由，我们必须捍卫规则。但是这个规则不是对个体的人的约束，而是对贵族或者上层社会的约束，这才是自由社会的规则。还记得我们讲的“三个和尚”模型吗？自由社会来自中底层人民的结盟，他们的自由来自对顶层社会的约束、对开拓进取和冒险精神的尊重和对平等权利的保护。

丘吉尔曾经对比过英国宪章运动、美国独立战争和法国大革命，他的有关法国大革命的部分观点值得我们思考。

> 1789年震撼法国大地的巨大变革同世界上的历次变革有着根本的区别。英国曾在17世纪经历了王室和人民之间的权力大转移，但英国的国家基本制度未受触动，或者

至少很快就恢复了。

……

经常有人说，路易十六统治下的法国是实行最残暴的统治的国家，其实并非如此。她的国力雄厚，许多人家道殷实，那么为什么发生了革命呢？有关这个问题的论著甚多。有个事实是大家公认的，法国的政治机器没有反映人民的意志，它未能跟上潮流，也不能适应潮流。这个政治机器是路易十四创造的，在他的有力操纵下，它几乎一直运转到最后一刻。路易十四的继承人接过他的一切大权，却没有继承他的半点才能，他们既不能操纵这个机器，也不能改革它。同时，日益壮大的法国中产阶级伸手要求得到一份权力，他们感到自己在受何种统治的问题上应有发言权。

……

法国政府在财政上早已处于瘫痪状态。路易十四在长达 30 年的战争中耗尽了国家的财力，他在 1715 年去世时，公债相当于岁入的 16 倍多。法国人未能摆脱这个负担。许多人试图使法国具有偿付能力，均未如愿。这方面的障碍是很大的。全国有相当大的一部分人基本上不缴税，其中有的人即便不是始终拥有最大的权势，也享有最高的声望。约有 40 万贵族基本上不纳税。他们的特权大概得到过承认，因为他们以前作为地主和军事领袖为国家作出过贡献。绝大部分贵族被迫或者被说服住到凡尔赛。浮华的宫廷一度达到 20 万人,他们在那里消磨时光,大肆挥霍。于是产生了离乡的地主阶级,他们无权过问政治,远离自己的领地,不受佃户的爱戴,对这些土地或国家均无贡献,从他们不再亲自管理的土地上收取大量免税的利润。

教士享有同样的特权。教会拥有法国五分之一的土地,在这些土地上有许多宝贵的建筑物。教会当局每年从这些土地上得到的进项约达 4 500 万英镑。加上什一税,他们的收入又多了 1 倍。可是六七十年来,大约 14 万教士、修士和修女未交任何财产税。这种权利和他们占有的财富一样不公平。

……

沉重的财政负担落在农民身上。我们不应该夸大他们的痛苦,从 18 世纪初开始,他们不断购买土地,到法国革命前夕,他们已经拥有法国三分之一的土地。然而,他们有很大的苦情。“农民”的土地税几乎等于“贵族”的土地税的 5 倍。只有农民才交纳最可恨的人头税,每 100 利佛尔的收入要交出 53 利佛尔,捉襟见肘的政府被迫实行的包税制使这种税收更加令人痛恨。名目繁多的间接税使农民的境况更加困苦。1788 年冬天出现了非常凄惨的景象,许多人饿死。

……

一位大臣在法国革命前夕向国王报告说,这个国家已经“无法统治了”。当局为了纠正这种代价巨大的混乱局面做了多次尝试,而为了筹集资金以应付这种局面则做了更多的尝试。在路易十五的长期统治期间,公债总额大大减少。路易十六在1774年继位时,决心励精图治,任命能干而诚实的蒂尔戈为财政总监。蒂尔戈的计划很简单,如果他有机会执行的话,这些计划可能会行之有效。他建议以政府和宫廷紧缩开支的手段弥补国家赤字。他还建议废除农民义务筑路制度,取消闲职和地方关税。镇压行会和促进国内小麦自由交易的措施将振兴实业活动,增加社会财富,可是自由买卖小麦导致了投机活动、面包价格上涨和骚乱。贵族为蒂尔戈限制他们特权的措施所激怒,以玛丽·安托瓦内特王后为首的宫廷势力指责他是改革派,因而他任职4年便下野了。他的所有改革方案几乎全部付诸东流。这些改革显然很有必要,但全国也明显地看出,国王无力实行这些改革措施。

……

第二年召开了"名人会议",大会接到对所有财产征收财产税和取消免税特权的要求。这些要求遭到拒绝,名人拒不交税,直到后来他们了解到这场灾难的根源才交了税。教士也持反对态度。与会者纷纷退席回家[①]。

---

① 摘录自温斯顿·丘吉尔著,薛力敏、林林译:《英语国家史略》下卷,新华出版社1985年版,第217—226页。

法国和德国那样的欧洲大陆国家，都没有出现类似英国和美国的自由市场经济。他们的中间层阶级很弱小，贵族势力强大，社会秩序主要由贵族和工商地主来确立，底层社会的人民并没有多少选择权，更不要说去约束贵族和执政者了。

等级社会和自由社会都认为秩序是规则的结果。但是在自由社会里，规则意味着约束上层社会、约束政府、约束国王、约束贵族、约束垄断资本家。总之，中底层人民有一致行动的默契来约束一切强者。其结果就是他们不仅捍卫了个人自由，同时也维护了社会秩序。因此，“社会秩序”和“个人自由”在自由社会里是不矛盾的。而在等级社会里，这两者或多或少都有一些矛盾的地方。

市场并不诞生于一堆严密的规则。市场是一种保障个人自由的机制，它由热爱自由的人们缔造。因此，市场与个人自由同时诞生。

自由社会会要求公民宣誓效忠，还会对公民进行宪法教育。有时这些教育看起来像是“洗脑”，里面充斥着“爱国主义”。有时这些公民教育材料看起来很像是陈词滥调，和等级社会里的公民教育材料内容很相似。但是等级社会进行公民教育的目的是要求公民牺牲自我来“服从秩序”；自由社会对公民进行同样内容的教育，目的却是要求公民用一致行动来“捍卫秩序”。

凡是很强调个人自由的国家一般也会捍卫市场经济原则。有些经济学家说，这些市场经济国家强调的是契约精神。其实，这是因为经济学家们缺乏人类学常识。契约精神不是个体道德品质的问题，而是个体之间结盟的必要条件。如果我经常违背契约，合同对我有利我就执行，合同对我不利我就反悔，那样的话，我就和黄山短尾猴属于同一个文化部落了。它们经常相互背叛，刚才还在相互梳理毛发，转眼就可以翻脸，为了巴结猴王对自己的伙伴大打出手。契约不过是一张合同而已，一纸文书之所以能够约束我，是因为我和对方之间有文化联系，我和这个社会有文化联系。我违约的话，意味着我背叛了整个社会，我破坏了这个社会赖以生存的基础。自由社会的基础就是中底层结盟，结盟的必要条件就是相互信任和遵守契约。因此，你会看到，越是市场化的地方，人民越遵守契约精神。市场越发达，人民越守信，反过来也一样。一个机制中的各个因素只有相互促进，这个机制本身才有生命力。

我一直想找一个例子来说明等级社会和自由社会这两者对市场的不同理解。现代经济学对这两者不作区分，经济学家们认为这些都是市场。我试图对此作一些区别。我认为只有自由社会诞生的才是市场。英国和西班牙的海上霸权更迭很能说明问题。

西班牙在15—16世纪可谓世界霸主，拥有无可匹敌的黄金储备、广袤的海外殖民地和庞大的舰队。历史学家们及军事迷们，特别喜欢西班牙无敌舰队和英国较量的那场战争。我对此是不赞成的。一场战争的胜负从来不会决定一个国家的兴衰；

反过来，一个国家的兴衰倒是可以决定她对外战争的胜负。因此，我认为西班牙早在无敌舰队倾覆之前就已经衰落了，那场失败的海战只是她衰落道路上的一个里程碑。

西敏司的名著《甜与权力》讲述了蔗糖在英国广受欢迎之后，逐步在海外殖民地种植，由此推动了英国海军建立护航舰队，推动了英国很早就开始生产榨糖机械并催生了工业化时代的到来，推动了食物生产方式的变革并解放了劳动力。这一切使得我在思考这样一个问题：在同一时期，西班牙在全球新殖民地大肆掠夺黄金，英国则在新殖民地种植甘蔗，为什么是蔗糖战胜了黄金？这难道不荒唐吗？我在《货币起源》中就指出，黄金根本就不是货币，而是体育比赛的记分牌。西敏司教授的这部名著让我了解了蔗糖在英国工业化进程中的作用，同时也更新了我对黄金的认识。

> 公元1000年时，还很少有欧洲人知道蔗糖的存在；不过，在这以后，他们开始逐步了解蔗糖；到1650年时，英国的贵族和富翁们开始嗜糖成癖，而蔗糖则频频现身于他们的药品、文学想象以及社会等级的炫耀过程中。最迟到1800年，在每一个英格兰人的日常饮食中，蔗糖已经成为一种必需品——虽然仍是价格不菲的稀缺品；到1900年，蔗糖在英国人的饮食里提供了1/5的热量。
>
> ……
>
> 英国人吃糖吃得更多，仅仅是因为他们对糖的偏爱？

是否有其他因素影响了他们对这一昂贵食物的选择？回顾那段历史，我们需要看一看，紧张的工作如何改变普通人的进餐地点、时间和方式，同时还要看一看新的食物是如何同新的“品质”一同被创造出来的。大概最重要的是，我们必须要理解，在一种全新的经济体系的诞生过程中，那些连欧洲贵族都感到陌生的舶来奢侈品，究竟是如何在短短几个世纪的时间里便迅速栖身于不列颠人日常生活的中心，成为这个世界历史上疆域最广袤帝国社会生活中的普通事物的。①

蔗糖在世界历史中作用被忽视了。其实，西班牙人早于英国100年就在美洲建立了种植蔗糖的奴隶制庄园。但是他们的兴趣很快就转移了，西班牙人将大部分精力用于寻找和掠夺黄金。本书后面的章节将详细阐述有关货币的内容。读者会发现，黄金其实根本就不是货币，反而是祸害，西班牙因输入过多的黄金而陷入了通货膨胀，通货膨胀自然而然地导致了国内的政治动荡和综合国力的衰退。

当西班牙人钟情于黄金的时候，英国人后来居上，打起了蔗糖的主意，而且根本就没有引起西班牙人的恐慌和担忧。他们认定这些不信天主教的英国人已经堕落到了嗜糖成癖的地步。因此，根本不需要操心英国人，就让他们自己堕落下去吧！

---

① 引自【美】西敏司著：《甜与权力》，商务印书馆2018年版，第19—20页。

在蔗糖席卷英国的同时，英国的中产阶级和底层的结盟形成了大宪章运动，并最终对国王的征税权和政府的举债权进行了约束和限制，英国从此形成了“无议会，不征税”的惯例。

西班牙人错了，蔗糖并不会让人堕落；相反，蔗糖带来了一种全新的市场机制，这种机制带给了人们自由，也可以说是爱好自由的人民开创了市场，以便捍卫自由。我找到一段有关英国“宪章运动”时期的文献记载，可以读到他们团结一致限制王权的努力。从这些文字中，读者可以体会到当时的英国人民强大且热爱自由，他们自然而然会去海外寻找新的机会，会在国内创造新的机会。这些机会，或者说，使人保持独立和进步的可能性，就是市场机制。

> “我敬爱的同事泰勒医生突然被捕，再一次提供了有力证明，英国无正义可言，它明确无疑地表明，在人民对他们所遵守的法律没有某种控制权之前，生命、自由或者财产都是毫无保障的。”①
>
> ……
>
> 皮特举起右手，并且说：“我愿意为这些原则而生，也愿意为这些原则而死。”随后，法伊夫说：“这里是广大的群众；难道有人不愿和我一起举起右手，一起重复这句话——我愿意为这些原则而生，也愿意为这些原则而死。”这样一来，

---

① 【英】R. G. 甘米奇著：《宪章运动史》，商务印书馆 2017 年版，第 163 页。

人们纷纷举起手来，重复这句誓言；紧接着，这些群众又举起手来，手里握着一棵橡树苗。上述情景持续了几分钟，然后法伊夫接着说："我知道许多同胞已经准备了武器，还有更多的同胞在准备武装，我们国家每个人都有武装自己的充分权利，和伦敦德里侯爵享有的权利不相上下。我认为这个集会上最没有头脑和良心的人也会恰当地使用这些武器。然而，我要求你们牢记，诉诸暴力是最后一招，也是最下一策。在我们国家和革命这两条路之间，仍然还有一个下议院。只要下议院证明自己还代表着全国人民的利益，人民就可以不经过骚乱，不经过流血而获得他们的权利，因此，让我们齐声高呼——议会特权万岁！"

……

1833 年 5 月 27 日，法伊夫在市镇猎场举行的公众集会上说："今天的群众没有一个不是优秀分子。50 万正直的人士为了实现修正法案，宁愿牺牲生命，如果托利党能够依仗军队对它唯命是从，那么，为了保持它自己的优势地位，它就必将使这个不幸的国家陷于内战的流血和恐怖中。军队是同情他们的同胞的。我们英勇的士兵不会听命于奸恶的贵族，把刺刀指向他们的父老兄弟。贵族拥有广袤的土地、壮丽的城堡和无上的特权。难道他们还不能满足吗？难道他们忘了法国贵族的下场了吗？难道他们不知道，法国贵族当初只要给予人民起码的公正待遇，就可以免于毁灭的命运吗?[1]”

英国并不是一个大市场,而是一群捍卫自由的人组成的国家。相较而言,威尼斯也不是大市场,而更像是一群做市商组成的“交易便利”。但是读者千万不要把英国的这一段历史当成自由市场解放人的典范。事实上,蔗糖在英国解放了一部分人,代价是在世界其他地方奴役了另外一部分人。这个过程毫无疑问流淌着“血和肮脏”的东西。西印度群岛的种植园里有大量从非洲贩运来的奴隶,据说贩奴的利润之高,奴隶贩子们一年就可以赚回本钱。英国的宪章运动确实巩固了中产阶级和底层人民的同盟关系,制约了王权,并提升了他们的社会地位。但是,与此同时,英国也引进了新的底层社会:殖民地的奴隶们。

抛开奴隶们的悲惨生活不说(解放奴隶是工业革命后期的事情了),英国社会经过了“宪章运动”之后,在蔗糖产业的催化下,确实发生了一些重要的变化。

> 到了1750年,即使最穷的英国农夫的妻子也会在自己的茶里加糖。18世纪以后,对于英国的当权者和统治阶层而言,蔗糖生产在国家经济中所占的分量越来越重。英国的大众正在稳步地消费越来越多的蔗糖,并且即使超出了他们所能承受的范围却仍然渴望消费更多……在差不多两个世纪的时间里,整个帝国范围内的蔗糖生产者和加工者、

---

① 【英】R. G. 甘米奇著:《宪章运动史》,商务印书馆2017年版,第185页。

商人和舰队、牙买加奴隶和利物浦码头工人、统治者与平民百姓统统绑在了一起①。

英国平民阶层爱上了糖。他们渴望和贵族一样消费。糖并没有在英国成为等级社会的标志物,而是成了工业化进程的催化剂。由于规模化种植和机械化榨糖的合力推动,蔗糖价格大幅下跌,而消费量则直线上升,更多的普通人能够享用糖。这个过程中,政府并没有干预糖的价格,反倒是提供了军事化护航并开放了国内市场,以便确保进口糖的增加。

英格兰和欧洲大量新的需求被激发出来——该需求是骤然产生的低价所引发的。当时这些英国种植园生产的商货促成了同类商品价格的滑落,进而把英国中产阶级和穷人们引向了新奇的消费习惯。这样的需求一经成为现实,便很难再因为之后价格的涨落而受到动摇,该需求也迅速地蔓延至全国。

……

竞争造成了价格大跌,而且跌势一直持续到 1685 年,至此,英国生产的糖才将巴西糖逐出北欧和英国本土市场。从西印度群岛进口到伦敦的蔗糖,1663—1669 年期间飙升到了 148 000 英担(7 400 吨),1669—1671 年间更是达到了 371 000 英担(18 550 吨)。1685 年时种植园生产的蔗糖价

① 【美】西敏司著:《甜与权力》,商务印书馆 2018 年版,第 58 页。

格是每英担12先令6便士，糖的零售价格在1630年到1680年间降低了一半。

……

重要的不仅仅是欧洲以外的英国殖民地和贸易中心的建立，同样重要的还有英国人所经营商品的廉价化。这一过程与一个世纪以后开创的技术革命有着惊人的相似：它们都发展了人们消费那些由机器生产的便宜货的新习惯。

这大概是历史上第一次，它们（蔗糖）使得生产意愿和消费意愿之间的重要联系变得一目了然。①

英国的糖消费量惊人地增长，很难用英国人“嗜糖成癖”来解释。更接近现实的解释应该是：英国底层人民的收入提高和生活的改善。英国社会的底层人民经过大宪章运动和光荣革命以后，获得了社会地位的提高。他们开始消费原先属于贵族特权范围的蔗糖，而且这一趋势一直延续下去，直到英国底层社会人民都开始喜欢吃糖为止。在这个过程中，有一些线索值得我们特别留意。

首先，甘蔗种植园的规模化和榨糖业实现工业化，推动了蔗糖产量的提升和蔗糖价格的下跌。其次，相关利益团体在英国政治生活中发挥了重要的游说作用，他们推动了蔗糖关税的降低，并使得更多底层人民可以享受蔗糖。第三，糖的广泛使用解

① 引自【美】西敏司著：《甜与权力》，商务印书馆2018年版，第73—74页。

放了家庭主妇和其他劳动力，英国工人的食物最早实现了某种程度的“工业化”和“快餐化”。由此，大量的时间被节约下来，人们可以去工厂做工，一面吃着含糖的快餐食物，一面从事其他生产性的工作。糖就像是英国工业革命的催化剂。我摘录了《甜与权力》一书中的片段，剪辑成一部纪录片式的幻灯片，希望读者有一种全景式的体会。

到1800年时，正如我们所见，不列颠的糖消费在150年间的时间里大概增长了25倍，而同一时期通过世界蔗糖市场，消费者获得了近245 000吨的糖，而这里所说的消费者几乎全是欧洲人。到了1830年，在甜菜糖开始进入世界市场之前，整个蔗糖的产量增至572 000吨，30年里增长了233%……回望整个19世纪，在不列颠民众的营养方面，最重要的一点就是他们的蔗糖消费量增长了5倍。[①]

……

至少在西方世界的大多数社会群体中和社交场合下，人们已然不再认为以糖宴客标志着社会等级的提升……糖在(社会地位)象征意义方面衰落了，却成功换来了在经济和日常饮食方面重要性的增强。现在，糖变得越来越丰富而廉价，它逐步失去了作为一种权力象征物的特性，而越来

① 引自【美】西敏司著：《甜与权力》，商务印书馆2018年版，第82页。

越变成一种利润之源[1]。

……

1797年的账目很能说明蔗糖的消费倾向。一个来自南部的六口之家，每年的现金收入为46英镑，但他们食物开销的预算略超出了收入。每周这家人预计要花2英镑买蔗糖，一年就要花上差不多100英镑，人均接近17英镑，这在当时来说高的有些惊人。另外一户北方家庭的收入更微薄，全家5口人，他们每年用于食物的花费20英镑中，用于茶叶和糖的是1英镑12先令，还有8先令用来买粗糖，这占去了食物开销的一成[2]。

……

在100年的时间里，白面包和茶从富人的奢侈品变成了穷人的桌上餐。社会性模仿是一方面的原因，但不是最重要的……对富人而言，它们仅仅是餐桌上的配角；但对于穷人而言，它们则是日常饮食的全部内容，它代表的是最基本的需求，在它之下就意味着饥饿了……19世纪中期，6先令或者8先令一磅的茶仍然是奢侈品，但以一个工人家庭的平均消费量——一周2盎司，通常还要点缀几片烤面包来看，还算不上奢侈。这类饮食在早期的工业背景下还有

---

① 引自【美】西敏司著：《甜与权力》，商务印书馆2018年版，第102页。

② 同①，第122页。

一个好处，那就是它们随手可得，而无须花费时间来烹调。

……

果酱成了一种重要的食物，特别是对于劳动阶层而言。这一时期的自由贸易使得果酱工厂兴起和繁荣。废除蔗糖税使得果酱廉价而充裕，果酱重量的50%或者65%都是糖……城市劳动阶层把果酱当主要的水果来消费。从19世纪40年代开始，以面包为主食的人们对蔗糖上了瘾……只有在最穷的家庭里母亲才会犹豫是否打开果酱，因为果酱能够让孩子们吃掉更多面包。所有的果酱制造商都同意，他们在1905年最大并且利润最高的市场在劳动阶层。对于这个阶层，曾几何时作为奢侈品的果酱现在成了生活必需品①。

……

糖对于穷人更有吸引力，它能够取代其他有营养的食物而让人填饱肚子，这看起来是一件好事。在12—18世纪之间发展起来的许多蔗糖的新用途，最终造就了多用途的现代大众消费品。用途越来越多，越来越频繁，越来越广泛，这样一个日益深入的分化过程是19世纪后半叶英国的典型特征，稍后不久也发生在其他工业化国家……蔗糖最

---

① 引自【美】西敏司著：《甜与权力》，商务印书馆2018年版，第134页。

终转化成了一种基本食品[①]。

……

在最适宜的条件下，每公顷甘蔗田能够产出近20吨干料，其中一半会转化成为糖而用作食物或者饲料，剩下的10吨甘蔗渣可以用作燃料和用来造纸和建筑材料……亚热带地区每英亩土地可以生产出800万热量单位的蔗糖，这一热量产出超过了其他作物……用土豆来生产800万热量单位需要4英亩土地，小麦的话则需要9—12英亩，牛肉则需要135英亩的土地[②]。

这是一部效率提升的历史。种植园、榨糖厂、海运船队、合作提供含糖的快餐食物，由此食物的价格（摄入单位热量的价格）大幅降低。越来越多的人从家里的厨房解放出来，他们作为劳动力加入了其他新的工厂，然后生产出更有效率的机器，进一步加强上述循环。这是一个效率提升的良性循环，这个循环可以自我实现、自我维持、自我强化。

这也是一部个人获得自由的历史。市场就像是一种新机制，把人从原来的部落和家庭中分离出来，变成了整个产业链上某一个节点，参与整个生产劳动过程，但整个过程的组织者不是酋长，而是市场。个体的人变成更独立也更自由的人，但这种独

---

① 引自【美】西敏司著：《甜与权力》，商务印书馆2018年版，第138页。

② 同①，第173页。

立和自由完全依赖于市场而存在。因此,捍卫自由与捍卫市场是一回事。

这更是一部社会进步的历史。原有的社会等级被打破了,食用蔗糖不再是贵族的特权,普通人可以通过自己的努力工作来改善生活,过上以前只有贵族才能享有的日子,这是一种巨大的社会进步。并不是每个社会都能够实现这样的进步。比如,我国古代的“八抬大轿”就是一种威仪的象征,只有权贵阶层才能享用这种待遇。你不能想象有哪一种社会变革的力量能够使得人人都享用“八抬大轿”。因为总得有人替你抬轿子,这 8 个人永远无法被解放,效率无法提高。

蔗糖是一个很特殊的商品,它创造了市场,蔗糖市场包含了一个可以提升效率的机制。“八抬大轿”则永远不可能实现市场化,因为无法提高和改善 8 个人抬轿子的效率。等级社会里只会研究推出“十抬大轿”,雇佣更多的人,显示更宏大的威仪。这就是等级社会很难出现文明进步的根源。等级社会的贵族们并不在意糖是甜的还是苦的,他们只在意有更多的人在自己脚底下抬轿子。他们在意的是自己要在金字塔顶端。为此,他们一定要把更多的人踩在自己的脚底下,一定要建立一个鼓励人人都当“听话的好奴才”的社会风气,只有这样他们才能维护自己的地位。维护好等级制度的秩序要靠服从。

解放人,还是奴役人,这是要回答的根本问题。把人从繁重的工作中解放出来,看起来有多个方面的作用。首先,原来工作所需要的人手少了，效率提高了；其次，人获得了更多的自由支配的时间，获得了更大发展的可能性；再者，解放出来的人可以去从事更高级、更复杂的劳动，从而进一步推动技术进步，解放更多的人。

等级社会奴役人，自由社会解放人。市场是自由社会的秩序，维持这个秩序不靠残暴统治，也不靠同僚揭发，而是依靠人追求更大自由的上进心带来技术和人性的双重进步。技术的进步体现为效率的改善，人性的进步体现为社会的文明。

我不试图宣称我找到了自由市场的密码。我从《货币起源》到这本《市场本质》，乃至下一本《估值原理》的写作立场都是维特根斯坦式的，我自己找到了一个看问题的新视角。当我用这个视角看待有关问题的时候，迷雾会自动消失。问题不是解决了，而是消失了。我没有找到解决问题的方法，而是来到了一个让自己停止发问的地方。

从前面讲的这个市场框架出发，读者会发现许多沉淀已久且结论明确的问题看起来很有意思。从某种程度上说，第二次世界大战是自由市场战胜了专制暴政。1941 年 8 月 14 日，由英国首相丘吉尔与美国总统罗斯福签署的《大西洋宪章》读起来简直像是自由市场的宣言。我摘录了其中几条：

第一，他们两个国家不寻求任何领土的或其他方面的扩张；

……

第四，他们要在尊重他们现有的义务下，努力促使所有国家，不分大小，战胜者或战败者，都有机会在同等条件下，为了实现它们经济的繁荣，参加世界贸易和获得世界的原料；

……

第七，这样的和平将使所有人能够在公海上不受阻碍地自由航行。

两国不寻求扩张领土，但他们致力于拓展自由市场的范围。这份宣言的作用在于动员全世界受压迫的人们起来斗争，争取更大的自由。只有建立了一个自由市场，才能确保人的自由，才能推翻法西斯的残暴统治。

美国内战中，南方军捍卫的是等级制度，北方军则联合了底层的人民（黑奴）去捍卫自由。自从有了市场以后，几乎每场战争都是捍卫“自由贸易”“自由市场”和“市场秩序”的一方获胜。捍卫市场的一方同时也在捍卫个体自由，他们会联合中底层人民来抵抗专制暴政建立苛严等级制度的努力。自从有了市场机制以后，人类的每一场战争几乎都拓展了自由市场的范围，扩大了人的自由。

英国中底层人民开始模仿贵族食用蔗糖，推动了工业革命的良性循环。这首先说明英国社会有垂直升降的阶级秩序。马尔萨斯曾经对英国光荣革命以后上百年社会各阶层做过统计。他发现，英国存在着中产阶级贫困化的情况。也就是说，有底层人民经过努力进入中产阶级，也有中产阶级破产之后重新沦落到底层社会的情况。而顶层的贵族社会则相对稳定，他们人数少，变动小，没有什么实际的权力，因而不怎么引人注目。

社会有底层和中层上升的通道，允许并鼓励大家积极上进，这些都是社会进步的积极因素。除了蔗糖之外，还有一个例子引起我注意，那就是牛仔裤。如果说200年前的英国民众渴望吃糖是为了模仿贵族生活方式的话，那么，第二次世界大战以后，全世界范围内都掀起一股“牛仔裤”时尚潮流，就很难说是模仿贵族了。到了20世纪60年代，就连欧洲的古老贵族家庭成员在非正式场合也穿着这种美国西部创业拓荒年代牛仔的服装，这是一个值得思考的现象。等级社会被打破以后，人们向往的可能已经不再是标识等级的身份证明，而是追求一种先进文明的标识物。

社会学中有专门研究“牛仔文化”的专家，真的，我见过好几位这方面的专家。他们引经据典，论著颇丰，看得出他们研究经费十分充裕，但最关键的还是我每次看到他们的时候，他们都西装革履。

我感觉牛仔裤所代表的平民生活方式是对等级社会的进一步瓦解，是对自由市场的进一步巩固。一个自由社会往往宣扬所谓的多样化。在生物学中，多样化其实是一个模棱两可的词，因为没有两个生物具有相同的基因，多样化是天然存在的事实，根本就不需要提倡和捍卫。那么，自由社会提倡多样化的目的，在我看来，其实是反对等级化的一种有效手段。因为多样化看起来是鼓励个性发展，提倡包容性社会，其实是对社会上拥有最大多数个体的中底层的一种保护和提升，本质上是自由社会对抗等级制度的一种措施。在纳粹德国那样的等级社会里，人们往往会追求整齐划一和步调一致，因为那是等级社会最明显的标准。他们会强调某些人种高人一等，他们认为金发碧眼的雅利安人天然优秀，而吉卜赛人和犹太人则天生低贱。于是，不仅犹太人要佩戴标记以示低人一等，所谓的纯种雅利安人也要佩戴特定标记，以示高人一等。这看起来是荒谬绝伦的做法，但是人类学家们找到了这种做法的根源。

> 只有在阶层等级确立之后，对手之间才能取得和解，社群也才能恢复平静……阶级体系（的标志物）愈鲜明，愈不需要有强化阶级的行动。在黑猩猩的世界里，稳定而明确的阶级体系消除了一切紧张关系，对立冲突的情况也就极为罕见：下级极力避免冲突，上级也没有动机主动寻衅。这样对大家都好，没有任何成员感到惴惴不安，群体反而能够和谐相处。不过，如果有一个成员决定挑战现有既定秩序，它们会立即放弃玩耍，转而优先处理严重的正事……厘清阶级地位是群体内部有效合作的前提。[①]

---

① 【美】弗朗斯·德瓦尔著，陈信宏译：《猿形毕露》，生活·读书·新知三联书店2015年版，第61页。

在一个自由社会里，情况就完全相反，甚至走向另外一个极端。20 世纪 30 年代，美国深陷大萧条的经济困境之中，罗斯福总统想提议建立全国社保体系，为此，需要给每个人编发一个社保号码。这个议案一下子就在国会炸开了锅。“自由派”议员们（主要是反对罗斯福的共和党议员）纷纷谴责罗斯福的做法，简直是把人当成了狗，就像狗脖子上要拴一个狗主人姓名牌一样，要给每个人脖子上也挂一个号码牌。他们称罗斯福为暴君，声称他要奴役美国人民。这当然是美国政党斗争的花絮，读者权当肥皂剧来看即可。

言归正传，蔗糖在英国推动了工业化。底层人民向往糖所代表的贵族生活方式，由此有了奴隶制的海外种植园，有了机械化的压榨制糖工业，有了便利的海外贸易渠道，有了强大的英国海军，有了从厨房中解放出来的劳动力。在整个过程中，糖的价格越来越便宜，越来越接近于底层人民的生活。现代社会有没有这样一种商品呢？牛仔裤当然不是，我感觉最接近于蔗糖的就是 20 世纪的芯片。

在美国信息化的过程中，最初只有联邦政府或者其资助的机构才舍得花钱买电脑。到后来大公司开始使用电脑，用来改善企业运行效率，再后来，中小企业和普通民众也开始大量使用电脑了。电脑芯片的价格于是直线下跌。

现代社会中人们大量使用各种电子设备，每个设备里都至少有一个芯片。曾几何时，比尔·盖茨信心满满地预言：“对个人电脑用户来说，512 KB 的内存已经足够了。”我的天！现在的个人电脑内存几乎是他预言的 100 万倍。但价格反而出现了下跌。20 年前，我在博士论文中做过一项研究，当企业的生产规模达不到某个水平的时候，应用信息技术反而是一个累赘。现在看起来，我只说对了一半。因为信息技术本身的成本下降很快，比 200 年前的英国人降低蔗糖生产成本更快，因此，应用信息技术的门槛越来越低。或者说，有越来越多的企业因为信息技术的应用而改善了劳动生产率，应用芯片的企业和个人越来越多，芯片的生产成本就越来越低，研发新的芯片的投资风险就越来越小，从而让更多的人受益。而当越来越多的人开始使用芯片和互联网以后，新一轮更大规模的效率改善又开始了。效率才是一切问题的关键，才是市场生存的核心。实现了全市场参与者的效率改善，才能维持市场机制的运行，才使得之前的全部努力、风险和投资有了回报。这一切才算得上是一击“本垒打”。

2020 年初去世的拉里·特斯勒（Larry Tesler）是一位和乔布斯同时代的计算机科学家。他早年在施乐公司工作时发明了“剪切、复制和粘贴”的指令，后来又在苹果公司工作。他一生致力于让计算机变得对用户更友好，更容易使用。他在 2012 年接受 BBC 采访时，谈到硅谷的文化：“当你赚了一些钱后，你不会只是退休，你会把时间花在资助其他公司上。与下一代分享你所学到的东西，这会带来非常强烈的兴奋感。”我特别喜欢这段话，这里面有闪光的智慧和博大的胸怀。这句话只有在硅谷那样的文化氛围中才讲得出来。探索新事物，资助下一代，带来新的天地和新的机会，这种兴奋感在等级社会里是体会不到的。

弗里德曼说过，把平等置于自由之上，则自由和平等皆不可得。把自由置于平等之上，至少实现了最接近于平等的制度。平等应该是指一种机会的平等，这种机会就包括了获得资源、教育、融资和其他便利，这种机会的平等使得社会等级之间相互流动。一个人只要努力遵奉社会价值观念，他的社会地位就会提高，就会进入一个更高的等级。

本节讲了两种商品造就的市场机制，分别是蔗糖和芯片。其实，还有另外一类商品捍卫的是等级制度的秩序，但它们的运转方式就完全不同于自由社会的市场机制了。我建议读者来比较一下我国香港的房子和美国硅谷的芯片，然后再比较一下中国的茅台和英国的蔗糖，这两组商品都在市场流通，都正常缴税，都受消费者追捧，都有上下游产业链，都养活了许多人，都产生了长远而重大的影响，而且都被经济学家们用统一的模型来研究——悲剧发生在最后一个逗号之后。

我认为经济学家们使用了错误的研究方法。蔗糖和芯片创造了市场，解放了人，提升了人的自由，而房子和茅台则巩固了等级社会的秩序。糖在英国，芯片在美国都经历了大幅度降价的过程。茅台酒和房地产为什么长期保持上涨呢？很难用供求关系来解释，因为那种解释在哲学上是同义反复："为什么茅台产能扩大以后价格继续上涨?”“因为需求增加得更快。”这两句话之间并没有因果关系,它们只是用不同的语言对同一种现象进行描述——由此,经济学家没有给出解释。房子是越卖越贵的,经济学家们说这是需求太旺盛决定的。这是用另外一种语言描述了房子越卖越贵的现象,而不是指出了这种现象的原因。当你迷失在经济学家的术语中的时候,你反而会更焦虑。

房子越来越贵有利于巩固现有的社会关系。我当过2年的房产中介——不是笑话,是真的,而且不是挂职锻炼或者基层调研,而是我的全职工作。这两年的经历对我来说极为宝贵,我每天都要敲开好几户陌生人的房门,和形形色色的人打交道,这简直就像是人类学的田野调查。我亲自带过许多客户去看房。我很明白房产证意味着什么。房主一般都很倨傲,对我的客户(潜在买家)爱理不理,尽可能地怠慢,并不经意间流露出“我这套房子买得早”“我很早就财务自由了”“我一直做房产投资”和“我还有其他房子”这样的重要信息。我从来没有在其他商业领域看到过类似的情况,因为其他地方好像多多少少都会把买家当“上帝”来伺候着。

我的客户有两大类:一类是上海本地的客户,他们需要置换现有的房产;另外一类则是来上海落户的外地客户,他们第一次购置房产。一般来说,如果我带着前者去看房的时候,我的客户就会用上海话和房东攀谈,然后流露出“我手上有好几套房子”“这次是给儿子买婚房”或者“这次是给女儿买学区房”之类的信息之后，房东一般就会客气很多，我还遇到过专门给我倒茶，招呼我们坐下慢慢谈的房东——这是极为罕见的，两年间我只遇到过一次。

如果我带着第一次买房的“新上海人”去看房的话，我有时候会有一种奇怪的感觉（应该是心理作用，且极有可能是我的错觉）。夸张地说吧，我有时就像是带着一个犹太商人去巴结一个普鲁士贵族，恳求对方收下自己辛辛苦苦攒下的这点钱，只希望自己能够收到下周参加上流社会舞会的邀请。在这种情况下，我和客户一般是站着的，没有人招呼你坐下。有时我还要事先给我自己和客户准备好一次性塑料鞋套。房东开门以后，我们站在门口套上鞋套才能进屋。这个动作十分重要，这等于是向房东承认了我们的鞋子“脏”，并默认我们俩即将拜访更尊贵的地方。在几个世纪之前，公开承认自己肮脏就相当于承认自己是低贱的下等人。印度的某些地方至今保留着种姓制度的风俗，低种姓的人就被认为很脏，他坐过的椅子高种姓的人是不会去坐的。在这种情况下，看房的全过程我们可能都不会享受到烟和茶的招待。房东对我们的绝大多数问题的回答是简单而且漫不经心的。他会提醒我，其他几个中介早就带着有实力的买家来看过了，他已经和其中的一个严肃认真的买家进入实质性谈判阶段了。他根本不在乎我的客户，仿佛他允许我们进屋看房子就是将一道恩惠降临在了我们身上。

有一个来自我国香港地区的中介朋友告诉我，对于第一次买房的年轻人,香港人一般称之为“上车”。总价低的小户型房有时就被主推给年轻人市场,被称为“上车盘”。这个词透露着生动的社会学意义。“上车”指的是被一群人接纳为他们的成员,这群人有更自由的活动空间和更高的社会等级,他们和其他人不一样。你上车以后,其他没有上车的人就只能继续步行,而你在车上就可以提高前进的速度,这就拉开了你和没有上车的人的距离。或者说,通过房价上涨,不同人的社会等级就此拉开了。而且房价的涨幅既要超过居民收入增加的水平,还要超过同期物价上涨水平,这样就能够夯实社会等级,维护现有社会秩序。房价的上涨奖励了那些“勤奋工作”和“积极进取”的人,他们的成功案例激励了社会上的其他人,从而建立了相应的美德和秩序。

我是2002年回国的,此后很长一段时间里,我都在做金融工程,尤其是交易策略方面的研究。我慢慢发现,在国内投资股票的人群中,他们的回报普遍比较低,而同期房产投资的回报则普遍较高。有关股票的问题会在本书稍后公司治理的章节继续深入讨论,这里只说一个视角。如果效率持续得到改善的话,上市公司的股价就会上涨;如果等级得到巩固的话,房产价格就会上涨。前者鼓励人们去改善工艺、研发技术,从而提高企业运行的效率;后者鼓励人们去节衣缩食(先省下首付),然后再积极进取(借入按揭),从而巩固了现有社会的秩序。你会看到在不同的市场环境中,社会氛围也是不一样的,有的提倡一种美德,有的则崇尚另外一种精神。

但是，无论出现何种情况，自由社会提倡的美德总是效率，而市场则是实践这种美德的机制。我多年前曾经撰文提出“通胀无牛市”的观点。当时我说，货币大量投放的结果是通货膨胀，而不会推高股票价格。现在看起来，应该把这个观点放在更宏大的社会学视野中去思考。推崇效率的地方一般来说物价涨幅比较低，就像糖和芯片价格随着技术进步和规模扩张一起下跌一样，物价反而涨不起来，而体现这种技术进步和效率提升的上市公司股票就涨起来了。一个地方如果物价涨幅很大，说明这个地方企业的效率提升得不快，甚至有效率下滑的风险，所以，这些地方的股票价格就很疲弱。

读者千万不要以为房产上涨的地方就是等级社会。我反复强调，人类社会都是等级社会，也都是自由社会，两者交融而共存。只有等级没有自由的社会，或者只有自由没有等级的社会，这两者都是不存在的。只是不同社会形态里面，有的人注重维持社会等级，有的人注重追求个人自由。在那些被认为是自由社会的国家，人们也有其他方式来表达等级，而未必使用房产证。比如，常春藤联盟的毕业证、某某兄弟会的戒指、蓝盾十字的全国医疗联保卡。我在美国有一个黑人好朋友，他总是说一些话糙理不糙的格言警句：“有些人嘴上说人人平等，但他总是想方设法用屁股告诉你，他的屁股比你的大。”好了，你一定不想追问他是谁，但你一定想追问他还说了些什么。我猜对了吗？

弗里德曼曾经批评过遗产税的想法，他认为对富人征收高额的遗产税是错误的，是对社会进行简单的平均化，结果会摧毁整个社会的进步机制。弗里德曼认为，应该鼓励富人消费，把钱花光，用来推进人类的进步。是啊！如果富人都热衷于太空旅行，那么，我们的火箭产业将获得广阔的市场，火箭技术将突飞猛进；反过来，也会推动通信卫星产业的发展，使得通信卫星的服务费用大幅下降，从而使得世界上大多数贫穷地区的人民可以用上无线互联网通信服务，从而提高和改善这些国家的基础设施。这比直接征收富人的钱去帮助穷人更有效。在这个过程中，没有破坏社会原有的价值体系。也就是说，自由社会一定要鼓励特别有钱的人去消费，去花钱买乐子，去挑战人类极限，去追求更大自由。他们一旦开始花钱了，就能够推动下一个效率改善的"链式反应"，从而带动整个社会的进步。人们追求个人享受，对于市场机制的形成起到了关键作用。

相应地，一个等级社会就应该鼓励穷人消费，从而扩大内需。让穷人消费的另外一个好处是，他们就无法攒齐买房所需的首付款，这样就能够维持有房者的社会地位。当大多数人买不起房子的时候，将极大地激励社会底层的一小部分人发奋图强，如果他们能够脱颖而出，成功晋级上一社会阶级，他们成功的故事将广为流传，并激励和安慰大多数人。因此，等级社会几乎都是精英社会这个标签其实有些贴歪了：等级社会是一种筛选机制，只有特别努力的精英才能出人头地，维持等级社会并不需要大规模的垂直流动，只要少量人才在各等级之间流动即可。所以，中国古代的科举制度就是这样一种“安慰剂”。绝大多数人是考不取功名的，也就无法参与国家治理，但是社会上广泛流传着各种版本的“寒门子弟金榜题名”的故事。建立科举制度和传播少数人奋斗成功案例，这两者都非常重要，可能后者的重要性更强，对于维护等级制度的作用也更大。

从这个角度来看，等级社会一般都容忍比较严重的通货膨胀。而自由社会则对通货膨胀的容忍度比较低。通货膨胀在我看来，就是效率下降的代名词。通货膨胀期间，物价上涨的幅度比较大，超过同期银行存款利率，也超过居民收入增长幅度，从而使得大多数人的购买力缩水。但是对于等级社会中持有实物资产，尤其是房地产的人来说，通货膨胀会推高他们的相对社会地位。通货膨胀会巩固等级社会现有的秩序。这就是为什么经济学家们会信誓旦旦地指出，温和通货膨胀会带来经济繁荣。通货膨胀确实会给等级社会带来繁荣和稳定。对于自由社会，情况就不一样了，这里的秩序是市场，而不是等级。而且这里的“市场”指的是一种“效率提升—广泛参与—成本降低—效率提升”的链式化学反应机制。所以，效率高的地方股市容易上涨，效率低的地方房产可能是更好的投资。

我开始构思这本书的时候，就收到了来自社会学和经济学两方面学者的质疑。前者说我想说的事情波兰尼早就说过了，后者说我操心的事儿哈耶克早就解决了。在本章结束的时候，我想来谈谈哈耶克。我知道经济学家们对哈耶克的自由市场理念十分推崇，而我对哈耶克是比较茫然的。不过呢，他是我所推崇的哲学家维特根斯坦的远房表弟。我认真地读了哈耶克的部分著作，我感觉生涩难懂，他既不像我这样活泼欢快，也不像他表哥那样深邃有洞见。维特根斯坦说过："把话说清楚，让人能听懂，这是一条伦理训示。"很显然，这个备受西方经济学界推崇的哈耶克没有执行他表哥的谕令。哈耶克所谓的自由社会的"自发秩序"，在我看来，就是人们捍卫自由的行动默契。他同时还指出，亚当·斯密所说的自由市场天然就包含着守法政府的概念。我将他的部分言论作了一些摘录，并不是"引他人以自证"，而是希望读者意识到，我对自由市场的论述远比哈耶克生动而深刻。

> 第一种自由主义——我们下面只讨论它——本身并不是某种理论建构的产物，而是从扩大和总结一些有利的结果的欲望中产生的，这种结果是因为对统治者极不信任而对统治权施以限制时不期然而发生的。人们发现，英国人在18世纪所享有的无可争议的个人自由，造就了一种空前的物质繁荣，由此才试图提出一种系统的自由主义学说。
>
> 可见，自由主义是对一种在社会事务中自动或自发形成的秩序的发现（这一发现也导致人们认识到存在一个理论社会科学的对象）。这一秩序较之任何集中命令所建立的任何秩序，使社会一切成员的知识和技能能够得到更大

程度的利用，因此，人们希望尽可能利用这种强大的、自发形成的秩序。

自由主义的中心思想是，在贯彻保护公认的个人私生活领域的公正行为成为普遍原则的情况下，十分复杂的人类行为会自发地形成秩序，这是特意的安排永远做不到的。因此，政府的强制只应限于实施这些规则，无论政府在管理为此目的而得以支配的特定资源时，还可以提供其他什么样的服务。

一方是允许个人可以自由地将各自的知识用于各自的目的之抽象规则为基础的自发秩序；另一方是建立在命令上的组织或安排，这两者之间的区别对于理解自由社会的原理至关重要。因此，必须在以下各节做些细致的解释，特别是因为自由社会的自发秩序也会包括许多组织（包括最大的组织——政府），但是有两条秩序原理，我们不能希望以任何方式混为一谈。

自发秩序的第一个特点是，通过利用形成秩序的力量（协调其成员行为的常规），我们可以达到一种秩序。这种秩序所包含的事实，要比我们刻意安排所能取得的情况不知复杂几何。但是，如果我们想对这种诱发秩序的可能性善加利用，使其达到换了别的方式便无法达到的程度，我们就要限制自己对该秩序的细节施加力量。我们应当说，在采用前一条原理时，我们只应对该秩序的抽象特征而不是其具体细节施加力量。

同样重要的事实是，和一个组织相比，自发的秩序既无一定目的，也不需要为了这种秩序之可取性达成一致，而对其导致的具体后果也达成一致。因为它独立于任何特定的目的，可以用于和帮助人们追求形形色色不同甚至相互冲突的个人目标。具体而言，市场秩序并不取决于相同的目标，而是取决于相互性，取决于为了参与者的相互利益而使不同的目标之间做到相互协调。

自由社会的共同福利，或公共利益的概念，决不可定义为所要达到的已知的特定结果的总和。而只能定义为一种抽象的秩序，作为一个整体，它不指向任何特定的具体目标，而是仅仅提供最佳渠道，使无论哪个成员都可以将自己的知识用于自己的目的。我们可以借用迈克尔·奥克肖特教授的话，把这种自由社会称为 nomocratic society（法治社会），它有别于无自由的 telocratic society（受目标统治的社会）。

自发秩序或法治的极其重要性，是基于这样一个事实：它扩大了人们为相互利益而和平共处的可能性，这些人不是有着共同利益的小团体，也不服从某个共同的上级，由此才使一个巨大的或开放的社会得以产生。这种秩序是逐渐成长起来的，它超越了家庭、部落、种族、部族和小国，甚至超越了帝国和民族国家。至少为一个世界性社会创造了一个起点，它以采用——无须政治权威，甚至常常反对政治权威的愿望——某些规则作为基础，而这些规则之得以确立，是因为遵守这些规则的群体更为成功，而且在人们意识到其存在或理解其运行机制之前，它就已经存在。[①]

哈耶克讲的有法治的自发秩序就是本书所讲的自由市场。他比其他经济学家们更早意识到人的重要性。参与自由市场的个体的人如果素质达不到要求的话，自由市场就会垮掉，秩序就会崩溃。而且，他注意到了，并不是先有一套规则、法治和机制，然后人们才依此行事的。先后顺序应该是这样的：人们追求个体自由，然后他们达成了某种默契，从而形成了秩序。

这就是说，一群黑猩猩形成的群体自然而然会是一个捍卫个体自由、共同制约主雄的群体。这种行动的默契先于群体的秩序而产生，并不是由上帝、政府或者经济学家事先设计一套行为规范，然后用来教育一群猴子要照此规范行事，最后这群猴子就进化到了黑猩猩。灵长类动物个体进化到什么水平，其群体就有什么样的秩序。秩序是结果，而不是原因——你一定觉得我说得比哈耶克清楚。而他的表哥维特根斯坦早就说过，哲学就是发明一个新的比喻，让语言的迷雾消失。

热爱自由的人们也更具有同情心。这倒不是因为他们更善良，而是因为他们有这样的远见，他们意识到自己可能处于相同

① 哈耶克著，冯克利译：《哈耶克文选》，河南大学出版社 2015 年版，第 506—511 页。

的困境。他要捍卫弱者的权利,保护弱者从根本上就是他对自己自由的捍卫。因此,他才会主动制约主雄。而不是投靠主雄以便获得更高的地位。热爱自由的人会捍卫平等社会,热爱地位的人会捍卫等级社会并很容易为投靠更高等级而牺牲个体自由。

捍卫自由和建立市场都是由人类的社会基因决定的。在意识到基因差异之前,讨论市场模型和经济理论完全是徒劳的。热爱自由是人类血液里和基因里不可磨灭的动机。温德尔·威尔基在其作品 *One World*(中文译为《天下一家》)的结尾处写道:我刚刚从世界上各个战场上回来,从许多美国人一辈子都未曾听说过名字的地方回来,那里的人们正在为自由而战,他们永久地改变了世界格局。我们都相信他们不仅是在为自己而战,他们也是在为美国而战,为我们共同的自由理想而战,只有为自由而战的人们,才配享有自由。

个人自由需要实践,市场机制需要捍卫。在一个地方的人们热爱自由之前,那里还不会诞生市场机制。

在自由社会,秩序是自由的结果;在等级社会,秩序是自由的前提。在自由社会,人们会自觉捍卫契约。契约是自由人的自愿联合。因此,捍卫契约就是捍卫自由。在等级社会,人们会自觉遵守命令,而不太重视契约。因为在等级社会,只有命令而没有契约。

演　化

市场解放了人

市场推动了人的进步

市场筛选出诚实守信的人

人变得越独立和越自由，市场就变得越成熟和越有效

市场的演化过程就是人实现进步的过程。人的进步过程决定了市场形态的演化。这种进步包含了很多方面的内容：个体的人掌握的技能越来越多；个人能力越来越强；个人对未知世界的进取心和好奇心越来越强；个人越来越独立于原生的部落；个人的生存和发展有越来越大的自由选择权，个人越来越不依赖其社会关系。我把这些变化称为进步。

需要指出的是，对于进步一词的使用，我是心有余悸的。在《货币起源》刚出版时，我在新书发布会上略带激动地说，“学会使用货币是人类在进化史上的一大进步”。观众席有一位人民大学的女博士，她反问道：“你不是上帝，凭什么公布人类进步的标准？”我答道：“难道人类自己就不能公布一个进步的标准吗？”这下可坏了，她继续反驳道：“那样的话，无论人类走上了哪一条进化路径，都可以说成是进步，凭什么说学会使用货币才是进步？”

我在此提醒读者一定要对人民大学的女博士抱有最大的敬意。同时，我也提醒读者带着上进心和同理心来理解我讲的“进步”。维特根斯坦说过一句最深刻的话是：“我之所以知道这块桌布是红色的，是因为我学会了使用德语。”这真是醍醐灌顶的光明智慧啊！女博士之所以和我论战，不是因为我的话里面有逻辑漏洞，而是因为她在不同的语境中使用“进步”这个词。我邀请读者用同一种语境来理解我讲的“进步”，为此，如果您此刻对未来充满渴望和激情，您就比较容易接受我使用的“进步”这个词。我鼓励您始终保持这种态度，不，这不是一种态度，而是一种激素水平，来阅读我的全部作品。

我不仅要讲述市场的演化历程，还要回答一系列与之相关的问题。现代社会的许多东西都是随着市场一同演化来的，只是我们平时不怎么注意而已。

我反对孤立地谈论市场，而是要详细记录社会上形形色色人的方方面面的变化。这种变化就像风刮过大地一样，人人都受影响，人人都感知到春天的到来，但是每个人又都很难说清楚自己周围究竟发生了哪些具体的变化。这就是田野调查，这是我从人民大学的人类学研究所学来的。在每年的学术交流季节，人类学和金融学都会在崇德楼的不同会议室举办研讨会。我经常旷“金融学”的课，跑到隔壁去旁听“人类学”的课，他们都很欢迎我“弃暗投明”。

社会学和人类学的老师们从不谈涨跌和供求矛盾，但我感觉他们是真正在关心人的命运。他们给了我很多启发。人类很早就有了艺术创作。但只有在我们创造了市场机制以后，艺术作品才空前地繁荣起来。我不认为是工业化带来的财富推动了艺术创造，我相信文艺繁荣是一个和市场发育共同演进的过程。文艺复兴不仅仅是对欧洲古典文明的一种模仿，更是对欧洲中世纪黑暗社会的反抗。为什么经济发达地区人们热爱艺术？艺术家收入高，艺术气息浓？

事情先得从 2 000 万年前说起，大猩猩和人类有着共同的祖先。时至今日，生活在刚果高地的大猩猩仍然保留着“一夫多妻”的家长制。银背大猩猩是“一家之主”，它身材庞大、肌肉发达，对它的对手极为残暴，它能够轻易掀翻一头非洲花豹。但是它的阴茎比较短，只有3—5厘米长，而且交配的时间也非常短，只有几秒钟。它不需要给性伙伴提供感官刺激，周围其他雄性大猩猩早就被它消灭了，方圆几十平方公里内的雌性大猩猩们只能和它交配，别无选择。大猩猩这种家庭社会类似于一个等级制度，银背大猩猩则是主宰一切的家长。

巴诺布猿是我们的近亲，500万年前和我们人类有着共同的祖先。雄性巴诺布猿都比较矮小，不仅远不如大猩猩那么强壮，而且雄性个体的体型甚至还小于雌性。这就引出了进化史中的“性二型性”理论。雄性大猩猩的体型比雌性大一倍，而雄性巴诺布猿的体型则比雌性小。进化论是这样解释的，在大猩猩的世界中，雄性只有战胜了其他竞争对手，才能获得交配权。为此，它就进化出了极强的肌肉和庞大的骨骼。凡是不具有这种基因优势的大猩猩早就在进化的长河中被同类消灭了。因此，你今天看到的大猩猩就一定是体型庞大无比的“金刚”。与之相反，巴诺布猿是一个多夫多妻的社会，而且它们是一个母系社会，雌性地位更高，它们在选择伴侣方面有更大的自主权，她们更在意自己在交配时的享受。于是，雄性巴诺布猿就进化出很长的阴茎，约13—15厘米，相对于它的体型来说，这个长度是相当惊人的。这样就能够刺激性伙伴分泌更多的多巴胺，使其在交配过程中得到更大的享受和快乐。研究人员发现，巴诺布猿的交配行为可能是灵长类动物里面最丰富多彩的，它们挂在树上，摇来荡去，体验着各种姿势。只有让对方感到快乐，才能增加自己繁衍后代的机会。这是巴诺布猿的生育策略。

我当然不是将人类的艺术创造类比为灵长类动物的性行为，但是，进化论确实为我们理解人类的艺术创造动机提供了一条很重要的线索：多巴胺。多巴胺是我们在艺术欣赏过程中产生愉悦享受的关键，它使我们不那么痛苦或者让我们产生欢快。在一个类似于大猩猩群体的等级社会里面，不太会有人照顾别人的感受，为对方提供美和愉悦的体验，等级社会里常见暴力执法和恭顺服从。而在一个自由社会里，人和人相对来说比等级社会里要平等一些。为此，无论你做什么事情（竞选参议员、推广新牙膏、募集球队赞助等等），你都要想方设法去赢得别人对你的支持和好感。这时，你的受众的多巴胺水平就显得很重要了。你要用丰富多彩、出人意料、绚烂惊艳的艺术作品去刺激对方的脑垂体，使其产生更多的多巴胺，他就容易冲动地作出对你有利的决定。归根结底，对方的社会地位至少和你一样高，你不能用暴力要求他服从，你只能想方设法地吸引他的注意，诉诸他的同情，争取他的支持，尊重他的意见，挽留他的赞助。总之，你要取悦对方。因此，在一个把人当人的自由社会里，艺术作品一定是繁荣的。社会上有形形色色的人，他们的社会地位普遍都很高。于是，为了取悦他们，就必须发展出形形色色的艺术作品。而在一个把人当奴才的等级社会里,艺术作品一定缺乏想象力,它只需要取悦帝王将相等一小部分人就行了。

我们看到在有些国家,艺术家的社会地位似乎很高,甚至比一般人都要高一些,成功的艺人还赚很多钱,过着纸醉金迷的奢侈生活。人们在乎自己的享受才会给艺术家一个更高的地位。人们在乎的是他们自己。并不是因为自由社会对人权的保护特别严格,而是因为这里的人民自己热爱自己。他们喜欢享受,他们保护自己,他们重视自己的体验和生活质量。由此,他们才会采取措施去保护别人,保护环境,推崇艺术家,追求科技进步,才有更高的经济发展水平。自由社会是一个人人爱自己的社会。他们对自己的定价最高,然后才集腋成裘,把社会上的需求汇总起来形成了对艺术家和科学家的推崇。归根结底,人值钱的地方,艺术和科学才有价值,因为这两者都是为人服务的。一个地方如果人不值钱,人的基本尊严遭到践踏,人的基本权利遭到侵犯,这个地方单独提倡科学和艺术是行不通的,无论政府多么重视,投资多少钱,都不能促进艺术的发展,也不能提高科学的水平。

并不是经济发达了以后,国家和政府才有钱去扶持艺术。艺术繁荣和经济发展之间没有什么因果关系,它们是同一个原因的两个不同的结果,那个共同的原因就是热爱自由的人们。自由社会相信只有个体强大了,才有一个更强大的国家和集体。等级社会则往往强调集体主义并提倡个体自我牺牲和奉献精神。这种社会形态里对艺术家和科学家的待遇和奖励都不高。艺术的价值源于人有了自由。如果人都没有价值，被当成工具和奴才，那么艺术又有什么价值呢？

除了艺术和科学之外，另外一个问题事关饮食。20 年前，我在自己租住的公寓里请我的美国导师玛格丽特·彼得洛夫(Magaret A. Peteraf)教授夫妇吃饭，我亲手做了中国菜。我的导师问我，为什么你们中国人做的菜都这么好看又这么好吃？当时我说，我也不知道，我是按照菜谱做的。现在，我想明白了。中国菜之所以好看又好吃，是因为中国文化里面，美食是社交性的，不以私人享受为目的。因此，一定要照顾对方的感受，要从视觉、嗅觉和味觉(某些菜甚至还照顾了听觉)刺激他的多巴胺分泌。因为我们绝大多数宴请都有美食以外的目的性，一般来说，要么请人办事，要么酬谢别人。总之，要借助对方的多巴胺来促进他作出一个对我有利的决定，即便这个决定对于他来说，意味着承受某种风险和损失。把客人当成尊贵的人，用好看、好闻又好吃的美食招待他，这个风俗一定是在漫长的社会进化中逐步演化出来的。

在某些西方国家，他们看起来厨具和餐具很丰富，但是做的菜却极为简单。这是因为这些国家的文化比较倾向于个体独立，不怎么注重人际交往，没有什么感情上的相互托付，也不太讲究拉关系和走门路。所以，这些国家的食物就是个人化的，不是社交的一部分。最早提出这个观点的应该是美国学者安德森，他有一本专门研究中国美食的专著 *Food of China*。这本书看名字像是菜谱，其实是一本社会学专著。总之，美食和艺术繁荣的起因有些类似。

人类社会的组成形式在绝大多数情况下，介于等级社会和自由社会这两者之间。有些地方表面上强调个人自由，其实是一个由重重“玻璃门”阻隔的等级社会；有些地方表面上等级森严，不可逾越，其实是一个轻松的自由社会。我很肯定地说，这个世界上没有只有等级没有自由的社会，也没有只有自由而无等级的社会。

孟德斯鸠注意到了不同的社会形态，但是他更重视维持社会稳定或者推动社会前进的动力。他强调指出了以下内容：

> 君主政体或专制政体无须很多道义便可维持或支撑。君主政体中的法律，专制政体中君主高扬的手臂，就能够解决和控制一切。平民政体则还需要另一种动力，那就是美德。
>
> ……
>
> 我的这些说法已由全部历史印证，而且非常符合事物的性质。因为很明显，在君主政体中，下令执行法律的那个人，自认为高踞法律之上，因而不像平民政体那样需要美德。在平民政体中，下令执法的那个人，意识到自己不但和平民一样，也受法律约束，而且还要对此承担后果。
>
> ……

同样明显的是，君主若因听信谗言或一时疏忽而造成法律中止执行的后果，弥补过失比较容易，他只需要更换枢密院或者将一时的疏忽纠正过来即可。但是，在平民政体下，法律停止执行只可能起因于共和政体的腐败，所以这种情况一旦出现，国家已经不成其为国家了。

……

上世纪英国人上演了一出壮丽的活剧*，他们竭尽全力想要建立民主政体，却徒劳无功。参与国事的那些人毫无品德，那位最有魄力的人**的成功激起了他们的野心。一方的宗派思想并未全部铲除，只是代之以另一方的宗派思想。于是乎，政府不断更迭，惊诧不已的人民寻求民主，却无处可寻，最终不得不止步于曾被废止的那个政体之中。

……

当苏拉要把自由还给罗马时，罗马已经无法接受了，美德在罗马已经所剩无几，而且还在一天天减少。在恺撒、提比略、卡里古拉、克劳狄、尼禄、图密善之后，罗马人不但没有觉醒，反而日益沦为奴隶。所有的打击都冲着暴君而去，暴君制度却没有受到任何打击。

……

---

* 此处的活剧指 1642—1651 年间的英国内战。——译者注

** 这个人指克伦威尔。——译者注

> 生活在平民政体中的希腊政治家们很明白，支持这一政体的唯一力量是美德。而今天的希腊人与我们谈论的，则只是制造业、商业、财政、财富和奢华。
>
> ……
>
> 美德不复存在时，野心便侵入能够接受它的那些人的心中，贪婪则渗入所有人的心中。欲望改变了目标，过去喜欢的现在不再喜欢了，过去因为守法而获得了自由，如今则以自由来抗击法律。每个公民都好像是从主人家里逃出来的奴隶。过去的准则如今被视为戒律，过去的规矩如今被称作束缚，过去的审慎如今被视为胆怯。节俭被看作贪婪，而占有欲却不再被视为贪婪。个人的私产过去汇聚成公共金库，如今的公共金库却变成了某些人的私产。共和政体成为巧取豪夺的对象，它的力量从此仅仅只是若干公民的权势和大众的许可。①

孟德斯鸠反复强调“美德”，他把美德当成一种社会的动力。我感觉他只说对了一半。他所谓的美德，其实是社会的文化基因。只不过在孟德斯鸠的年代，没有基因这个词和概念。孟德斯鸠讲的意思就是一个社会形态是由当地人的基因决定的，绝对不能事先设计一个“最优模板”然后套用到各个地方。

---

① 孟德斯鸠著，许明龙译：《论法的精神》，商务印书馆 2014 年版，第三章第三节，“民主政体的原则”，第 31—33 页。

我赞成孟德斯鸠的说法。我认为市场形态和社会形态有类似的演化轨迹。两者都是人的结果，是先有了人，然后再有了市场。人的组织形态，决定了市场的形态。

面子与关系

24年前，我在复旦大学管理学院读书。有一个学期，学校来了一个年轻的外教，说着一口流利的中文。他刚刚完成了自己的博士论文。我们问他写的是什么？他回答：研究中国人的面子和关系。我们当时都听呆了。这还需要研究吗？这些事儿居然还能当博士论文来写？

事实是不止一个人拿这事儿当博士论文来写。阎云翔对他曾经落户的中国东北农村的随礼风俗进行了全景式的记录和分析。他的《礼物的流动》堪称人类学史上的一部杰作。我仔细读过他的三部作品，另外两本书分别是《私人生活的变革》和《中国社会的个体化》。这三部作品都对我很有启发，不，启发这个词用得太客气了。真实情况是，我读他的作品经常在“深受启发”和“深恶痛绝”之间徘徊。我喜欢他带给我的启发，我又“痛恨”他早早就把这些吉光片羽化作了自己作品中的只言片语。他的《中国社会的个体化》可能是一个趋势，也可能是一个愿望。这本书的书名对我的启发最大。我摘录部分他的田野调查佐证我对关系网的判断：

一天早晨,我去拜访一个老朋友黄先生时,发现他正处境尴尬。他正在竭力向一位来访的亲戚解释没能按时归还欠款的原因。由于我已经认识黄及其亲戚多年了,所以我的来访没有打断他们。黄告诉我1991年中他已经参加了许多需要随礼的典礼,而且在手头不够时跟他的亲戚借了钱。他回忆说正月期间,他一天就收到过三处邀请。知道这三家都不能忽视,他只好自己去参加其中最重要的一个(他外甥的婚礼),而让两个儿子参加另外两家的典礼。仅那一天总共就花费了70元钱,这使得黄在下一个邀请到来时已经债务累累了。

黄在1991年时65岁,是个普通农民,有六个女儿和两个儿子。由于他的儿子比女儿岁数小,黄和他妻子曾经为人多劳力少而辛苦挣扎多年,他们的经济状况因而直到最近仍处于平均水平以下。70年代我在这个村子住的时候,黄已经以当地的"卖女儿者"之一而闻名。由于经济困难,他在女儿出嫁时非常吝啬。村民们对黄在礼物交换活动方面的参与也有不好的评价,因为他经常不参加典礼以图逃避随礼。结果,黄在那个时期的朋友很少,亲戚网络也很小。

有趣的是,黄在1991年头两个月里随了那么多礼,而且不介意借钱去参加典礼。我问他一年在随礼活动中开支多少,他告诉我是400—500元。"这已经不是我头回借钱随礼了。你不知道那个流行的说法吗？随礼如灭火，它等不得。一个人如果不能遵循随礼的规矩，而且逃避责任的话，他在别人面前就没地位了。”①

阎云翔的著作可能主要是写给西方读者的，所以，他比较详尽地解释了随礼的含义。我猜想我的读者是不需要我赘述随礼的社交含义的。据阎云翔统计，该村村民收入的 20%用于礼物的交换了，即“随礼”上了。他还注意到，富人家用于随礼的开支占家庭收入的比重要低很多。随礼对于穷人来说，确实是一个负担。问题是为什么大家要来玩这个游戏呢？有一种猜测说是为了面子，另外一种猜测是为了赢得更多的随礼。面子可能就是等级社会特有的现象了，自由社会往往不讲面子，而讲权利。有面子往往意味着有地位，但是在下岬村的社会环境中，面子有其他含义。它更像是一张俱乐部的会员证。

……王告诉我，1976 年刚刚组建了自己的家庭时他还太穷，没有能力参与很多的随礼活动。而且作为新家之主，他除了一些朋友和姻亲以外，没有许多的社会关系，也不需要操办什么家庭典礼。然而，随着他的孩子逐渐长大以后，他和妻子觉得有必要更积极地参与了；由于他们的孩子接近婚龄，他们需要一个更大的社会与经济支持网络，以便将来操办订婚、结婚以及盖房之类的家庭典礼。王的情况对

---

① 阎云翔著：《礼物的流动》，上海人民出版社 2017 年版，第 73 页。

刚刚建立家庭的年轻夫妇来说是典型的：通常他们只有最小的交换网络，而且他们的孩子长到十几岁前尽量避免卷入到无止境的礼物交换过程当中。换句话说，礼物馈赠的模式与发展着的家庭组织周期有关。老年夫妇在他们的孩子组建了自己的家庭以后，逐步退出礼物交换。这意味着他们已经完成了在礼物交换和家庭典礼方面的绝大部分义务①。

参加随礼的目的可能是维持一个村民互助互保的默契。这个互保默契像是一张信用卡，在需要的时候（当某个家庭因周期性农业生产而发生青黄不接的困难时，当某个家庭为应对大额开支而发生流动性困难时，当某个家庭因特殊需要而陷入困境时），可以用这张信用卡来预支一笔大额的钱。无论你收到的随礼邀请被用来办婚礼、生日、丧事、升学等仪式都不重要，那些都是表面的借口，村里某个家庭突然需要大额支取才是根本原因。他会很容易地找到一个体面的理由来举办仪式，并拿到大家的随礼。开销完仪式上的宴请之后，他还能剩下约 80％的随礼，这就足够他的家庭渡过难关，应对大额支付需求了。

所以，尽管随礼在中国有许许多多的解释，就像每个中国人对于面子和关系网都有不同的理解一样。这很正常，维特根斯坦早就说过，“一个词的意义在于它的用法之中”。我们每个人

---

① 摘自阎云翔著：《礼物的流动》，上海人民出版社 2017 年版，第 87 页。

对关系网的使用都是不同的，我们一定对关系网有着不太一样的理解。我在本书中，只针对阎云翔记载的下岬村的情况作出我的猜想：在下岬村，“关系网”其实是“随礼网”。参加随礼是为了维护一张无形的信用卡，以便在需要的时候，自己能够从“随礼网”支取大额现金。因此，我认为随礼形成的社会关系是一个互助网。

你还记得那些需要时时刻刻跟踪、记录、上传并分析你的消费行为的手机 APP 应用程序吗？你还记得你的信用卡公司需要你每年都至少完成多少笔消费并达到多少金额吗？他们为什么需要这些数据？他们为什么要惩罚那些不消费的持卡人？比如一张卡被收藏起来长期不用的话，就会被收取一定的年费。如果你一直在使用这张信用卡的话，不仅不用交年费，你还可以获得许多优惠。一个专用名词叫做“刷信用”，刷信用能够用一连串小额的消费增加自己的信用卡额度，从而使得自己在大额用支的时候更加宽裕灵活。随礼形成的关系网也有类似的特点。随礼网内的成员需要定期确认对方或者其他成员仍然保持着参加随礼的意愿。确认的方式就是经常发出各种典礼的邀请。如果有一个人不再随礼了，大家就开始议论他、批评他，并在实际上把他排除在随礼网之外了。

……

我仍然不太理解为什么村民们把收入的 10%—20% 花在随礼上面。然而，参加了许多仪式并真正参与了几次礼物交换以后,我开始体会到那些驱使村民们争做大方的礼物馈赠者的社会和道德力量。

……

一天,我正在村委会办公室里和几个村民聊天。一个男孩带来消息说村民刘先生要操办他父亲70大寿的庆典。这男孩说他看见刘妻在村里商店买食品,而刘正准备记礼账用的账桌。我头一个念头就是观察朋友们的反应,因为自从我来到这个村子以后,我已经听了许多有关刘在以前为他父亲生日操办典礼的闲话。

据一些村民讲,刘从1986年以来每年操办一次生日仪式,许多人怀疑刘的动机是收礼。有趣的是,刘家却总是抱怨他们是由于村民们的良好愿望才不得不举行仪式。根据他们家的故事版本,他们在庆祝了父亲65岁生日以后就不想再操办了。然而客人们的光临迫使他们违背自己的愿望而接连不断地举行典礼。

不出我所料,这个消息马上招来了批评。虽然如此,所有在屋里的村民还是计划参加典礼。我的问题是,既然不想随礼,为什么还要参加典礼呢?其中一个村民是这样回答我的:

如果我没有听说这个消息,我可能就任它去了,从而省些钱。但既然我已经听说了,我只好去刘家并且赠送礼物。如果我只是图省钱而故意躲避这个典礼,我会觉得不舒服

> 的。住在一个村子里,整天低头不见抬头见的。如果我今天错过典礼,让我明天怎么有脸见刘?我还怎么在我的关系网里维持一个好的形象?红花需要绿叶配。你想做人,就需要朋友,需要卷入与此类似的情景。这就是关系。
>
> 我问他如果躲避这个典礼他会觉得怎么不舒服。他想了一会儿说,“我会觉得羞愧”。另一个村民补充道,“感觉就像是在偷熟人的东西被当场抓到”。屋里的第三人告诉我,打小他就知道赌债是可以赖的,但是绝不可以放弃随礼的责任。一个人如果落下拒绝随礼义务的名声,他就会失信于全村,并且由于没有关系而受到孤立①。

随礼网一定也同时是小道消息网,那里用窃窃私语和背后议论的方法来提醒网络内所有的人:即便别人没有用面子来向你提交随礼的请求,你也要光荣地兑付自己的随礼义务。否则的话,你就会被人在背后“嚼舌头”,在群体中失去信誉和信任,也就丢失了自己多年苦心经营的随礼网和苦心积累的信用额度。下岬村的村民似乎就有这样的舆论监督网络。上面的故事揭示了这一点。

随礼网是一种特殊形式的关系网,它具有明显的互助性质。除此之外,其他一般的“关系网”和“面子”很难再区别和分析得很清楚。我建议读者笼统地认为,关系网是私人市场,面子是私

---

① 摘自阎云翔著:《礼物的流动》,上海人民出版社 2017 年版,第 89 页。

人货币。关系网络构成了一个人的私人市场。在这个市场里，各参与者都默契一致地承认他的面子的“购买力”，并且面子会随着请求和请求的实现而得到兑付或扣除。假设我曾经有恩惠于你，我期待你记得这一道恩惠。如同我把你当成了一个银行，我在你那里开设了一个账户，存入了一笔私人货币（我在你那里有“面子”）。这笔私人货币只能由我来支取，我会等一个时机去找你兑现你欠我的面子，相当于我提取了我存在你这里的钱。如果你帮了我的忙，那么，这笔面子就一笔勾销了，相当于你签发的支票已经得到了光荣的兑付，你不再欠我的人情了。

一般来说，人总是有焦虑情绪的，正常人都会不定期地去打开自己在商业银行开设的网银账户，浏览一下自己的余额和信用账单。基于同样的焦虑情绪，你会和那个关系人保持一定频率的联系。这种联络性质的社交活动使得你能够确认对方的友谊，刷新他对你的记忆，提示他亏欠你的面子。英语叫作“keep the seat warm”，字面上的意思是别让椅子凉了，其实就是经常去坐坐。经常应付这些关系也就是管理你自己的资产。

与此同时，你还需要有一个舆论环境来监督面子的兑付。如果我的面子被你驳回了，我就要想方设法告诉别人，你没有兑付你的支票。这张支票是你多年以前就欠我的，是我帮你忙的时候你就向我签发的，当时是你拍胸脯保证报答我的恩情的，现在你违约了，这是可耻的行为。

我思考过一个重要问题，关系网是否是等级社会所独有的呢？现在看起来，关系网和等级的关系并不大。阎云翔记载了另外一场仪式。

> “土改”之后，即使是最穷的村民也想举办隆重的仪式，礼物交换的社会范围很快扩张到了一个大得多的圈子。比如，当一个受访者在 1947 年冬天结婚时（这一地区的“土改”期间），尽管经济拮据，他家里想方设法置办了一个酒宴，举行了体面的婚礼，以显示他们的确成了新社会的主人翁。由于他在“土改”中是地方积极分子并因此成为干部，102 位客人参加了他的婚礼。通常情况下，客人的数量在 30—50 人之间。

这段记载使得我对关系网有了新的认识。社会地位提高了以后，一个人仍然会争取建立并维持关系网。而底层社会的人几乎没有关系网，这当然可以理解，就像商业银行不会对穷人发放信用卡一样。一个人如果很穷，没有什么资源和能力让他自己变得富裕起来，就很难说服别人他是一个值得帮助的关系户。因为如果你为他做了一件事情，你很难指望他将来能够回报你，他只能感恩而不能兑现你用面子挣来的那张支票。因此，一个人如果在社会底层，他就没有关系网了。这个特征进一步印证了我的猜测：维持关系网的重要动机还是类似于一个应对荒年、救灾或应急的保险机制。因此，这个机制只能纳入那些能干的人。这样的话，关系网内的人们才能获得相互支援，才能相互兑现支票，才能相互为对方的面子买单。

一般来说，能干的人往往更有社会地位，他们形成一种社交圈子之后，还有一种行为属于“创立声誉”的活动。请想象一下这样的场景，我和你从来没有交往过，相互之间谁也不亏欠对方的面子。但是你曾经从老王、老张和老李那里听说，我这个人为人很仗义，有信誉，值得你帮忙。于是当我向你提出帮忙请求的时候，你会予以积极的考虑。这就意味着平时我对老王他们三人的感情投资有了回报，这种回报就是用他们的嘴在我们共同的关系网中为我营造了良好的声誉。这意味着在关系网的社交互动行为中，很大一部分活动是我为了将来赢得地位更高、能力更强的人对我的帮助，而刻意营造我自己“声誉”的行为。这部分行为不是为了在特定人物的心理账户上存入一笔面子，让其开设一张属于我的支票，而是让其为我开具一张担保函，以便我去实现更大的野心和目的。因此，关系网中流通的不仅仅有支票，还有保函。支票是针对面子的，保函是针对声誉的。在本章后面的内容里，我们会讨论“库拉圈”的话题。在太平洋岛屿各土著部落之间存在着一个“库拉圈”，他们相互交换一种叫“库拉”的装饰品。在我看来，那就是一种表明自己在社交圈子里“声誉”的信物，可以成为自己在商业活动中有关信誉的保函。因此，土著人特别珍惜它，特别希望它流通起来，好让更多的人知道自己的声誉。

从这个角度来看，现代的太平洋群岛上的土著居民已经在进化阶段上超过我们古代的封建社会时期了。因为在土著人当中，声誉可以在一般贸易环境中成为他的信誉，而且他们有了固化的、标准的、普遍接受且可以流通的信物来表示一个人的声誉。这不仅说明他们有能力抽象出声誉，更说明他们不同部落的陌生人之间有一致行动的默契，或者说他们遵守某种规则，接受了陌生人的信物。即便这个信物来自陌生人，他们也能尊重信物所代表的声誉。陌生人来到一个新的部落环境时，他不需要重新建立新的关系网，重新在新关系网中建立自己的声誉。这就使得人得以独立于他原来部落的关系网，实现了部分的自由和解放，从而能够走向更广阔的市场。对规则的承认和遵守，绝对是市场发展进程中至关重要的环节。而在我国古代封建社会时期的关系网中，没有证据表明古人已经进化出一个可以流通的声誉标志物。我去安徽农村的古民居村落参观过，那里有贞节牌坊、光前裕后牌坊、进士第匾额等声誉标识物，但这些都是固定建筑，并不能在市场上流通。持有匾额的人并不自动在他乡遇到更高的尊敬和更好的礼遇。

如果没有规则，没有对规则的尊重和遵守，也没有捍卫规则的集体行动，那么，市场永远发育不起来。部落内部及关系网内部永远只有一个内部结算体系，人的想象力、创造力、进取心和好奇心被牢牢地控制在这个关系网内部，或者说一个虚拟的部落内部。其实，每个人似乎都或多或少地被黏连在他自己的关系网上。这张关系网同时也是他的能力范围，他的理想和远见，他的野心和抱负，他的亲戚和朋友，他的喜怒哀乐，他解决问题的方法和工具包。这些东西只是没有被称为“能力网”“野心网”“情绪网”和“工具网”而已，却是一张张有明确边界的无形的网。这些无形的网和关系网同时存在且相互重叠，基本覆盖了同样的范围，这些网就是人的边界，一个人的思想、能力、理想、资源、想象力和自由的边界。他走不出这张网，就不会有进步。

一旦跳出了这张网，一个人就变得不那么自由，不那么安全，不那么灵活，不那么如鱼得水。他只和网内的关系人形成了行动默契，他没有和全社会的人，尤其是关系网以外的人有任何默契，甚至他们之间没有信任。从这一点来看，太平洋土著比我国古人还要进步一些。

问题来了：维持一张私人关系网和遵守市场规则，哪个效率更高？当然，经济学学术期刊的编辑一定要我拿出实证研究的证据来，要数据和模型说话。我想，在这里，我还是运用我自己的经验，并诉诸读者的常识来说话吧。一个人的精力总是有限的，靠一己之力去构建一个类似于松散的虚拟部落的关系网，终究费时费力。而且人类学家早已在灵长类动物群体中发现了“150 定律”。猴群中个体数量很少超过 150 只猴子，超过的话，该猴群很快会分裂成两个独立相邻的猴群。可以想象，一个人的社交能力是有限的，如果他制造一个网络，并且费力费心去维持这个网络，他真正能够用于发展生产，提升自己的时间和精力就受到很大的掣肘。一个人如果和 150 个人维持着基于面子交换而形成的关系网的话，我认为他会活得很累，正是那个帮助他的关系网拖累了他，阻止了他进一步的发展。

关系网和市场比起来，市场更有效。阎云翔的田野调查披露了一件有趣的事情。他发现，有一段时间下岬村的村民们发现种西瓜的收益不错，都开始种上西瓜了。这些瓜农们需要在收获季节合作收割并合作将收成运往其他地方去出售。阎云翔发现，在他走访的9户瓜农当中，有7户和自己的连襟(妻子的姐夫或者妹夫)形成了合作关系，只有2户和自己的亲兄弟合伙做西瓜生意。照理说，瓜农的关系网上最密切的就是他自己的兄弟啊，而且对方也种植西瓜，两兄弟相互帮忙应该是顺理成章的事情啊？为什么绝大多数瓜农选择和自己关系较远的连襟合作呢？

事实真相简单而残酷。读者们可以结合自己的生活经历来印证我的猜测。我认为，在关系网内，一个人的努力和付出是无法得到一个合理的定价的。而且关系越密切，这种定价就越偏离市场定价。关系网取代了市场对人的付出给出定价，而且往往给出一个折扣，从而扼杀了人在关系网中改善和提高自己的积极性。瓜农们宁可选择和自己关系比较远的连襟合作，说明他们发现了远亲反而比近亲更能够尊重自己的劳动，给自己的付出支付合理的报酬，不会对自己发财而眼红，不会想着利用亲戚关系来额外赚取本应属于自己的利润。一个人越是独立于他的关系网，他就越接近于市场。

长期生活在关系网中不仅会使得人丧失独立性，还会使人产生侥幸心理。人们会对风险事件产生主观判断的偏差，人们容易相信一些“亲友”和“熟人”推荐介绍的东西，无论是保健品还是投资品。我遇到过一些普通投资人，他们的股票深度套牢了。但是他们依然对这些看起来公司治理很差的公司充满了幻想。尽管在我看来，这些全是炒作题材的“垃圾股”，根本不符合价值投资的理念。他们仍然会不依不饶地和我辩论，热烈而忠诚地捍卫他们选择的这个股票。当他们实在说不下去的时候，他们往往会用仍然有一丝希望的绝望眼神看着我，然后告诉我，这只股票其实是他的“谁谁谁”推荐给他的。他们最后有一句话往往是：“他总不会骗我吧。”说到这句话，我就不忍心去批评这只股票了。我知道他们并不需要我的投资方面的建议，他们只需要我提供精神安慰就好了。

我后来反复在脑子里回想“他总不会骗我吧”这句话的人类学含义。这句话真实而隐含的意思应该是“他总不该骗我吧”。因此，这句话不是一种关于对方是否欺骗了自己的预测，而是关于“在关系网中要相互照顾”的默契规则的援引。我由此感觉我发现了一条重要的线索。有些自由市场意识强的国家，很少发生类似传销组织的诈骗案，但他们那里经常发生枪击案。因为那样的国家里面，人和人之间关系疏远，感情淡漠，个人都有自己独立的空间，人人有捍卫自己权利的“领地意识”，因此，那些地方的个体冲突可能就容易升级。我国有一个重面子的传统文化，尤其是老年人，他们更容易相信自己熟悉的人。我听说许多传销组织就是胁迫受害人去拉自己的亲友入伙。这些传销组织的犯罪分子极为恶劣，他们破坏了许多无辜的家庭，掠夺了许多老年人的退休存款。但是，从某种程度上说，传销组织又是在消灭关系网，迫使人们提高警惕，对自己熟悉的人更加警觉。今后，人们不能不假思索地相信关系网内的人了，不能高枕无忧地认为，关系网内的其他人会和自己一样，捍卫关系网内的规则。

说完了关系网，我们再来看看面子的问题。前面已经说过了，面子是关系网当中你存在对方心里的私人虚拟货币；面子也是同一关系网中对方签发给你，存在你心里的“见票即付”的兑付承诺；面子还可以是其他人为你而签发给关系网中第三个人的信用保函。面子的价值不完全依赖于你个人的努力，而更依赖于对方的认可，别人是否承认你的作用、你的付出、你的劳动、你的恩惠。你付出的一切最终得到什么回报，或者是否得到任何回报，其实都取决于对方的胸怀、境界、仁慈和态度。

在关系网中的人，最大的悲哀在于，一个人的价值取决于别人的认可，而不取决于他自己对自己的认可。类似的情况在欧洲宗教改革之前发生过。一个人的价值究竟是由上帝的代表——你所在的天主教会的教区主教来决定，还是由上帝来决定？答案当然是应该由上帝来决定，否则最后审判日的观念就不能成立了。那么，你怎么才能知道上帝对你的判断呢？答案就是宗教改革。马丁·路德及其后来的改革者们提倡信徒们要相信人性中有神性，要想方设法改进自己的人性，提升自己的神性，提升自我就是向上帝靠拢。他鼓励信徒们要学会读书写作，这样就能够直接读《圣经》，自己理解上帝的旨意，而不要听从天主教会的地区主教的布道和间接的讲解。他鼓励信徒们亲自体会和实践《圣经》上的戒律，目的是要成为一个更好的人。宗教改革原来的目的是反对腐败而专制的欧洲天主教会，结果却产生了意想不到的效果。那就是鼓励个人建立新的价值观，他对自己的判断依赖于他的价值观，并由此形成了指导他行动和取向的价值体系。他奉行一个基于宗教概念的价值观，然后来确定自己的行动是否符合这个价值观，他并不依赖于他所在的关系网来决定他的价值。

我们经常被面子折磨，并且在社交场合牺牲自己的利益去维护一个面子体系。西方人比我们更少在乎面子问题，他们几乎不受这个问题的困扰和羁绊。他们比我们更自我，更独立于周围人的意见，更重视自我，更注重自己的权利，更少在乎别人的目光。宗教改革造就了精神上更独立的人，他以为自己在向上帝靠拢，其实不然，人的独立性使得他更接近于创造一个市场。

一个人没有关系网的保护，也没有亲属的救济，更没有特殊资源可以利用的情况下，他就会一门心思地投入到市场的怀抱。市场是他唯一可以安身立命的地方了。他会想方设法讨好他的客户，而不会怠慢他们。想想那些不肯和兄弟合伙卖瓜的农民吧！如果你和亲戚朋友做生意，你永远拿不到你应得的那一份钱。事实上，只要你生活在关系网中，就不存在你应得的“那一份”，别人会随手拿走，你也会随手拿走别人的那一份。你们这样做的目的是相互确认对方仍然慷慨地参与关系网，确认对方愿意在关系网中承担责任。这样做的目的前面已经说过了，就是要维持一个互助机制。问题在于，互助机制具有两面性，它帮助了我们的祖先度过无数次荒年，也限制了我们走出关系网，去独立面对大自然和随机性的考验。不，市场并不是大自然，也不是随机性，它其实是我们脱离部落、走出关系网、寻求独立、享受自由的一种默契的机制。你一个人脱离部落当然是死路一条，如果大家都脱离部落，都按照市场规则来定价和买卖，人与人之间就形成了一种新的更高水平的“互助”，这种互助机制就是共同捍卫市场的默契。因为只有在市场中，我们才能将自己的产品卖一个好价钱，拿到属于自己的那一份，才能获得资源继续生存，才能谋求发展。

市场真的不是残酷的大自然，它不负责淘汰我们。无论是部落还是市场，这两种机制都要面对大自然和随机性。因此，不要把市场想象成汪洋大海的无情和变幻莫测的未来。我们真正需要考虑清楚的是，如何形成一个共同捍卫市场的默契。当有人通过关系取得一份合同的时候，你怎么办？你会去举报他吗？你会去用更大代价贿赂更高层官员吗？你会去联合其他投标失败的竞争者一起上诉吗？还是你会默默承受这一切，声称自己认命了？市场是人们捍卫自由的默契。一个社会没有捍卫自由的默契行动，这个社会一定腐败横行，关系密织。但是，前面已经分析过了，市场之所以战胜关系网，不是因为人们的选择，而是维持关系网的代价太大了。关系网本来只是一个应急互助机制，它平时如果也发生作用的话，整个社会经济运行效率就很低。对于关系网内的每一个人来说，他们都很痛苦，因为维持关系网的开支很大，收益又不确定。因此，市场战胜关系网是必然的。当然，这种必然性不是坐在家里等来的，而是战斗、争取和捍卫得来的。这一过程看似是市场的胜利，其实是人的进步。人开始脱离关系网，独立面对不确定性的未来，这就是人性的提升，这就是面对未来的勇气，拥抱自由的勇气。

越是市场化的地方，科技进步就越快速。因为没有了关系网提供的捷径之后，获胜的唯一希望就是发展科技。要么用更低成本生产，要么生产出品质更好的产品。请把市场看成一个松散的部落，在这个松散部落里，个人获得了更大的自由、更多的权利和更大的发展机遇；同时，个人也承担了更大的风险和责任，他只能独立面对挑战，他不能躲回原部落寻求关系网的帮助了。为此，人必须进步得更快，进化得更好，才能生存和适应。

长久以来，尤其是爱德华·威尔逊为代表的社会生物学家们认为，生物进化是以集体形式进行的。凡是具备集体主义、团队精神和自我牺牲精神的群体都获得了巨大的成功。威尔逊甚至在其作品 *Social Conquest of Earth* 中提出这样的观点：今后世界上的生物进化形式主要都是群体竞争。但是市场给出了不同的进化路径，鼓励人以个体形式进化。这也不意外，进化在人类乃至任何生物体内都留下了多重进化的路径，以便生物适应性更宽。无论我们多么市场化，其实我们仍然是有组织的部落成员。只不过你不再属于某一个特定的部落了。你可以同时参加多个虚拟的部落：网络团购、足球俱乐部球迷助威团、某某大学校友会、某某航空公司金卡会员、小区业主委员会、上市公司股东维权组织、某网红女主播粉丝团。凡此种种，都是一个又一个虚拟的部落，你时时刻刻身处于这些部落之中，只不过这些部落对你的控制远不如原始部落酋长或者关系网那么强烈而直接。人的进化同时具有个体进化和部落进化这两种形式。

这些虚拟部落组织对你来说，是你自己的选择，是你的权利的一部分，你随时有权退出，参加一个与之“敌对”的组织。21年前，我的美国朋友 Craig Williams 告诉我他去妻子 Sarah Johnson 家里求婚的故事。他自己本科毕业于密歇根州立大学，研究生读的是密歇根大学，两个大学是“死对头”。Sarah 的父亲问他，你会忠于哪边的校友会？他早就得知这位未来的岳父大人是密歇根州立大学毕业的。于是，他毫不犹豫地保证说，自己一定忠于本科的母校，绝不支持研究生学校。于是，他们很快就成了一家人。这个故事对我很有启发：首先，即便是美国那样一个表面上完全推崇个人自由的国家，实际上仍然有着“拉帮结派”的虚拟部落的“组织性”和“纪律性”。其次，我们对于这些松散的虚拟部落是有巨大的选择权的，我们既没有抛弃个人主义的进化路径，又没有完全脱离部落的进化方式。以前我会由此认为人很复杂；现在，我看问题的方式更维特根斯坦化了，我认为这说明人很灵活，很能适应各种环境的变化。

礼物与商品

礼物变成商品的过程是解放人的过程，是拆散部落的过程，是取消酋长的过程，是发展生产力的过程，是提升效率的过程，是极大丰富物质财富的过程，也就是市场形成的过程。

> “礼物”一词由两个字组成。第一个字“礼”的意思是仪式、礼节以及诸如忠孝的道德理念的仪式性表达。第二个字“物”的意思是物质的贡献。从词源上讲，这个汉语词暗示了礼物不只是物质的礼品，它承载着文化的规则并涉及仪式。所以，无“礼”之物就是物品，而不是礼物。[①]

下岬村是一个部落内部的故事。本节所说的“夸富宴”讲的是从温哥华到阿拉斯加的西北美洲土著部落之间的故事。它是人类学文献中著名的篇章。“夸富宴”在我看来，维持了现有的秩序，限制了人们走出部落的企图，扼杀了部落内部因物质丰富而产生市场化分工的可能性。“夸富宴”是一个人类学中特有的名词，读者如果不熟悉那些印第安部落的话，请想象一下慈禧太后

---

① 阎云翔：《礼物的流动》，上海人民出版社 2017 年版，第 51 页。

的那句话“宁予友邦，不予家奴”，说的就是和“夸富宴”同样的事。

在摘录莫斯介绍“夸富宴”的人类学名著之前，我先插播一段我自己经历的“夸富宴”。我的导师的丈夫保罗·沃尔夫森(Paul Wolfson)教授是一位数学家，他有一个专门收藏红酒的地窖。那天，导师夫妇来我的公寓时，送了我一瓶他收藏的红酒。我是不懂酒的人，随手就放在冰箱里了。几天以后，同学聚会邀请我参加，按惯例每个人要带一瓶红酒，我想也没想，就直接带着这瓶酒去了。当时我就发现情况不对，我带去的酒最先被喝完，晚到的同学还会捧着空瓶子十分惆怅地凭吊一番。我完全不知道这瓶酒的价值，我只庆幸自己省了 10 美元。后来，同学们传开了，都说我是一个中国来的富人。那瓶红酒就是等级标志，而我因为不知情，所以没有表现得十分显摆，这样低调的表现反而进一步鼓励了有关我的财富的传说。这就相当于我亮出了我的等级标志物之后，我又亲自贬低了它的价值，从而更进一步抬高了我的地位。那年正好是阿根廷金融危机，来自阿根廷的女同学玛丽亚很认真地问我，我是否愿意和她在阿根廷的 19 岁的表妹结婚，她愿意跟我去中国。当时我单身，但是我不会说西班牙语，对方不会说英语，而且我们从未见过面，所以，我想也不想地婉拒了。但我一直很好奇，那瓶给我带来巨大光环的红酒到底是什么来历？我至今不知道我在大伙儿面前轻易“销毁”的是什么名贵的酒。

夸富宴在人类学文献中最为著名，其竞技对抗的维度尤其让人印象深刻。夸富宴上要么赢得一切，要么丧失所有。在这些盛大的日子中，每个人都力争比别人给出的更多，以"压倒对手"，把别人置于他"名字的阴影下"。谁看上去失去的最多，谁就是这个竞赛的赢家。其中的逻辑与黑格尔在主奴辩证中所描述的拼死争得承认的逻辑密切相关。这种逻辑以两个原则为基础：信用与荣誉。不是马上偿还，而是稍后回报。这就是信用。这种回报要尽可能延迟，要比收到的礼物更多，而且还得越晚就要还得越多。只有那些足够强或者自认为足够强的人才会推迟还礼。因为如果还礼不如收到的礼物多，就会丧失荣誉，而且要屈从于对方的权力，直至成为后者的奴隶。当双方的对立激化，各自轮番表明可以给出更多的时候，那就不再是送出礼物了，而是要破坏和销毁其最珍贵的财物，以显示自己是欲望的主人，而不是需求的奴仆，以示其超越了功利性，并且反对一切功利性。这种夸富宴制度本身无疑是很极端的，而且在人类学家观察它的时候，印第安社会正处于分崩离析的阶段。但是，这并不妨碍我们得出一项基本的人类学见解：礼物如果得不到更多的回报就会毁掉收礼的一方。礼物一方面制造了主人，另一方面也造就了奴隶。①

---

① 【法】马赛尔·莫斯著：《礼物——古式社会中交换的形式与理由》，商务印书馆2016年版，第8页。

为什么礼物（present）这个词在英语中还可以表示“呈现”的意思？莫斯和其他人类学家指出了其中的奥秘。一件物品一旦是以礼物的方式，按照一定的礼仪规矩来呈现的（present），它就不再是一件普通的物品了，它对接受礼物的人具有精神约束力。接受礼物的人要么回礼，要么听命于对方的指令。

新西兰的毛利人认为送出去的礼物是有灵魂的，他们把礼物之灵称为“豪”。任何收到礼物的人都不是礼物最终的拥有者，他只是暂时保管礼物而已。礼物会被转送给下一位保管者，没有人真正拥有礼物。如果有人将礼物据为己有，他就会受到礼物之灵的惩罚。这个礼物之灵是最初送出这份礼物的人附着在礼物上的灵魂，就像一个咒语，对那些希望将礼物留下的人施以魔咒。

礼物不是商品。在相互频繁赠礼的两个部落之间，可能根本就没有货物贸易。证据之一便是莫斯在书中转述的人类学家霍尔姆斯的记载，他发现在巴布亚语和美拉尼西亚语中只有一个词表示“买和卖”以及“借和贷”。说明在这些土著部落里根本就没有货物贸易以及相关的赊欠情景。他们生活中根本就没有这样的场景，因此，他们的语言中也就没有相应的词。

商品带来权利，礼物带来义务。礼物越多的地方，市场越不发达。得到商品带来的是个人享受，而送出礼物带来的是社会地位。礼物使人受到更多约束，它不能解放人的潜能，也不能提升人的技能。礼物流通并不是商品流动，它形成不了市场，它是市场的敌人。

礼物的流动是为了构建一个非市场化的社交网络。礼物要么产生回礼的义务，要么产生等级更低的奴隶。礼物是这样扼杀市场的：它阻止了人们去作一个独立的决定。个人不能作为一个独立的经济体来考虑问题，他必须时时刻刻考虑自己的上下线的关系、前后左右的关系，考虑自己的面子和地位。他所做的一切都是为了免除自己被责罚和羞辱的风险，而不是追求人的进步。

> “夸富宴”的本意是供养和食用。这些部落生活在岛屿、海岸或者落基山脉之间，极其富足，一到冬天就有接二连三的节日、宴庆和集市来打发时间，这些活动就是整个地区部落的盛大集会。聚会将依据部落内的等级团体和秘密会社加以组织，而这些部落又常常和氏族混同……竞争和对抗的原则贯彻于所有这些仪式。一方面，人们甚至会发生争斗，甚至会导致参与争斗的首领或者显贵丧命；另一方面，人们为了压过与之竞富的首领及其盟友(往往是那位首领的祖父、岳父或女婿)，甚至会不惜将自己积攒下来的财富一味地毁坏殆尽。这种约定虽然以首领为中介，但却是整个氏族承担一切，承担它的一切所有和一切所为，所以在这个意义上，我们说这是一种总体的呈献……人们聚在一起观看贵族间的争斗，也是为了要确定他们的等级，这个等

级也关乎整个氏族的收益。[①]

“夸富宴”在我们今天的人们看来极其荒谬，为什么要这样破坏和浪费自己部落辛辛苦苦积累起来的财富呢？想想周洛华轻描淡写地送出了一瓶不知道名字的红酒，想想慈禧太后的“宁予友邦，不予家奴”的名言。莫斯曾经指出，毛利人比其他岛屿居民有更多的“夸富宴”，恰恰是因为那里首领的管辖范围经常需要重新划定，于是各个部落便要相互竞争了（《礼物》第 29 页）。当新酋长上台不久，他就急于要表现得对其他部落特别慷慨，以便提升他在酋长中的地位。所以，“夸富宴”不仅巩固了现有部落的社会结构，还确立了部落之间的关系和地位。这让我想起了灵长类动物学家观察到的“新猴王现象”。在野外观察到的猕猴群中，每次产生一个新任猴王的时候，它总要带着猴群中的一批强壮的雄性成员去“巡边”，和周围的邻居打一架，相互确认边界，然后它才能放心当猴王。新领袖刚刚产生时有一种紧张焦虑感，可能就是这种生物本能催生了“夸富宴”和边境冲突。“夸富宴”的目的就是要帮助酋长获得别的酋长的认可。他的领袖地位得以确认之后，他的焦虑感也就由此消失了。从这个意义上讲，“夸富宴”仍然在中国北方某些地区以某种方式流行着。我以前做过 3 年的并购投行顾问工作，我每次去北方某些地方

---

① 【法】马赛尔·莫斯著：《礼物——古式社会中交换的形式与理由》，商务印书馆 2016 年版，第 11—12 页。

出差，包括而不限于山东、河南、山西以及东北三省等地方，当地人都要把我灌得烂醉如泥。我每次都下决心以后再也不喝了，但每一次他们都有新方法、新借口和新花招把我放倒。这种行为已经被许多社会学家分析过了，我就不赘述他们的解读了。我自己把这段经历放到“夸富宴”和新猴王的框架里面来理解，我发现我恍然大悟，那些酒没有白喝。我和我的同事就像到访一个部落的客人，当地部落一定要以某种形式的“夸富宴”来消耗掉他们的食物，以便对我形成心理上的优越感，以便我服从他们的安排，以确保我尊重他们的领袖。他们成功了。我同时发现，越是酒风盛行的地方，人和人之间越是有深情厚谊，人和人之间也往往有着更明确的等级区别，当地的市场化程度一定也不怎么高。

我自己还有一个类似于“夸富宴”的经历。这是我在做房产中介的那两年里的一次真实经历。有一个开发商通过体制内的一个干部来约我吃饭。我并不认识他，但是我又感觉不能违背，或者说违抗体制内老朋友的面子。于是，我去赴宴。这位开发商是内地省份来上海开发房地产的，做得很成功，但他并不想委托我卖房子，因为大家都在抢着托关系买他开发的楼盘。他找我吃饭的唯一目的是要我教育一下他的儿子。我这才恍然大悟，原来，我作为一个失败的人生案例被当成了反面教材。现在，对方要求我，或者说有一种无声的力量命令我，现身说法来教育他的儿子。“你看，周叔叔是周谷城的孙子，他就是因为从小家里条件太好了，所以自己不努力，现在只能当房产中介。”体制内的朋友一边给开发商倒酒，一边使一个眼色让我和身边的“富二代”好好谈谈。我确实有些尴尬、愤怒和下不来台。但是我很好地控制了自己的情绪。我对那孩子说，“其实，我对自己不太成功的人生有非常正面的评价。我个人的失败说明了两件事情：一是说明我祖父是一个清廉而开明的好干部，他没有为我谋取什么特殊的地位。二是说明我们这个社会有一个公平机制，像你爸爸那样自己努力的人能够脱颖而出，取得成功以及相应的社会地位。”后来，我和那个富二代一直保持着很好的关系。这个故事告诉我，一个社会财富剧烈变动的时代，不断会有新的成功人士升入社会更高阶层。由于我们没有爵士和勋章制度，他们就只能通过类似于“夸富宴”这样的形式来确认自己的新地位。他们作为“新贵族”的优势地位需要我这样的“老贵族”以臣服的姿态来确认。一旦确认等级的变化，他们就得到了满足，我们的关系就得到了改善和巩固。

此外，我猜想“夸富宴”可能还有一个重要的作用：消灭掉部落里面多余的东西。这些食物和财宝要么被浪费掉了，要么“无私而慷慨”地援助其他部落以提升本部落酋长的地位。慈禧太后对外国使团大加赏赐之后，不仅有助于提高她本人的地位，也使得国内的人民生活更加拮据，从而使得这些人民只能年复一年地继续劳作而不能轻松下来过安逸的日子。封建帝王们总是担心人民空闲下来会造反。所以，我推测，在大手大脚的“夸富宴”之后，部落原有的成员只能勒紧裤腰带，继续过着和以往一样的日子，勉强维持着温饱而已。这样一来，部落酋长的潜在竞争对手们就没有足够的资源来颠覆酋长的统治。这个部落也就不会出现市场化的分工协作，整个部落的现有秩序就得到了维护。

送给友邦的礼物和来自殖民地的贡品一样，提前扼杀了因物质生产的丰富而可能导致的市场分工。罗马人为什么每年都要求殖民地必须上缴那么多酒呢？现代考古队在地中海捞到的大多数沉船上装的都是陶制的盛酒器。据推测，这些沉船当年都是从地中海沿岸的殖民地驶向罗马的运酒船。爱德华·吉本在《罗马帝国衰亡史》中解释了酒作为贡品的意义。他认为这是为了浪费掉海外殖民地每年丰收后多余的粮食，从而确保殖民地没有多余的粮食，这也就扼杀了那里的人民起义的可能性。所以，罗马城里荒淫无度的日子其实也是一种风险防范机制。贵族们觥筹交错、夜夜笙歌的日子居然确保了现有的罗马帝国的秩序得以延续。

马林诺夫斯基研究了特罗布里恩群岛土著人的礼物馈赠。他写道：

我有意使用了交换形式，礼物和回礼这样的词，而没有用以物易物或贸易，这是因为土著人虽然有纯粹简单的以物易物，但在以物易物和纯粹馈赠之间还有许多过渡和渐变的形式，所以要在贸易和礼物馈赠之间划一条明确的线

> 是不可能的。
>
> ……
>
> 因此，在特罗布里恩群岛，常会发生这样的交易：甲用二十篮甘薯和乙换了一把打磨光滑的小石刀，几星期以后，再用小石刀换回甘薯。此外，在葬礼中送出的宝物，会在葬礼的同一天被送还给赠礼人……所有新独木舟的主人会相互拜访，把收到的礼物又都送出去，这样的事例很多……在瓦西，我们看到通过一个没有实际用途的礼物，人们被赋予了一项繁重的义务。可以说，交换增加的是责任，而非有用性。①

商品和礼物完全不同。持有礼物意味着你背负义务，拥有商品意味着你持有权利。你独立于一种偿还更尊贵礼物的义务，也不必替送礼人卖命工作。你持有商品和持有礼物，这两者对你来说，意味着不同的生活质量。你持有商品的话，可以放心睡大觉、出去玩、胡吃海喝，没人管你。因为你和卖家之间是相互独立的，你们俩唯一的共同点是捍卫市场秩序的默契。你买他卖，随着交易的完成，你们已经结清了全部的权利义务关系，银货两讫，互不相欠。礼物则不一样，你持有一个礼物，你就持有了义务。你要还礼，要为对方服务。你们之间的关系仍然是

① 【英】马林诺夫斯基：《西太平洋上的航海者》，商务印书馆 2016 年版，第 181—182 页。

关系网上的私人交易关系，或者部落里面的上下级，而不是公开市场上平等的买卖关系。

我在之前的分析指出，部落内部出现剩余很重要。有了剩余之后，才会有分工，然后不同分工的人之间才有可能出现交易需求，接着才有可能产生市场机制。一旦有了市场机制之后，就会有人争取脱离部落和统治者，要求自由和独立。因此，酋长的“夸富宴”和慈禧太后大手笔的对外赏赐，都是为了消灭部落内部的剩余，从而巩固自身的统治地位，维持自己对其他人的统治。试想一下，一个部落里面的部分家庭出现了生产剩余，他们就会想着相互交换，或者走出部落去和其他部落交换，他们天然拥有这部分剩余产品的支配权，他们有权决定是否接受别人的交易条件，他们也就拥有了更大的自主权。这就意味着酋长的支配权相对受到了制约。在一个日子过得紧巴巴的部落里面，一切食物的分配都需要酋长来决定，就像猴王拥有猴群的食物分配权一样。只有当生产出现剩余，才有可能出现分工和交易。但是这一切都取决于那些能够产生剩余的人是否能够默契地联合起来，形成一个制约酋长的市场机制。如果他们做不到这一点的话，他们的生产剩余终将被各种形式的“夸富宴”所消灭，而他们自己，仍然不能得到解放，仍然必须服从于酋长的命令。

我有时候觉得我很支持美国茶党的观点，那就是，减税是一成不变的救世良方（“世”字不是错别字）。酋长的“夸富宴”和慈禧太后对友邦的赏赐只可能来自他们对人民的沉重盘剥。相当于这些部落的人民每年要缴纳极其沉重的税款，根本就没有什么剩余的物资，也就无从谈起交换和市场了。因此，一旦一个地方的政府开始减税了，我完全可以合理预计那里的市场将迎来一轮繁荣和发展。减税总是促进市场的。

我现在理解了我的美国同学们聚餐的时候，一定要各人付自己的账。如果有一个人抢着买单的话，大家会联合起来抵制他，因为他试图搞一次小规模的“夸富宴”，用免费的宴请来提高他个人的地位，从而使得其他人因受惠于他而最终服从于他。如果一个社会的文化氛围是容易被领导也容易服从别人的话，那这个社会里面应该经常出现某个人买单、单独宴请其他人的情况。如果一个社会的文化氛围不太容易接受别人领导自己，每个人都很独立，那么，这个社会里面应该是各人付账的情况多。而且这样的社会氛围里面，人和人之间容易相互信任，并建立行动默契，只有这样，才能捍卫市场机制。

人越是强大，就越追求独立，也就越不需要构建私人关系网，市场是公用的关系网。反过来也一样，越是市场化的地方，越是强调个人进步和个人能力、身体和智力的全面提升。个体的人越强大，市场就有更多的人捍卫，市场机制就越有效。捍卫个人地位平等的社会，同时也在捍卫个人机会的均等，也就是在捍卫市场机制。

当然，任何事情都有两面性。一旦建立起市场机制，总会有人想方设法将其私有化，在公用的关系网中营建自己私人的关系网，这就是市场腐败，相当于考试作弊。这时就需要一致行动的默契来消除这种作弊行为。其实，市场还是部落，这个选择事关文化，事关基因，事关前面论述的自由和等级。有些地方的人天然就喜欢走捷径，走捷径就意味着他可以用较小的代价尽快获得便利。这条捷径如果固化下来，就成了社会等级。如果一个地方的人性格比较懦弱，不敢面对面与人发生冲突，害怕打击报复的后果，也缺乏相互信任、团结一致的默契，那么，整个地区的市场机制就没有人去捍卫了，这个地方就容易产生一个流通着礼物的关系网。

发达的市场经济国家往往被认为缺乏人情味，他们相互之间很少送礼，恰恰是因为他们没有把公有关系网私有化的动机。如果说曾经有的话，也在漫长的进化史中，被一次又一次的捍卫均等机会的默契行动纠正过来了。凡是想拉关系、走捷径、用灰色手段赢得更多机会的企图都被陌生人的一致行动掐灭了。最后，整个社会的市场化程度高，人的独立意识强，每个人都有默契去捍卫公平的市场机遇，即便这种公平的机遇不是对自己的优惠，即便某种私人关系网不是针对自己的伤害，每个人仍然有“拔刀相助”“见义勇为”“义愤填膺”“爱管闲事”和“主持正义”的冲动。这种冲动不仅来自个体，更是群体的行动默契，以至于任何人想要建立私人关系网来打破市场公平的时候，都不得不忌惮后果。没有这种行动默契的地方就不可能诞生市场机制。

部落与个人

马林诺夫斯基的《西太平洋上的航行者》是人类学历史上不朽的名著。费孝通老前辈对其极为推崇,专门写过解读"库拉圈"的长文。这篇文章是人民大学人类学研究所的赵旭东老师转给我的。他是费孝通老师的学生,也是我的人类学老师。

我还是完整地转贴一下有关"库拉圈"的介绍吧。

> 巴布亚新几内亚东部岛屿上,有一种名为"库拉"(kula)的交换制度。马林诺夫斯基第一次到那里没几天就注意到了库拉的存在。他的主要田野工作地点称为"特罗布里恩群岛"(Trobiand Island),当地人称之为"基里维纳"(Kiriwina),位于巴新海岸以东 200 公里的一个环状群岛西部。群岛上的居民热衷于交换两种东西:一种叫 soulava,是用红色贝壳打造的项链;一种叫 mwali,是以白色贝壳雕琢的臂镯,它们统统称之为 vaygu'a,即库拉宝物。除了能够在少数仪式场合佩戴以外,它们没有实际用途。土著人十分看重它们,谁得到的宝物多且名贵,谁的声望就高。很多宝物具有专名,土著人不仅耳熟能详,还能如数家珍般讲一串它们的故事。
>
> 库拉交换的首要规则,是宝物按照规定的方向不定期流动。这便在整个环形岛屿形成一个闭合回路。马林诺夫

斯基称其为“库拉圈”(kula ring)。两种宝物各有流向,非常明确,项链(soulava)按顺时针方向流动;臂镯(mwali)按逆时针方向流动。如果你站在库拉圈的任意一点,面对圆心,那么你的左手永远接到臂镯,传出项链;你的右手永远接到项链,传出臂镯。库拉宝物不能永久占有,只能保留一段时间,最长不过几个月,顶多一年,然后就要在下一次交换中送出去,否则别人就会责备你“太慢”。收到库拉的人会得到荣誉和声望,拿到名器更会让整个社区侧目心动,这有点像在体育比赛中得到奖杯。

库拉交换大多在大型仪式中进行,但要在个人之间结成的“库拉伙伴”中传递。参与库拉的人主要是男子,海外库拉更是只许男子参与,不同村落的参与规模也不同,但参与者“一旦库拉,终身库拉”。由于两种宝物的流动方向是确定的,所以,两个伙伴之间的交换关系也不能更改。例如,甲根据住地的相对位置,按宝物的流向送给乙臂镯,那么,乙就要回报给甲项链,次序不能颠倒。

地位越高,库拉伙伴也越多,酋长多达几十上百,经他之手传递的宝物也比一般人多。一件宝物在库拉圈上循环一周,大概需要几年,一般人很少能两次得到同样的宝物。这是因为酋长的伙伴多,经常能改变宝物的流通路径,如同扳道工。一个人一般是在成年之际,得到父亲或者舅舅赠送的宝物,然后他再用这件宝物打入库拉圈,建立自己的伙伴。伙伴有两个，一个送他臂镯，一个送他项链。库拉伙伴分内陆和海外两种：内陆伙伴主要在自己的亲朋中发展；海外伙伴则是他们在异地的接待人、保护人和盟友。土著人非常害怕巫术、飞行女巫和食人族等海外危险，所以海外伙伴十分重要，但是每个社区的海外伙伴都有极限。

项链和臂镯在互赠的时候，珍贵程度应该相当。这由受礼者决定，方式是回赠一件价值相当的礼物。即使回礼不等值，对方也不能拒绝，但可以抱怨，取得他人的同情。实际上，每次送礼并非像人们想象的那样彬彬有礼，而是送礼者站在那里夸耀一番自己的宝物，把库拉抛给对方，一脸不屑，让对方的随从去捡。受礼者试图贬低宝物的价值，但却不得不坐在地上低人一头。“给出者的地位高”这一“四海之内，人同此心”的现象，在库拉圈也不例外。库拉宝物从来不能马上对换，一赠一回必须隔开一段时间，从几个小时到一年不等。如果手头没有合适的宝物作为回礼，你就要在下一次库拉交换的场合送一件次等的过渡礼物，等有了合适的宝物再作正式回礼。

……

库拉宝物有两种交换场合：内陆交换和海外库拉，后者的交易量最大。实际上，库拉并非“匀速”交换，而是随着一次次海外库拉而做脉冲式波动。海外库拉以“库拉社区”为单位，由邻近的岛屿和村落结成，整个库拉圈共有 17 个库拉社区。

……

海外库拉还会进行附属贸易。交易物品多为实用目的，一般是家乡特产或采购来的工业制品。在土著人看来，物品交换的重要性远在库拉交换之下。附属贸易必须在非库拉伙伴之间进行。他们通过讨价还价达成交易，这就是著名的“金瓦利”(gimwali)，即以物易物。[①]

我读完这本名著之后其实仍然不太明白。直到有一天，我在家听到妈妈念叨她买菜的故事之后，我才突然发现，她讲的故事和马林诺夫斯基的故事有某种相似性。我妈妈喜欢拉着一辆橙色的滑轮小车去附近的菜市场买菜。而且她每次都到固定的摊位上去买固定的东西：卖蔬菜的阿牛、卖水产的阿根和卖肉的阿毛。尽管菜市场里面有许多摊位卖相同的东西，但是我妈妈从不去其他摊位，她固定会去找这三个摊主买菜，而且几乎从不还价。她对此“沾沾自喜”且“洋洋得意”。我批评她的做法很不理智，违背经济学，因为一个自由市场的本质就应该是鼓励竞争，你一定要多选几家比较一下性价比，让摊贩们之间相互竞争，这样才不会吃亏。妈妈马上反驳我，她说我之所以这样“迂腐”且“不开窍”，是因为我从来没有买过菜。

① 【英】马林诺夫斯基：《西太平洋上的航海者》，梁永佳“人世何处是桃园”(代译序)，商务印书馆 2016 年版，第 7—9 页。

有一次，我妈妈腿痛，她不能去那个菜市场了。于是她给了我一个清单，并叮嘱我一定要去那三个她常去的摊位采购。临行前，她还特地要我带上那辆她常用的“方阿姨的橙色小推车”。她说那三个摊贩只要看到小推车就会认识我。我后来知道了，小区里面的其他人，尤其是那些白天和我妈妈姐妹相称、晚上结伴跳广场舞的大妈们，经常问我妈妈借这辆小推车去菜市场。仿佛这就是一张品质保证卡，或者说是一张团购折扣卡。我恍然大悟，这辆小推车其实就是马林诺夫斯基所说的库拉圈里面的库拉宝物“臂镯”和“项链”——是一种声誉的信物。有趣的是，我遇到过一位来问我妈妈借小推车的邻居大妈，她站在门口对我妈妈大声喊道：“方老师，我今天又来问你借宝马了。”由此推测，我妈妈的朋友们已经默契地将这辆小推车称为“宝马”，这立即使我想起了库拉圈里流通的宝物。一个物件能够赢得人们的信任，能够承载一个人的信誉，这不说明这个信物珍贵，也不说明信物的持有人讲信用，而是说明信物流通体系内的人们默契地遵守着某种规则：尊重信物持有人。这就相当于土著人相信信物有灵。这就在无形之中使得信誉变得有价值，使得信誉值得你去建立和捍卫，使得你对信誉的投资变得有价值、有回报。我妈妈持之以恒地对信誉进行了投资，她的方式就是“从不到其他摊位上问价钱”和“从不和阿根他们讨价还价”。她把阿根、阿毛和阿牛三人纳入了自己的交易圈，他们三人用承认小推车这个信物的方式尊重我妈妈的信誉，从而也捍卫了他们自己的信用。我感觉我不仅分析清楚了事情的来龙去脉，还找到了信物、信誉和信任这些词的恰当的使用方式和生活场景。

这对于形成市场来说，是至关重要的。想通这一点以后，我有些“瞧不起”马林诺夫斯基：他跑了那么远的路，去太平洋岛屿和土著部落待上两年，才把问题摸清楚，而我呢？我只是细心地观察了一下我妈妈的买菜行为，就得出了异曲同工的结论。真是道不远人啊！我感觉我真的棒极了，成就直追前人。我把这个故事和感想原原本本地告诉了赵旭东[①]老师，本以为他会批评我不知天高地厚，没想到他赞不绝口，说人类学的本质就是让人找到自己，而我做到了。于是，我又感觉他像我的心理医生。

好了，调侃归调侃。我还是说说我对马林诺夫斯基伟大发现的理解吧。他描述了一个人费时费力地用建立“库拉圈”的办法来建立自己的声誉，然后就可以借助这个声誉从事一般贸易了。声誉的存在解决了陌生的交易双方相互信任的问题。为什么我妈妈从不搭理其他商贩？她是否成功地建立了一种信任机制？这种基于信任的交易是否有效？她是否用这样的做法“感化”了阿牛、阿根和阿毛？这种感化是否就是马林诺夫斯基说的土著人使用的巫术？有些巫术使用的目的是让对方不能在交易

① 赵旭东老师给了我许多鼓励、启发、建议和指导。他有一种大师的风范、一种大侠的气概、一种大哥的亲切。更重要的是，当你和他在一起的时候，你并不觉得这是三种不同的身份。

中欺骗自己。这种感化的方式是当众拒绝其他商贩的邀约，由此给这三个人注入巨大的信任感，激活他们脑海中的内疚惩罚机制，一旦他们没有给我妈妈最好的品质和最低的价格，他们就会因为“背叛”了这种信任而感到内疚。这当然是我一厢情愿的猜测。事实是这三人完全有可能“以次充好”，辜负我妈妈对他们的信任。

怎么才能保证他们三人不会背叛这种信任呢？我想了很久，直到我自己拉着“方阿姨的橙色小推车”去过市场以后，我才明白。尽管我妈妈事先对他们的摊位位置进行了详细的描述，但是我还是得到处打听，才在一堆人和货当中找到了他们。他们不认识我，但是一看到小推车，就立即流露出温和的眼神，并湿着手给我递烟，然后热情地向我保证他们将一如既往给“方阿姨”的朋友优质低价的待遇。这段四处打听摊位的经历提醒了我：对于阿根他们来说，那个拉着方阿姨小推车的陌生人就是监督机制。请想象一下这样的场景，我妈妈的朋友李阿姨拉着这台小推车找到了阿根，她对于阿根来说完全是一个陌生人。阿根在给她报价和挑选水产的时候，一定会用脑子想一下：这个陌生人以前一定是在其他地方买带鱼的，她一定有其他渠道了解带鱼的品质和价格。如果阿根给她一个糟糕的价格和低劣的品质，她可能不会当场抱怨，而是回去向“方阿姨”报告，那样的话，阿根就会失去信任，也就被永久地排除在橙色小推车构建的库拉圈和交易圈之外了。

经常有陌生人拉着“方阿姨的橙色小推车”来找他们三个人买菜。这就是国际田联针对兴奋剂的飞行检查、这就是上市公司的年度审计。审计的作用不是监督你,也不说明不信任你,而是要定期或者不定期地来确认一下,你仍然遵守着我们共同约定的规则。马林诺夫斯基描写的库拉圈里面有类似的机制:不能马上回礼。收到库拉宝物以后,要过几个月再去回礼。在这段时间里,收礼人就会受到舆论监督。这就使得收礼人在回礼前的这段时间里面不断想方设法证明自己一定会去履行回礼义务,想方设法证明自己是一个重情谊、讲信用的人。这种急于证明自己清白且高尚的动机,会促使他在库拉圈以外的一般贸易中表现出尊重、诚实和守信。这就引出了库拉圈另外一个引人注目的地方,土著人从来不和自己的库拉伙伴进行贸易,他们只和库拉伙伴以外的陌生人进行一般贸易。这是马林诺夫斯基带给我的一个极其重要的线索,就像是生物学家千辛万苦在缅甸丛林里找到了一块包含着史前重要演化信息的琥珀。库拉圈是一个筛选机制,它把有信誉的人筛选出来。这种人往往爱面子、重情谊,并且用公开的仪式来让大家认识他们,从而使得岛屿之间的贸易成为可能。一个岛屿和另外一个岛屿之间的距离长,旅途艰辛,存在着风险。不同岛屿上的岛民可能老死不相往来,如果一个人在岛屿之间的贸易中有欺诈行为的话,大概率他是不会得到惩罚的。现在好了,库拉圈筛选了一批重信誉的人来从事贸易,并且用他们自己的荣誉感“绑架”了他们,遏制了他们想要欺诈的邪恶念头。

建立了筛选机制之后，库拉圈还建立了监督机制，那就是不能马上回礼。马上回礼的话，意味着他马上结清了自己的回礼义务，也就有可能利用刚刚在库拉圈里面赢得的信誉，在即将开始的贸易活动中进行欺诈。一定要让他下次来回礼，这样的话，他这一次就不敢在贸易中进行欺诈。如果这一次欺诈，他下一次就不敢来回礼。如果他下一次不来回礼的话，他在自己生活的岛屿上就会受到惩罚：因被剔除库拉圈而蒙受羞辱。

库拉圈带来了荣誉、声誉和地位，库拉圈里面交换的是代表声誉的信物。我认为库拉圈解决了贸易中两个陌生人的信任机制问题，方法就是信誉的非个人化。一个人在库拉圈维护了自己的信誉之后，他就能够在贸易关系中赢得尊重和保护。他的贸易对手并不是他的库拉伙伴，很可能是一个陌生人。在没有信任机制的情况下，两个陌生人之间很难达成交易。而库拉圈帮助人们建立了信誉，也就使得他进入贸易活动时自动拥有了信任。

这是一个非凡的进步。贸易摆脱了关系网、亲朋好友、自己人、熟人和老相识。相当于一个人如果遵奉社会道德，就会拿到一个凭证、一个标识、一个信物，然后他就可以赢得陌生人的信任，两者之间可以展开贸易了。市场基础也就由此拓宽了，不再拘泥于某一个部落内部、一个村庄以内、一个关系网之中。市场拓宽意味着人获得了更大的自由。

只有从这个角度出发，才能理解为什么土著人要搞两个信物：一个臂镯、一个项链，而且两者一定要反向流动。其实从建立信誉度来说，使用统一的库拉宝物可能更方便一些。请读者回到贸易环境下理解这个事情。这种不同信物的反向流动正好映射了不同种类商品的买和卖。根据库拉圈的制度安排，每个人都要收到臂镯给出项链，或者相反。与此同时，库拉圈又鼓励人们慷慨地给自己的库拉伙伴更好的回礼。这就产生了一个问题：我收到苹果，给出橙子。我怎么才能确定我给对方的橙子配得上他给我的苹果呢？两者无法放在同一个尺度内公平地比较啊！这个库拉圈的难题也是贸易圈的难题，我和我的客户如何确定我们俩通过交换各自拿到了物有所值的东西呢？这种机制存在于你的心里，也存在于其他人的眼里。我只有“凭良心”地尽我所能地提供物有所值的东西，我才能赢得库拉圈的美誉，我才能赢得贸易圈的信誉。如果我没能做到这一点，其他人会用舆论把我驱逐出库拉圈，我也就同时失去了库拉伙伴和贸易伙伴。用臂镯回礼项链，这个过程很难衡量价值是否均等，因此，也就逼着人们尽力而为地表现出公平和慷慨。这种氛围和文化一旦在库拉圈形成，就很容易复制到易货贸易中去。而且这种公平和慷慨的品格能够很好地促进以物易物的交易。一般来说，一个地方的道德、风俗、习惯、传说和宗教总是和当地人们的生活方式息息相关。库拉圈用仪式和信物筛选并培养了一批诚实守信、慷慨重义的人。这批人完成了他们的库拉圈的仪式之后，即进入了以物易物的贸易圈，他们就能够用同样的道德来光荣地履行自己在交易中的义务。由此,各部落在不同岛屿之间建立了一个有效的贸易圈。在不同岛屿、不同部落、不同风俗习惯和交通不便的人们之间建立稳定贸易圈的首要前提,是在这些不同岛屿上生活的人们中间建立一个统一的道德体系。库拉圈就是这个作用,它体现了道德说教和生活形式的一致性。在这个群岛贸易圈里,任何人都是陌生人,但他们仍然能够达成交易,这是市场演化过程的一大步。

类似的机制其实在我们生活中有很多,只是我们平时不怎么注意而已。我妻子的祖母尽管不识字,却在早年就被劝化接受了洗礼,成为一个基督教徒。她定期会去参加教会的活动,而且极其虔诚。老人所在的地区以前是农村,村民们经常在一起议论。我多次听到不同的村民说起,信了教的人就比较"古怪",他们和以前的亲戚朋友不怎么来往了。其实,阎云翔在他的田野调查过程中也有类似的发现:信教的村民对于亲人亡故的事情不如其他人那么悲伤。我在想,这是否意味着库拉圈和宗教都使得人独立于原来的部落了呢?

人类学家马尔斯调查了伦敦东区的赃物买卖情况。他发现,"人们在赃物买卖的交易中,并不追求利润的最大化,而是试图保持一种长期的人格化的交换关系"[①]。我不肯定库拉圈或

① Gerald Mars, *Cheat at Work: An Anthropology of Workplace Crime*, London George Allen and Unwin, 1982: 173.

者我妈妈和那三个摊贩之间是否也属于这种长期人格化的交换关系。我想了很久，我认为两者不是同一种关系。马尔斯的调查对象是销赃团伙，他们之间的交易并不完全合法，也就意味着他们相互之间都为对方承担了某种程度的风险。这种风险一定包含了“掩护”“隐瞒”“销毁证据”“应付警方盘问”和“拒绝成为污点证人而得到法律宽大”。既然我替你承担了风险，我就应该享受折扣。这应该是一种天然的市场机制，双方都为了维护信誉而付出了代价，由此也解决了双方的信任机制的问题。但是从市场的演化形态来说，这种销赃市场还不如库拉圈进化得高级，因为他们只能在团伙内部用一个很低的价格相互结算，彼此之间不能独立出来。这也难怪他们，毕竟销赃是人类古老的一个行当了。

我拜访过人民大学社会学系的王水雄老师，向他请教库拉圈的事情。他说，马林诺夫斯基讲的库拉圈就是上流社会，相当于现代社会里面的“奥运火炬传递仪式”。一个人如果参加了这样庄严的仪式，成为火炬手，他就在自己的部落里面拥有了社会地位，也就自动成为一个值得信任的交易对手。他也赞成我的观点，即库拉宝物尽管流通，却不是货币，而是信物。由此看来，土著人的市场进化程度令人震惊。他们已经知道了维持声誉的价值，维持声誉，而不是维持关系网。然后他们利用声誉，去和非亲非故的人做交易。尽管是陌生人，但库拉圈已经赋予了他们信任机制。这就使得交易双方更容易达成交易。就像拿着我妈妈的小推车去菜市场，你就能得到我妈妈相同的待遇，而不用操心质量问题，也不用讨价还价。现在看起来，我妈妈其实建立了一个库拉圈。我有一个好妈妈。

库拉圈用筛选人、舆论监督和培养道德的办法建立了一个市场机制。市场机制和市场机遇不是一回事。前者意味着长期稳定和安全的可见性，后者意味着获得现实回报的可能性。市场机制是需要全体人民共同捍卫的，市场机遇则只有少数“聪明人”或“幸运儿”才能抓得住。我不肯定他们是“聪明人”还是“幸运儿”，如果你在事先就认识他们，他们可能看起来像幸运儿，然后在事后宣称自己是聪明人。

从长期看，市场机制带给人确定性。只要你的付出和努力是符合整个社会价值观的，符合库拉圈的道德的，你迟早会获得贸易上的回报。而且这种回报是稳定和安全的，没有人能够剥夺你的成果。任何人试图剥夺你的成果时——无论他是国王还是教皇——全体市场参与人员会自动联合起来反对他。他们这样做的目的并不是保护你，而是捍卫市场机制，从根本上说，是捍卫他们自己的安全，为他们以及他们的子孙后代赢得市场机遇。

市场经济其实有多种形态。“机遇”和“陷阱”可能在哲学上是同一个概念的两种体现。市场机制需要所有市场参与者诚实且勇敢地捍卫公平性原则，由此导致市场安全而稳定地向全体参与者提供长期的回报。“机遇”使一部分聪明人和幸运儿尽快获得回报并使得其他参与者落入“陷阱”变得贫穷，由此快速提升他们自己的社会相对地位。但无论你是幸运儿还是贫苦户，无论你现在享受机遇还是落入陷阱，你都要来捍卫市场机制。市场机制需要所有热爱自由的人们默契一致地共同捍卫。

英国思想家休谟有著名的经济正义三条自然法则，即“稳定财物占有的法则、根据同意转移所有物的法则和履行许诺的法则”。这就是“完整的所有权＋法治的市场经济”。什么是完整的所有权？黏连在关系网上或者纠缠着感情债的礼物就没有完整的所有权。“人”必须独立于部落才能对“物”拥有完整的所有权。关系网就像是一个无形的部落，限制了人的自由，也削弱了物的价值。人要独立于关系网，市场机制才会发生作用。关系网越是密集的地方，市场机制就越是薄弱。

司马迁在《史记·货殖列传》中说道，“千金之子，不死于市”。此非空言也。故曰：“天下熙熙，皆为利来；天下壤壤，皆为利往。”夫千乘之王，万家之侯，百室之君，尚犹患贫，而况匹夫编户之民乎！——市场是一个维持秩序的工具，或者说市场本身就是秩序。个体捍卫自由，个体之间形成行动默契，他们共同形成市场机制的同时也实现了社会秩序。因此，如果有人把秩序和自由对立起来，说明他还没有理解市场机制。

资产与货币

在人类学研究领域，有一个关于“日本猕猴群中到底有没有雄性猴王”的问题曾经引发了长期的争论。在这场争论中，人类学家们仅能取得的共识是：“猴群是以等级制度和母系血缘为基础的，维系着严格的个体关系”。日本人类学家渡边邦夫曾经针对这场争论说过这样一段耐人寻味的话，“……有意思的是，二战前出生并接受战前教育的研究者，一致认定猴群内有严格的社会制度；而在战后接受自由平等思想教育的研究者则一致否定这个判断……社会变革促使人们去思考人类社会的本质是什么，它和人类个体的生存是什么关系。虽然同是日本人，但出生年代不同，受教育背景不同，思考这些问题的起点也会不同。近代日本更加崇尚个人主义，灵长类动物研究的方向也从整体社会转而分析个体特点”。①

渡边邦夫的这段话比他的其他任何结论都更能启发我的思路。并不是日本猕猴发生了变化，而是作为观测者的日本人发生了变化。我们都使用市场这个词。但是在各个历史时期，这个词的应用场景和含义一定是不同的。读者一定也是从自己在市场的经历出发来理解我这本书的。

市场一步一步建立起来了。人得到了解放，获得了更大的自由，摆脱了酋长和部落的控制，挣脱了关系网的无形束缚。但是人类社会从来就是一个两元对立的统一整体，我们一方面向

① 张鹏：《猴、猿、人——思考人性的起源》，中山大学出版社 2012 年版，“序言”第 2 页。

往个人自由,另一方面又向往团结的战斗集体。我们一方面向往人人平等的市场,另一方面我们又千方百计要出人头地,提升自己的社会地位。我们本质上还是等级社会的灵长类动物。现在问题来了,市场一步一步进化出来了,市场提倡个人自由和机会平等,可是捍卫自由平等的人却向往着等级社会,尤其希望自己高人一等。这个矛盾怎么解决呢?

答案就是资产和货币。资产价格涨涨跌跌,这就在市场条件下保留了等级社会的痕迹,使人仍然可以致力于提升自己的社会地位,同时又和其他陌生人一起捍卫市场机制。从商品市场发展到资本市场,这就是解决之道。这也就是为什么我多年以前就批评经济学家们的原因所在:他们总是把商品市场的原理运用于资本市场,这是胡扯和胡闹。商品的流通市场和资产的流通市场(我就从俗称其为资本市场)完全是两回事。我们祖先渴望自由的本性使得他们建立了商品市场,把个体的人从部落里面解放出来。但是人还有另外一个本性,那就是渴望自己在等级社会里面高人一等(想想那个请我吃饭,不,是命我赴宴的开发商)。调和这两个看似矛盾本性的办法就是建立资本市场,让资产在资本市场中交易,从而在市场机制的框架下形成社会等级。经济学家们怎么能指望供求关系理论应用于两个不同的市场上呢?尽管它们的名字里面都有“市场”两个字,但它们却实实在在是不同的事情。

我的金融学系的同事们和朋友们经常提起铜、铝和金的价值。这些大宗商品价格受商品供需的影响,也受资本市场的影响,因此,被金融学者们称为具有“金融属性”的商品。这当然不是他们的胡扯,而是他们的误解。他们没能把商品和资产放在人和人的世界里去理解。商品市场源自人追求自由;资本市场源自人追求等级。我们两者兼备,这是基因决定的。具有这样看似矛盾的基因其实意味着我们人类的环境适应性很强。铜和铝之所以被经济学家和金融学家认为具有金融属性,是因为它们既可以作为商品在商品市场上交易,从而成为追求自由的人们所需要的原材料;与此同时,它们还可以作为资产在资本市场上交易,从而成为追求等级的人们所需要的炒作工具。

由于人具有了两面性,因此,几乎所有的商品和资产也都同时具有了两面性。它们既可以是商品也可以是资产,它们同时具有商品属性和金融属性。一个交易标的物同时具有“商品属性”和“金融属性”的根本原因在于人同时具有“更大自由”和“更高等级”的双重渴望。一般来说,经济学家们讨论商品,金融学家们讨论资产。我感到困惑的是,他们为什么很少讨论人?

来看看马林诺夫斯基的记录吧!

在土著人眼里,粮食不只是营养物,其价值不只是有用性。他们积累粮食,并非因为他们知道甘薯可以储存,以备日后食用,还因为他们喜欢展示自己的粮食类财产。于是甘薯仓房建造得可以让人通过木梁的缝隙估计出里面甘薯的质量和数量。要把最好的甘薯摆放在外面,让其清晰可见;

而那些长达2米,每个重达数公斤的特殊品种则会被放入木头架,涂上颜料,挂在仓房外面。土著人十分看重食物的展示权,从以下事实可见一斑:在那些有高等级酋长居住的村子里,平民必须用椰子树叶把自家仓房遮盖起来,以免造成和酋长竞争之嫌。所有这些都表明,积累粮食不仅是经济上的深谋远虑,土著人还希望借此展示财富并提升社会名望。[①]

粮食既可以是商品,也可以是资产。它既可以用来作为商品流通,调剂余缺,也可以用来炫耀和显摆。一个事物的意义就在于它的用法之中。

我们从随礼、赠礼、回礼发展到商品交换,这个过程是人获得更大自由的过程。这个过程中,我们也更渴望社会地位。于是,商品又演变成了资产和货币。商品市场之外,还诞生了资本市场。不过我认为人类祖先应该是先有了货币再有了市场,或者是同时渐行渐近,而绝不可能是先有了市场,然后交易不方便才发明了货币。具体原因在我的《货币起源》中作过分析,此处不赘述。

资产是等级的标示物,货币是道德体系的补丁。读者此刻可能觉得这两句话很拗口,等到本章结束的时候,你就会有一种清澈见底的感觉。我先来介绍几个有趣的例子,读者也许会就此对资产和货币产生新的看法。

---

① 【英】马林诺夫斯基著:《西太平洋上的航海者》,商务印书馆2016年版,第176页。

雄性加拿大马鹿的头上长着巨大的角。到了交配季节这就是它们的格斗武器，赢得胜利才能获得交配机会。问题来了，一代一代筛选下来的马鹿就会长着巨大的角，而这个角对于马鹿来说，除了格斗以外，没有什么用处，平时更是一个累赘。为什么雌性马鹿一往情深地喜欢头上长着大角的雄性呢？

美国蒙大拿大学的马修·梅茨对黄石公园内的雄性加拿大马鹿进行了为期13年的观察。他发现，如果雄性鹿群中至少有一只鹿没有鹿角，那么鹿群被狼群攻击的可能性会是原来的10倍。这导致在加拿大马鹿种群内，没有鹿角的鹿死亡的风险更高（虽然它们更健康），因为狼群更倾向于攻击没有鹿角的鹿。

对于雄性加拿大马鹿而言，鹿角会在交配期结束后的两三个月时间内脱落。新的鹿角会立即开始生长，以便雄鹿在下一个交配期可以把它们当作武器和其他雄鹿竞争。但是雄鹿鹿角脱落的时间并不一样，提前脱落鹿角可以使新鹿角提前生长，这样就可以使雄鹿有更多的时间可以在下一个交配期来临时长出一副更大的鹿角，也就增加了战胜对手的机会。但这也意味着在鹿角重新长出来之前的这段时间里，雄鹿失去了抵御猎食者的有力武器①。

---

① 引自《自然》子刊《生态与演化》在线发表的研究成果，作者 Matthew Metz, *Predation Shapes The Evolution Traits of Cervid Weapons*，2018年9月号。

雌性马鹿并不是喜欢那些拥有巨大鹿角的雄性。拥有巨大鹿角意味着：它在上一年秋冬季节必须提前脱落鹿角，这样它就把自己更早地暴露在被狼群伏击的危险之中。如果它能够活到下一个交配季节并来到雌鹿面前，这一事实说明了它一定具备了克服这些生存风险的遗传优势，否则它早就变成狼群的美餐了。因此，和它交配能够生下来的下一代马鹿有更高的生存机会。这才是雌鹿们喜欢顶着大号鹿角雄鹿的真正原因。请允许我庸俗地建议你把雄鹿的鹿角想象成"资产"，拥有这项资产的雄鹿就是马鹿群中的"有钱人"，是更高等级的鹿。雌鹿喜欢的"有钱"的雄鹿和"逃生能力强"的雄鹿其实是同一头鹿。一言以蔽之，马鹿们在交配季节争夺配偶的格斗技术和其在上一年冬天躲避狼群伏击的生存技术是同源的。鹿角这项资产体现了事关这个物种生存的首要技能。这是一个重要的线索，一个在资本市场上赚钱并由此拥有更高社会地位的人应该同时体现这个社会的主流价值观。否则的话，这个市场的定价机制和这个社会的价值体系就出现了偏差。资产之所以有一个价格，是因为人类社会需要一个载体来体现美德的价值。拥有我们推崇的美德的人，在拥有了体现这些美德的资产之后，随着资产价格的上涨，获得了更高的社会地位，从而激励其他人去奉行这种美德。这就是社会激励机制。

黑鸢鸟(Black Kite)是一种具有等级意识的群体性动物。鸟类学家和环保主义者发现在波士顿某些区域中，只有最高地位的黑鸢鸟才能用人类遗弃的塑料袋作为巢穴的装饰材料，其他低等级的鸟只能使用自然材料（比如树枝）筑巢。如果有违反（也许有读者会觉得“僭越”这个词更准确）的话，这些低等级的黑鸢鸟就会遭到啄咬和驱逐。研究显示，这种特殊的塑料袋主要出现于快餐车经常出现区域的垃圾筒里。能够去垃圾筒里叼走这种塑料袋的黑鸢鸟一定已经成功躲过了浣熊和野猫的伏击。它一定拥有敏捷、机智和反应快速的优质基因，雌鸟和它交配就能够生下更健康、生存概率更高的下一代。机制和敏捷就是黑鸢鸟的美德，塑料袋就是这种美德的最好载体，也就因此成了黑鸢鸟社会集体认可的资产、它们的身份等级象征和雄性之间竞争的记分牌。

再来看看我们熟悉的人类社会的资产：房产证。如果一个人掏出一大把房产证，他在我们今天的社会里就自动拥有较高的社会地位。这是因为房产证体现了我们社会特别推崇的三项品质。一是幸运，早年动迁户拿到一大把房产证的不在少数。他们是大自然选择的幸运儿。如果你是一个待嫁的女性的话，上帝已经替你作了决定。二是勇敢，尽管政府一直在出台抑制房价过快上涨的政策，尽管经济学家们经常说房地产泡沫要破灭，尽管报纸电视等媒体经常用沉重而严肃的语气说到，“这次调控是认真的，下了决心的，不达目的绝不收兵”。但是他依然能够坚持欠下巨大的按揭贷款，购买了多处房产。事实证明，他的勇敢得到了丰厚的回报。三是坚忍，一个人为了偿还银行按揭贷款,必须有艰苦忍耐的顽强毅力。无论工作多么痛苦,他都要坚持工作,这样才能每月按时还款。具有这三类品质的人,一定能够在当今中国社会取得巨大的成功,赢得更高的社会地位。房产证集中体现了这三项品质,从而成了社会普遍认可的资产。

我建议读者把资产看成社会上男性竞争的记分牌,就像马鹿的角和黑鸢鸟的塑料袋一样,是它们雄性之间竞争的记分牌。资产本身可能毫无用处,但是在漫长的进化史中,各个物种都发现了对其生存至关重要的遗传特征,而这个被我们今天称为"资产"的物品(鹿角、塑料袋和房产证)恰好能够体现这些遗传特性,拥有这些特性的人就在我们今天的生活上拥有了竞争优势,由此,他们的社会地位就会得到提高。资产并不使得他们富裕,而是他们富裕的记分牌。这相当于运动会上有的运动员佩戴金牌,有的只能拿一束花。从表面上看,是金牌的价值大于鲜花,是金牌给运动员带来了荣誉。其实,背后的区别是两个运动员的体能、耐力和技巧的差异。金牌和鲜花构成了一个资产价格体系,但这个体系一定要体现运动会上倡导的体育精神和竞技本质。

这就带来了一个新问题。有些商品可以当资产来用(土著人的粮食),但资产往往不能像商品一样具有使用价值;同理,有些资产可以用来当货币,但我们不能把货币当成是一项资产。货币要同时解决商品交易和资产交易的交易便利性问题。货币既不是商品也不是资产。它是让人放心的道德、规则、秩序和社会价值体系。卖出商品拿到货币的人，他内心的期望是未来他持有货币的这段时间里，这些货币的购买力至少相当于他卖出的商品。卖出资产拿到货币的人，他内心的期望是未来他持有货币的这段时间里，这些货币带给他的社会地位至少相当于他卖出的资产。

无论是房子还是其它什么资产，它们之所以有价格，或者说，被某些经济学家们说成是有内在价值，归根结底在于资产能够激励人，激励人们去遵奉社会美德并由此实现更高的社会地位。房子在涨，就能激励人去努力工作，它使得你愿意付出自己的青春岁月去奋斗。因此，根本问题是在全社会树立一种美德并配套一个激励机制。这个机制使得年轻人去奋斗、去冒险、去探索、去熬夜。年轻人在奋斗的地方，一定充满了进步的力量。关键在于，事后要证明，年轻人值得这么去做，他们这么做了以后，推动了社会进步且提升了自己的社会地位。否则的话，鼓励年轻人前赴后继去签约按揭贷款就是社会资源的极大浪费。

货币就是时间，就是公平，就是秩序，就是对社会道德体系和价值观的维护。而这一切都需要全体货币持有人对货币发行人的监督和约束。只有这样，才能让所有人放心使用货币。买卖商品的市场需要热爱自由的人的联合，买卖资产的市场需要热爱等级的人的联合，货币流通则需要这两者都默契地联合起来。

我先得来说说黄金的事情。黄金过去曾经是一种货币，现在仍然是一种资产。它具有迷人的魅力，别误会，我是说它对我思考货币和资产的关系方面具有极大的启发性。大家还记得海昏侯墓的出土文物吗？里面有大量的金饼、金马蹄、金印和其他黄金摆件。这说明当时的贵族把黄金当成了赏赐和馈赠的礼物。黄金仅仅是各贵族之间联络感情的名义和方式，用黄金制品来划分等级，确认他们之间的高低贵贱。在黑鸢鸟眼里，黄金就是汉朝贵族的“塑料袋”。没有货币史方面的证据显示中国古人曾经把黄金作为流通的货币使用。据说周朝天子吃饭用九个鼎，诸侯只能用七个鼎。这个鼎就是等级标示物。但是，周朝并没有一个资本市场，周天子没有办法捍卫这个周礼制度。诸侯整天想着要摆脱他、超越他，要和他平起平坐。孔子于是哀叹礼崩乐坏，世风日下，人心不古，如此等等。维特根斯坦说过，一个得不到执行的命令就不是一个命令。相应地，一个无法捍卫的秩序就不是一个秩序。

现代人建立的资本市场里面交易的全是等级标示物？差不多吧！这个秩序是怎么得到捍卫的呢？马尔萨斯无意之间给了我重要的启发。他研究了英国光荣革命以后 200 年社会各阶层的变动，发现英国中产阶级的地位逐步下降。结果就是 200 年以后，英国底层社会的人民其实都是由中产阶级乃至贵族和富豪的后代构成的。英国社会的文明素养大大提高了，国家实现了整体的进步。

> 富人多数的孩子将不得不降低他们的社会地位，因为上层社会已经人满为患。他们社会地位的下降有着深远的遗传效应，因为他们继承了使得他们父辈成功的同样的行为。中上阶层的价值观——非暴力、爱阅读、节俭和耐心——由此注入下层以及全社会。一代又一代，它们逐步变成了英国社会的整体价值观。[①]

等级社会一定要有阶层的垂直流动。诸侯挑战周天子就属于这样的情况。怎么才能保持等级社会的各阶层的垂直流动呢？答案很痛苦也很直白，那就是金融危机。在金融危机中，原有的等级标示物即资产的价格暴跌，这样就避免了用战争等暴力手段来实现各阶层的更替。于是，英国就不断有中产阶级沦为贫民。等到金融危机过去，资产价格重新开始上涨，一般来说，不会是危机前同样的资产类别了，因为原有的社会阶层被打破了，需要选拔一批新人进入上层社会。我们看到的是资产价格的涨涨跌跌，我们不太注意到的是个人、某个团体、某一类人、某一个行业、某一个阶层的人，他们的社会地位随之起伏。

资本市场是一个筛选人的市场，商品市场是一个培养人的市场。前面已经说了，建立一个资本市场需要大家来捍卫市场规则、捍卫资产作为等级标识物的普遍有效性。否则，底层社会

---

① 【美】尼古拉斯·韦德著：《天生的烦恼——基因、种族与人类历史》，电子工业出版社 2015 年版，第 159 页。

的人们辛辛苦苦奋斗一辈子，突然发现原先为之奋斗的资产贬值了，或者变成了泡影，这个社会就不会稳定。

我有一次和一位外地来上海工作的小伙子聊天，不知怎么说起房子的事情。他特地强调了他虽然在上海租房子住，但是他在老家买了房子。我回想了一下，我确信我没有问他有关拥有房产的情况，他为什么急于告诉我这些信息？他是否认为这些信息包含了重要的社会身份信息？

对房地产估值是一件困难的事情，无论用什么估值模型，都有令人不安的地方。房地产市场其实不是“房地产”这项资产的估值、转让、融资和抵押的交易场所，而是一群把房产证当成是身份等级的人们的社交俱乐部会员证。

人性中具有许多两面性特征，一方面我们热爱自由，另一方面我们渴望领袖；一方面我们崇尚平等，另一方面我们希望高人一等。人类需要等级社会，我们不仅要看到等级社会有人压迫人和人剥削人的现象，还要看到等级社会给人类树立了美德并建立了价值体系，鼓励人们遵奉美德并努力奋斗向上。资产价格就是这个价值体系中的坐标。

真的有那么多人看好房地产吗？不，他们为自己加入了有产阶级而感到庆幸和自豪，他们认为这是他们自己努力的结果，不断升值的房产给他带来了自我价值的确认。他们虽然只付了首付，还有一个漫长的按揭还款期，但是他们内心已经获得了安全感，他们来到了诺亚方舟上，他们加入了中产阶级，他们今后的按揭是每月固定的，不会再有房价上涨带来的不安了。每个月有新的年轻人想方设法凑齐了首付去买房。当有房者看到新加入有产阶级的买房者比他们当年买房时支付了一个更高的价格时，他就得到了身份确认，无形之中他感觉自己的社会地位得到了提高。他可以放心的是，他自己早年加入的这个有产阶级仍然具有吸引力，他自己的地位，乃至这个阶级的地位会随着房价一起升高。

在这种情况下，没有人会想到卖出房子(置换除外)，因为卖出了房子之后，他的社会地位会下降，他尽管拿到了一堆现金，但是这堆现金在“票子会毛”“房子会涨”和“有房才有地位”的社会氛围中，只会给他带来焦虑和不安。房产这项资产是载你进入上一层社会的诺亚方舟。它对于你来说，必须是棘轮，只能进不能退，价格只能涨不能跌。好在过去 20 年，房子具有棘轮的特征，尤其是那些高档地段的房子具有不可复制的优势，也很难被拆除重建，所以，你一旦有了房子就有了确保自己社会地位的棘轮。

只要你从这个角度去看问题，就会感觉许多纷繁复杂的现象其实都是指向一致的证据。为什么豪宅的涨幅始终不如中等户型的房屋的涨幅来得大？因为豪宅的客户是大富豪，他们本来已经是社会顶层人物了，根本不缺少一张房产证来作为他们阶层和等级的通行证和会员卡；而中产阶级的门槛似乎就需要一张房产证。所以，绝大多数人追求的都是中小户型的房子，这部分房子的涨幅相对也就更大。

为什么国家始终不能给予“小产权房”以合法地位呢？这样做不是能够很好地调节房地产市场过热的情况吗？按照经济学家们的观点，增加供给不是能够给市场价格降温吗？小产权房是在没有取得建设土地使用许可的集体土地上建造的住宅，大多数是农村集体土地，如果你买不起昂贵的商品房（有正规的产权证），但又确实想要有个住所，你可能就会想去看看所谓的小产权房了。如果你买那样的房子，你会得到一张村集体给你的产权证，代表村集体确认你拥有这套房子，这就是俗称的小产权房。如果给小产权房合法地位的话，原有的土地市场，原有的房地产行业秩序和房地产估值体系就会被打破。

过去由部落酋长来决定一个人的口粮，现在商品市场代替了酋长，根据他向其他人提供的商品和服务的质量来决定他的口粮。过去一个人的地位由他的出身决定，只能通过阴谋和战争来提升自己的地位。现在资本市场取代了部落之间的战争，根据他是否体现了社会核心价值观来确定他的地位，方法就是他所持有的资产价格越来越高，他的社会地位也就越来越高。

经济学家们使用“看不见的手”这个词来形容商品市场的力量，从某种程度上讲，他们还没有理解市场的本质。因此，不得不把某些市场力量归因于神秘主义。经济学家们所谓的“看不见的手”其实是人内心追求自由和独立的渴望与冲动。金融学家们用“随机漫步”这个词来形容资产价格的不可预测性，从某种程度上讲,这是他们掩盖自己无知的好借口。金融学家们所谓的"随机漫步"其实是资本市场特有的调节各阶层地位的机制。用突如其来和无法预见的暴涨和暴跌来改变原有的社会各阶层的相对地位,实现人在各等级之间的垂直流动。商品市场解放了人,资本市场调节这些自由人的社会地位。这一切所依据的都不是某一个人的意愿和喜恶,而是依据市场参与者共同默契遵守的规则。

我一直反对把经济学的有关视角带入金融学。经济学主要研究商品市场的问题,如果把供求关系直接应用在资产价格的涨跌上,那完全不合适。如果你发现经济学家对资本市场的预测经常是错误的,那么祝贺你,不,应该说,欢迎你来到人类学的世界。基于这样的认识,我反复强调:资产价格的涨跌体现了人与人之间关系的变化。房价上涨的结果之一就是为你工作的员工会自愿玩命,更加努力加班加点了,争取早日凑齐首付。卖地收入的增加使得联邦政府和州政府的收入增加,在政府部门工作的人们也就有了更好的医疗保障,他们的生活也就更安逸了。

所以,我认为重要的不是用货币政策去调整资产价格的涨跌,而是调整社会各阶层的关系,保持对全社会价值观的正面激励。资产价格的涨跌和人类道德的评价深深地镶嵌在一起。我们的生活中和语言里,到处都散落着这样的痕迹。我们会说,天气真好,他人挺好的,行情不好,这是一件好事。"好"这个字在这些场景中的应用是很多样化的。表面上看,我们对这个字的使用看起来很宽泛,其实是因为这些场景相互之间都有内在的联系,或者就是一种哲学相似性。“好”和“坏”这两个字在这些看似不相关的场景中的用法不仅是模糊的,而且千变万化。但是我们平时使用这两个字的时候,根本就感觉不到这种模糊,我们自己内心有价值判断。其中的根本原因是:人类的道德体系和人类的价值体系是一回事,两者是统一的。

因此,我们不能把资产和人分开,也不能把人和社会分开。人在社会中就像资产在市场中一样;社会中的人遵循道德规范,市场中的资产遵循市场经济原则,这些是机械论,这是一叶障目。资本市场的涨跌是人类社会的道德体系和价值观的执行机制。让那些勤勤恳恳的创业者成为富翁,他不仅成为富翁也同时成为传教者,他的故事会劝谕更多的年轻人投身于创造力更大的事业。我看那些伟大的成功的公司都体现了人类共同的正义理想:成本节约(节俭)、高效生产(勤奋)、技术创新(聪明)和股东回报(忠诚),具有这些特征(品格)的公司一定会在公平的市场竞争中获胜。因此,一定要防止有人作弊。

防止投机取巧很重要。如果有一只年轻的黑鸢鸟去偷了一个塑料袋筑巢,其他高等级的黑鸢鸟就会啄咬它,这就是黑鸢鸟的惩罚机制。你也可以把资本市场的暴跌和泡沫破灭想象成某种惩罚机制,目的是防止某些人走捷径、抄近道,用投机取巧的手段快速致富,在没有提高自己的道德之前就提升了自己的社会地位。我能够想起来并亲身经历过的暴跌还真的不少呢。

我记得 1997 年亚洲金融危机的时候,美元暴涨,导致亚洲各国的货币贬值,然后资产价格缩水。我国当时房价跌得很厉害,现在的人们简直不能想象当时的房价有多便宜。但是我觉得市场给出的信号不是让大家趁低价去买(就像经济学家们吹嘘的市场机制那样,价格下跌会吸引更多的买家),而是告诉大家,如果不研发技术,不钻研科学,也不培养和提高核心竞争力,完全靠信贷膨胀来实现投资扩张,最后的结果一定跌得很惨。房价跌到很低的位置就是对那些盲目依赖信贷扩张的企业的一种教训。大家在当时的情景下看到的是教训,而不是机会。

随后又是 2001 年美国科技股泡沫破灭。本来大家已经接受了教训,相信科学,相信新的互联网技术革命了,感觉那才是真材实料,那才是真家伙,才是真正的核心竞争力,仿佛一旦拥有了这些技术,就自动坐上了驶往未来的航船。当时流传过两个笑话:一是说纽约中央公园支帐篷露营的都是有钱的中产阶级,他们不仅省吃俭用,还把房子卖了,所有的钱都拿去买科技股了。二是说纽约的黑帮已经不抢钱包了,他们拿枪顶住受害者的脑门,要求对方转让 100 股微软的股票。当时的情况真是疯狂啊!我终生难忘。大家感觉科技股根本就没有泡沫,因为科技革命带来崭新的历史机遇,我们靠信贷杠杆搞房地产可能有泡沫,但依靠科研开发怎么会有泡沫呢?事后才知道那是一个巨大的泡沫。科技股泡沫教育了人们,更高的股市估值不是企业奋斗的唯一目标。做企业的目的不能是把企业卖给下一个投资人,不能指望有更慷慨更乐观的投资人来替你买单。真正需要讨好和满足的永远是客户需求。就像经济学家们经常说的那样,虚拟经济不能脱离实体经济。其实这句话正确的说法是,不能脱离普通人去单独追求更高的社会地位。更高的社会地位只能来自你更好地满足了普通人的需求。当时我还年轻,又在高科技公司工作,我对未来和人生都有着极其乐观的向往。这些向往也随着科技股泡沫一起破灭了。我的精神状态过了很久之后才恢复过来。恢复过来之后怎么了?当然是迎接下一场泡沫了。

我已经如实地披露了自己经历的金融危机和资产泡沫。每次经历资产价格大幅度上涨时,我都感觉信心满满,觉得这次能够"毕其功于一役",永久性地提升自己的社会地位了。然而,事后发现,我不过是被一股狂热的洪流裹挟着加入了一场集体乐观主义的狂欢派对。派对结束以后,我又回到了从前的状态,我相信大多数人和我一样,并没有通过资本市场实现财富自由,更没有通过炒作什么品种成为富翁并晋升上流社会。我现在反而能够用哲学和生物学的观点来看待这种无奈又无果的奋斗了。一个社会不可能让大多数人都晋升到上流社会,那样的话,上流社会早就人满为患,而且人数一多就不值得为之努力了。绝大多数人一定是在底层社会和中产阶级之间垂直流动的。金融危机不仅防止了一部分人投机取巧提升自己地位的企图,还把已经进入中产阶级的一部分人重新送回底层社会。

我猜想资本市场一定存在这样一个机制：一是它要让一小部分符合社会主流价值观的人进入财富自由，以便激励大家效仿。为此，它一定有暴涨的可能。二是它还要防止大多数人效仿这些榜样之后，也实现了财富自由。所以，一定要想办法把他们送回原地。为此，它一定有暴跌的可能。

我不能从学术上证明我的猜想，我只能在心里保留并呵护我的这些猜想，因为这些猜想使得我不那么纠结于行情涨跌，对于自己的财富缩水情况也不那么痛苦了，因为这是自然规律的一部分。我无从抗争也无法控制。我只能这样哲学地理解金融市场的随机性了。由于随机性的存在，使得我们无法在资本市场上复制人类的美德。即便我真的拥有了“节俭、勤奋、聪明和忠诚”的美德，我也不能仅仅依靠这些美德就在资本市场取得成功。我只能到实体经济中去，脚踏实地奉行、验证、考验、苦苦坚持这些美德。由此，我创立的公司才能在资本市场获得高估值，我才能获得财富自由和社会地位。如果我直接拥有了这些美德，然后用“到资本市场炒股”的方式而不是用“艰苦创业”的方式来实践这些美德，那我就相当于那个偷了塑料袋的黑鸢鸟。其他高等级的黑鸢鸟知道我没有像它们一样去垃圾筒冒死叼塑料袋，我只是轻轻松松地抄作业，从其他地方偷了一个同样的塑料袋，我希望由此就赢得雌鸟的青睐。这样一来，其他黑鸢鸟就会啄咬我，驱赶我。它们会捍卫黑鸢鸟资本市场，防止我作弊。

我尽管知道了资本市场鼓励的品质，却不能因此而直接获益。资产价格的随机波动就像高等级黑鸢鸟对偷塑料袋的黑鸢鸟进行惩罚一样，随机性会逼着我只能去实体经济中实践这些美德，而不能拿着这些美德去资本市场“贴现”“抄近道”“走捷径”和“尽快致富”。所以，我把随机性视作人类美德的执行机制。

商品市场提供了让人保持自由的资源，资本市场提供了让人提升等级的通道。而货币就是一个更复杂的东西。货币不是资产，从来就不是，即便以黄金和白银为原材料制作的货币也不是资产。把货币看成一项资产，就相当于把篮球仅仅看成一个球，而忽略了更重要的东西：一整套篮球比赛的规则，一大群人对规则的遵守，以及在遵守规则的篮球比赛过程中产生的乐趣，还有因这种乐趣而吸引到的关注和赞助，乃至由此诞生的篮球文化和生态圈。货币不是一项资产，它是一套规则、一种制度、一种对使用者的激励、一种对发行者的约束、一种全社会默契遵守的秩序。我很难用语言说清货币到底是什么，这就像徒手修补蜘蛛网一样，越弄越糟。我还是先讲一些故事吧！这样也许能够给大家带来一些直观的理解。

如果我给你两个选择：一是全世界只有你有黄金，二是全世界只有你没有黄金。两个情景你选哪一个？要知道全世界只有你有黄金的话，你还得去全世界建立金本位，否则的话，你手里的黄金既不是货币也不是资产，根本买不到任何东西，也不能给你带来任何地位。而全世界其他人都有黄金的话，说明金本位已经建立起来了，你只要努力工作、玩命干活，符合社会主流价值观，你就会逐步积累起属于自己的黄金。

我小时有过一个梦想。那时国家刚刚提出来到 20 世纪末在我国建成工业、农业、国防和科技的“四个现代化”。我的梦想就是如果能够在我国西部荒漠地带发现一个大金矿或者大钻石矿就好了。这样，四个现代化一下子就可以实现了。我现在理解了这样做行不通。为什么行不通？归根结底，还是一种黄金的货币幻觉。现代化是一种能力，而不是一种财富。你拥有一大堆黄金并不能买到你想买的任何东西，即便这个世界已经有了金本位也不行。因为金本位不是一个物理定律和机械化的制度，而是全体人民共同捍卫的一个默契。我们稍后会详细讲解这个问题。你手里黄金的购买力完全依赖于那些捍卫金本位制度的人民的决定。离开了这些人，黄金一点用处也没有。

道学家们总是摆出一副劝慰人生的态度。他们总是说：“钱不能买到爱情、生命和其他生命中美好的东西。”这是一句正确的废话。表面现象是钱很值钱，货币像是一项万能的资产，其实不是。货币是一种制度，使得人能够在接受制度安排的前提下把握自己的命运。钱当然不是万能的，钱不能买来任何东西，这句话是哲学迷雾。钱从来不是用来买东西的，它是一种补偿。绝大多数情况下，钱不是交易媒介，而是对某种付出的补偿。人之所以愿意付出某些东西，是为了拿到钱以后，他就在市场上获得了更大的选择权，或者说他就更自由了。其实，不是货币使人自由，而是市场解放了人。市场需要有一种补偿标准，久而久之就有了货币。

钱从来就不能买到一切，交易的成功取决于买卖双方的愿望。你踩了对方一脚，然后对他说："对不起。"请把你的道歉想象成货币，你支付了货币，但对方的怨恨消失了吗？也许没有。有时无论你说多少次"对不起"，对方仍然不原谅你；有时你根本就不用说道歉的话，因为对方根本就没有责备你的意思。是否需要道歉，或者道歉是否有效，完全取决于你们俩人之间的关系。钱是否能够用得出去，是否买得到东西，也或多或少取决于买卖双方的关系。这就是我从《货币起源》一书就开始强调的观点：资产价格的变动体现的不是资产本身的物理特性，因此，不需要用数学物理方法去研究资产价格的随机漫步。这种价格的变化，体现的是人与人之间的关系。金融学应该重点研究社会各阶层人际关系的变化；经济学应该重点研究人为了获得更大自由而愿意付出哪些代价。

发行一种货币就是建立一种道德，维持一种秩序。当你推行的道德符合人性，当你建立的秩序能够凝聚人心并激励人前进的时候，你的货币有多少含金量已经不重要了，重要的始终是人，这一切都是人的进步。恺撒大帝远征高卢之前，他把罗马帝国含银量98%的银币回炉重铸成更多含银量很低的银币，用来支付雇佣兵的军饷。但他把这个事情的原委和目的原原本本地告诉了罗马人民。结果就是在他远征的两年时间里，罗马城的利率和物价不仅没有上涨，反而出现了轻微下跌。只有当人们不相信你的时候，含银量才显得特别重要。含银量和含金量是你守住货币发行权、维系人心的最后一条底线。

金本位的含义并不是说一个国家有多少黄金储备才能发行多少货币。绝大多数金本位国家的货币发行量远远超过其黄金储备。其中，最早实行金本位的英国到第一次世界大战之前的英镑发行量已经相当于英格兰银行黄金储备量的5倍。金本位的含义是当你不相信我发行的纸币的时候，你可以随时来我指定的窗口兑换成实物黄金。我保证照付不议。因此，金本位是一个郑重的承诺，而不是一堆闪亮的黄金。这不是一个简单的承诺，它是一个具有约束机制的承诺。纸币的发行人（国家）如果丧失了持有人（人民）对这个体制的信心，就会迎来一次实物黄金的挤兑。当中央银行完不成兑现承诺的时候，整个国家就垮台了。

金本位就是把核按钮（否决权）给老百姓，让他们监督政府。他们会根据自私的动机，聪明地判断财政金融形势，然后决定是否要兑现实物黄金。这就意味着金本位下，纸币持有人手里有一个核按钮，但他们只能使用一次。而且，这个机制并不需要全体纸币持有人串谋起来形成默契才能形成挤兑。设想当英镑发行量是黄金储备量的5倍时，如果有各种小道消息说英国的贸易逆差、军费开支和财政赤字都在扩大，就可能导致一部分“消息灵通人士”或者“神经过敏人士”提前去兑付实物黄金。结果就会导致货币发行量和黄金储备量之间的比例进一步扩大，由此会引发更多的人开始“进行思考”，其实是“开始恐慌”，这样就会引来更多的黄金兑换请求，黄金兑换窗口坚持不了多久，金本位就岌岌可危了。类似的情况在 1926 年丘吉尔恢复金本位之后不久就发生了，那真是一场灾难。这是金本位和纸币的最大不同之处：纸币时代如果持币人不信任政府和中央银行的话，需要有多数人联合一致的默契行动来约束发行人。但金本位不需要，即便每个人都是自私且孤立的，仍然能够对货币发行人形成足够的制约。

人民对“金本位”制度的信心需要由两件事情来维护：胜利和诚实。请想象两个同时进行的循环。第一个循环是金本位国家不断地取得新的海外殖民地，取得新的科技进步，赢得新的胜利，建立庄严的繁文缛节和仪式化的国家荣誉体系，资产价格不断上涨，这个国家节节胜利并不断提升它在人们心中的地位，使得世界上的人民都很向往它。第二个循环是这个国家真实的黄金储备并没有相应增加多少，对外战争胜利带来的实际战争赔款远不如条约上那么多，海外殖民地开采出来的新金矿其实也很有限，对外贸易的顺差带来的黄金远远抵不过银行新发行的纸币金额。这该怎么办呢？防止人们兑现黄金是维持整个体系运转的关键。要让大家始终对帝国充满了信心和向往。当然，政府同时也要约束自己的开支，尽量实现收支平衡。此外，政府还要公开透明，就像恺撒大帝那样，对人民说实话。对人民诚实公开的结果，就是让人民放心持有英格兰银行发行的纸币——是的，金本位国家流通的从来就是纸币而不是金币。英国甚至有法律禁止铸造5英镑及以上面值的金币。

只有对外战争的胜利和对内政治的诚实透明公开才能带来信心，由此才能捍卫金本位制度。在生物学家看来，胜利和诚实是一回事。对于个人来说，胜利和诚实可能是同一个基因决定的。电影《教父》中有一个经典片段，马龙·白兰度饰演的教父坐在一张黑色皮沙发上，一五一十地告诉妹妹他打算干掉自己的妹夫，然后让外甥当帮会的头儿，等外甥长大了，他会告诉外甥真相，孩子可以来找他这个舅舅报仇。妹妹哭哭啼啼地走了。教父一边摸着他心爱的白猫，一边自言自语："你可以对一个女人下手做任何事情，但你永远不能骗她。"一个人之所以诚实，是因为他的基因稳定性好。基因稳定性差的人反而可能很聪明。聪明是对他的补偿，他必须要用聪明来弥补自己的先天缺陷。一个人如果足够强大的话，他就没有必要去投机取巧地参与竞争，他开大门走大路就能够把对手干掉。因此，强大的人没有必要说谎。女人喜欢诚实的男人，不是因为诚实是一种美德，而是因为诚实男性的基因稳定性更好，和他交配能够产生更健康的后代。

发行一种货币就像组织一场篮球比赛，你要建立一种秩序，建立一套自圆其说的规则，建立一种激励人民进步的机制，建立一套符合人性的道德标准，还要建立一套可供人民监督的机制。

这一切都使得货币持有人对货币制度充满了信心。如果人们接受你坚持和倡导的道德标准和价值观念，并且人们也相信你能够诚实地执行，那么，人们就开始使用你发行的货币了。

几乎任何一个货币发行机制都自带一个供人民监督的机制，我称之为持币人手里的“核按钮”。经济学家们总是说布雷顿森林体系是各国货币与美元挂钩、美元与黄金挂钩的体系。其实，这不是一个双重挂钩机制，而是一个双重监督机制。欧洲各国的货币与美元挂钩就等于对市场作出了承诺，如果有持币人不相信该国的货币稳定性的话，他可以随时去指定窗口把本币（比如西德马克）兑换成美元。该国央行保证照付不议。毫无疑问，各国的货币发行量远远超过其美元储备量。为了维持人民持有本币的信心，防止出现挤兑美元的情况，各国就要对国家治理体系进行约束，尤其是政府的财政开支情况要受到严格的约束。一旦该国的财政和贸易赤字扩大，就有可能引发市场的担忧情绪，担心该国是否还能遵守本币和美元挂钩的承诺。当担忧情绪扩散开来时，就会出现挤兑美元的情况，该国政府和央行就很难处理了。同样的逻辑也适用于美元和黄金之间的挂钩。一定要想方设法让人相信你的承诺，为此，政府要保持透明公开和诚实守信。

我一直强调货币发行机制里面自带了一个约束机制。金本位、银本位和布雷顿森林体系里都有一个这样的机制，就是给持币人发一个核按钮。而且即便持币人之间相互没有一致行动的默契，相互不团结，相互不串通，他们也能凭着自己的小道消息、敏感神经和自私动机来分头兑现实物黄金或者实物美元。这样就利用了个人的自我保护机制来约束货币发行人不能乱印钞票，不能胡乱开支，不能寅吃卯粮，不能为所欲为，不能欺骗隐瞒。但是如今已经是一个纯粹的纸币时代了，任何国家的货币都不挂钩实物。这是否意味着持币人手里没有了监督发行人的核按钮了呢？

当然不是。人类的政治形态和货币发行机制是同时进步的。纸币时代对人民参与国家治理的要求更高了。设想一下，一个国家的政府开支无度，赤字庞大，如果这个国家的央行听任政府摆布，用印钞票的办法来填补财政赤字（就是经济学家们常说的赤字货币化），那么，这个国家的货币很快就会失去市场的信任，货币购买力缩水，汇率出现贬值。如果这个国家的治理体系是全民参与的，那么，很快就会有新的政府组成，他们会纠正前任的错误做法，开源节流、平衡预算、稳定物价，由此，人民就会恢复对本币的信心。但这个机制其实是需要全体人民，或者至少是大多数人民一致行动的默契的。如果这个国家的大多数人民不主动作为，不努力抗争，不积极参与国家事务，那么，他们就无法约束政府和央行。

还记得吗？并不是那个诚实的男人战胜了对手，而是诚实的人同时拥有强大的基因。并不是四处征战获胜的强国积累了巨大的黄金储备才能实行金本位，而是实行金本位的国家最后都成了强国。哪些国家能够实行金本位呢？那些民众能够约束政府的国家才能推行金本位，有了这样强大的人民，国家也一定很强大。

读者还记得我们介绍过“夸富宴”销毁了部落大量剩余物资的事情吗？征税相当于“夸富宴”上销毁多余物质财富，从而使得部落里面没有生产者剩余，也不能形成分工，更无从发展物物交换和市场机制。政府开支无度，相当于酋长挥霍浪费。印钞票来填补财政赤字的做法类似于对部落全体成员的征税。所以，一个国家如果缺乏治理体系来约束政府开支行为，也没有对央行货币投放的约束机制，这个国家的人民剩余的一些财富和积蓄就可能经常被高通货膨胀所剥夺。央行印钞票的行为相当于把现有存量货币的购买力稀释了，使得居民手里的购买力缩水，这就相当于征税。因此，这样的国家也像被“夸富宴”拖垮的部落一样，居民没有剩余，缺乏内部分工，没有交换动机，也缺乏市场机制。这样一来，国家经济一定会落后。

在纸币时代，那些能够约束自己国家政府和央行的人民一定具有更多的行动默契，一定对自由有更热烈的向往，一定对财产和权利有更坚定的捍卫。金本位时代并不需要人民有很高的行动默契，金本位自身就带着一个约束机制，测试这个机制的钥匙交给了市场上那些小心、多疑、自私但行动敏捷的人。他们一遇到风吹草动，就会去兑换实物黄金，这其实不仅是测试了央行的黄金储备量，也是对政府的一次飞行检查、例行体检和及时提醒。为了防止出现集中挤兑黄金，政府必须约束自己的开支，这也就相应地降低了征税的空间，社会财富剩余和积累增多，社会分工加强，各行各业越来越精细化，交换需求上升，从而为市场机制的繁荣提供了根本保障。

允许汇率的自由浮动和自由兑换，相当于允许市场来约束政府。如果一国政府的开支过大，发展效果不佳，经济运行效率下降，市场上的投资人就会用脚投票，甩卖该国资产，然后用来兑换成外币，撤回到更安全或者回报更高的市场上去。有了这种约束，该国的政府就不敢维持过于庞大的财政赤字，市场也不容忍过高的税收水平，这些约束实实在在地捆住了政府乱花钱的手脚。凡是能够有一致行动默契的人民，可以让他们国家的央行进入纸币时代；凡是缺乏一致行动默契的人民，则应该考虑金本位或者固定汇率制度，这样对该国央行有更大的约束。从商品到资产再到货币，市场都是热爱自由的人民一致行动的默契。

我简单地回顾总结一下本章的内容。商品市场让人获得更大的自由，使人能脱离原来的部落、家庭、关系网和朋友圈，且使人独立决策，实现更大的自由。但是人类归根结底是社会化动物，个体的人成了独立的人之后，仍然要按照一定的方式组织起来。我们尽管离开了部落，但我们的内心仍然渴望在等级社会中取得更高地位。于是，社会就有了资本市场。整个社会的美德和价值观通过资产这个载体来体现。随着资产价格出现上涨,那些体现社会美德的人取得了更高的社会地位;随着资产价格出现下跌,那些已经占据更高社会地位的人被迫向下迁移,为新的人群留出了上升空间。

机　制

自由是具有自我意识的自觉实践

保护自由就是捍卫市场机制

捍卫别人的自由和整体社会秩序就是捍卫自己的自由

这样的社会才有高效率的市场机制

我有一个不太恰当但极有启发的比喻：有史以来，最成功的灵长类动物全雄群是“五月花号”上那批最早移民美洲并建立美国的人们。他们脱离了英国，去拓展新的领地，寻求自己更大的自由，结果他们成功地建立了人类第一个共和制国家。“五月花号”在美洲登陆时，船上的全体男性制定并签署了一份协议，即后世闻名的《“五月花号”公约》。他们共同庄严立誓签约，自愿结为一个“公民团体”（civil body politic），公约最后写道：“为使上述目的得以顺利进行、维持并发展，亦为将来能随时制定和实施有益于本殖民地总体利益的一应公正和平等法律、法规、条令、宪章与公职，吾等全体保证遵守与服从。”我一直认为全雄群就是市场的雏形，而市场秩序的捍卫有赖于一群陌生人出于对自由的渴望，相互信任并一致行动的默契。“五月花号”上的美国先民们做到了这一点，美国这个“全雄群”确实也构建了历史上最成功的市场机制。

保护别人就是保护自己。绝对不能“事不关己，高高挂起”。这些都是行动默契。拔刀相助、两肋插刀、行侠仗义并不是为了收服一个奴才，并不是为了提高自己的社会地位，并不指望别人对自己感恩戴德。我们这样做的唯一目的是捍卫共同规则，这个规则要求我们自愿、自发、无回报地去保护投资人、消费者和陌生人。我们为什么要保护他们，尤其是那些陌生人？因为我们要防止出现一个垄断权力的强者，他将摧毁市场机制并夺走我们自己的自由和安全。

欢迎再次来到黑猩猩的世界。每当高等级的雄性黑猩猩殴打或者袭击雌性黑猩猩的时候，她总是会躲到一只年轻的雄性背后。这个年轻的雄性尽管体格和地位都不如那个袭击者，但它立即龇牙咧嘴，前肢撑地，竖起背毛，摆出准备攻击的姿态。如果做不到这一点的话，下一个交配季节里，雄性黑猩猩们会集体淘汰掉这个懦夫。这个故事提醒了我，所谓的保护弱者，女士优先，都不是文化特征，而是生物本能。这种本能就是不能被视作弱者，只有顽强抗争，敢管闲事，才能制约黑猩猩的主雄，才能为自己保留下一个交配季节的机会。在有行动默契的群体内，管闲事才是最理智的自私行动。

某些文化提倡谦虚的处世态度，谦虚像是一种个人化的交易策略，一种生存技巧。谦虚的人主动把自己的地位降低，从而变相提升对方的社会地位，他们甚至在碰杯的时候都要把自己的酒杯低半格。这样一来，他就体现了服从，避免了冲突，从而为自己迅速在群体中找到一个安静而安全的位置。这是一个人在这类文化中取得成功的关键生存技巧。

越市场化的地方，人们越是缺乏谦虚谨慎的态度。人人都表现得自信过头，谁也不愿意被视作弱者——弱者就意味着失去了交配权。每个人都爱管闲事，好打抱不平，愿意帮助陌生人或者躲到自己背后的母猩猩。这种地方就具备了一致行动的默契，这种默契会使得大家自动联合起来去制约强者（比如垄断者）。相反，越是提倡谦虚谨慎的地方，那里的人们就越热衷于巴结强者，谋求短线套利机会，寻求快速致富的捷径。

秩序并不是一套法律文书或者街头的红绿灯信号规则，秩序是一种自觉。人在摆脱原有部落约束的同时，逐步形成了市场默契，这是一种自觉。所以，我们不必对西方人的契约精神有过高的赞誉，从家族感情过渡到社会契约，这个过程人越来越自由，市场则越来越强大。19世纪英国历史学家梅因就注意到了这个趋势：

> 所有进步社会的运动有一点是一致的。在运动发展的过程中，其特点是家族依附的逐步消灭以及代之而起的个人义务的增长。“个人”不断地代替了“家族”成为民事法律所考虑的单位。前进是以不同的速度完成的，有些社会在表面上是停滞不前，但实际上并不是绝对停滞不前，只要经过缜密研究这些社会所提供的各种现象，就可以看到其中的古代组织是在崩溃。但是不论前进的速度如何，变化是绝少受到反击或者倒退的，只有在吸收了完全从外国来的古代观念和习惯时，才偶尔发生显然停滞不前的现象。
>
> ……
>
> 以前，“人”的一切关系都是被概括在“家族”关系中，把这种社会状态作为历史上的一个起点，从这一个起点开始，我们似乎是在不断地向着一种新的社会秩序状态移动。在这种新的社会秩序中，所有这些关系都是因“个人”的自由合意而产生的。

……

在西欧，向这种方向发展而获得的进步是显著的。奴隶的身份被消灭了——它已为主仆的契约关系所代替了。“父权下之子”的身份也是如此，在所有现代欧洲社会的法律中，它已经失去了真正的地位。如果有任何民事责任加于“家父”和成年之子，使他们共同受到它的约束，则这样的责任只可能通过契约而后才能具有法律效力。有一些显然的例外，而这种例外的性质足以证明这个规定。在监护下的孤儿，经宣告的疯癫病人，都在“人法”上规定了他们在某些方面是有能力的，而在某些方面是无能力的。究竟为什么要有这些规定呢？在各种不同制度的传统用语中所提出的理由虽然是各不相同的，但是在实质上，各种说法所具有的效果却是完全一致的。绝大部分法学家都一致承认这样一个原则，他们都认为上述各类人之所以应受外来的支配，其唯一理由是他们本身不具有为其自身利益而作出决定的能力。换言之，他们缺乏用“契约”而达到定约的必要条件。

……

“身份”这个字可以有效地用来制造一个公式以表示进步的规律。不论其价值如何，但据我看来，这个规律是可以足够确定的。在“人法”中所提到的一切形式的“身份”都起源于古代属于“家族”所有的权力和特权，并且在某种程度上，到现在仍旧带有这种色彩。因此，如果我们依照最优秀

> 著者的用法，把“身份”这个名词用来仅仅表示这一些人格状态，并避免把这个名词适用于作为合意的直接或间接结果的那种状态，则我们可以说，所有进步社会的运动，到此处为止，是一个“从身份到契约”的运动。①

我把“从身份到契约”的运动视作“从部落的人”到“市场的人”的过程。我们不能只看到契约和义务，个体的人在积累这些契约、承担这些义务的同时，也在获得个人的权利和进步，两者是同步展开的。

形态

市场有各种形态，这不是市场自身的规律，也并不事关效率问题，而是由人的社会属性决定的。有什么样的人，就有什么样的市场。如果市场形态的变化可以被称为一种进步的话，那么，这种进步应该归因于人的进步。（我担心又有某位女博士来反对我使用“进步”一词来说明市场形态的变化，但雄性灵长类动物的生物本能又促使我坚持下去。）

市场本身就像是一种生物，它一旦降生就演化出各种形态。其中，交易效率最高，最适应当时当地人民生活方式的市场形态

---

① 【英】亨利·梅因(Henry Sumner Maine)著，沈景一译：《古代法》第五章，商务印书馆 1959 年版，第 111—112 页。

会得到快速发展。失去了市场我们什么也没有,失去了自由我们什么也不是。失去市场就是失去自由,捍卫市场就是捍卫自由。

人与人之间达成交易是来之不易的。先不谈使用货币完成交易的问题,仅仅实现以物易物就很不容易。最初的部落里面是没有交易行为的,根本谈不上什么市场。人和人之间都是凭感情在维护关系网,其实就是一个互助保险机制(想想下岬村)。然后出现了剩余物资和部落分工,为了完成跨部落的交易,还要建立一个虚拟的信誉圈子,然后才能进行物物交换的贸易(想想库拉圈)。我把这些交易形式称为自发交易。

随后出现的行商和做市商是一个飞跃。他们不仅仅出现在威尼斯、热那亚和其他地中海沿岸的意大利城邦,还出现在君士坦丁堡等东方城市,后来的欧洲大陆许多犹太人得到解放以后也加入了他们的队伍。请读者不要把商人和市场混为一谈。有商人的地方一定有套利机会,但那未必就是市场。

我把市场形态分成代理人、做市商、交易所和区块链这几个类型。各个形态的演化并不体现市场本身的演化规律,而是折射出人类社会的演化。我把所有的行商都简单地看成是代理人,将投资银行看成做市商,将购物平台看成交易所,将区块链看作最新的市场形态。此刻你身旁如果有经济学家的话,他会急哭的。

我读到过一篇有关亚马逊公司的报道。2001 年春一个周六的早晨,亚马逊的创始人贝佐斯在一家星巴克遇见了 Costco 公司的 CEO 西格尔。这是一次伟大的会面。西格尔向贝佐斯透露了 Costco 最大的秘密:“诚实是最好的策略。”市场终将奖励那些诚实的聪明人。于是,亚马逊开始了一场大降价,并将其称为一次价值观的重启。贝佐斯说零售商分为两种:一种是想方设法多赚钱;一种是想方设法让顾客省钱。他认为亚马逊属于后者(我认为他主要是想让其他人相信其它零售商属于前者)。Costco 和亚马逊选择“彻底站在顾客这一边”。这两家公司本质上是会员的代理人,帮助用户精选货品,向供应商争取最优惠的价格,并谋求各种会员专属的福利。当然这篇报道很可能是该公司宣传和营销策略的一部分。但不管怎么样,这段文字把代理人的问题说清楚了。

为什么有的零售商成为生产商而不是消费者的代理人?许多国家的超市其实运营模式都差不多,他们提供场地、通道和货架,生产商派人来补货,然后超市每卖出 100 美元的货物就吃掉 20%的扣点(又称销售返点)。这就意味着对于超市来说,他们的客户不是消费者而是生产商。超市的收入来源主要是生产商给他们的扣点。

零售商应该是消费者的代理人还是生产者的代理人?这个问题不是零售商选择的,而是这个国家消费者选择的。消费者保护组织、法律联合援助及消费者自觉意识,都对消费者自身权益的保护起到了重要作用。诚实确实是最好的策略,因为对强者诚实是唯一可行的策略。

如果零售商巴结生产商，从生产商那里吃扣点，他们就成为了生产者的代理人。一个社会如果生产者处于强势，政府和法律主要保护生产者，尤其是国有企业的话，这个国家的零售商自然而然就会成为生产商的代理人。这样一来，这个国家的消费者就经常处于弱势地位。

商品市场的来源是自由人的联合。他们用默契一致的行动来捍卫自由。人们千辛万苦摆脱了部落酋长的控制、约束和剥削，建立了市场，实现了自由，他们是不愿意再有一个强势生产商取代酋长来统治他们、奴役他们和剥削他们的。那些对个人自由保护得很好的市场，往往倾向于保护消费者，而不是生产商。生产商无论是烟草公司还是石油巨头，尽管每年都要缴纳巨额税款，解决许多就业岗位，但是一旦发生针对它们的诉讼事件，法院往往判决消费者获得巨额赔偿。在这种市场上，还有法律规定生产商不能用行贿的手段去赢得一份海外合同，尽管这份合同可能为本地带来就业和税收，也不能容忍这样的做法。归根结底，生产商只能用更好的服务、更好的价格和更优质的产品去取悦和讨好消费者，只有这样的生产商才能活下去，因为那里的人民太强大了。

如果一个地方的人民很懦弱，那里的市场机制就很弱。尽管那里也可能有许多被称为市场的地方，但是我早就说了，那是一个做买卖的地方，而不是一个市场，因为那里没有自由人的联合。那里的市场最有可能充斥着各种寻租和套利的机会，最有可能出现生产者强势的情况，最有可能出现政府为了保住税收和就业而对有排放污染、有安全隐患的企业采取“睁一只眼闭一只眼”的态度。那里的消费者就不太可能得到更好的保护，由此，那里的产品质量也不会很高。因为生产商没有动机去把产品质量提高，把安全系数提高，把性价比提高，那样做对它们的好处不大，它们宁可去搞好政府关系，这样就可以一劳永逸地免除许多麻烦。一旦出现了安全、环保和质量问题，它们就像是犯了错误的孩子，一下子就躲到政府这个大保姆背后去了。

并不是有些地方的法律太松懈，也不是有些地方的企业不重视质量，而是这些地方的人民太懦弱。他们自己并不寻求、珍惜和捍卫自由，他们内心并没有和陌生人联合起来的默契，他们只有自我保护的警觉，他们有求生的本能，求生的技巧，他们表现得相当聪明，但就是相互不信任，也不团结。

对强者诚实是最好的策略，同理，对弱者撒谎也是最好的策略。因为他们正需要那种心理安慰。他们明知有人在骗他们，但他们仍然相信对方，不，他们依赖强者，他们把自己的命运交给了别人。

人类学家麦克法兰注意到英国市场上的商贩和零售商一直都没有讨价还价的传统。这是一个很有意思的现象。

> 英格兰人好像基本不讨价还价，这使得当时的外国访客极为惊异。19世纪初，佩基奥伯爵(Count Pecchio)注意

> 到:“英格兰没有讨价还价现象。每一样物品的价格是固定的。这种习惯不仅产生于竞争和信任,而且产生于节约时间的必要性。所以这里的买卖是童叟无欺。”
>
> “一个店主纵然属于最低阶层,但如果向我们张口索取不公道的高价,他会觉得有损于自己的人格。而一位顾客如果讨价还价,他会觉得是对店主的无端侮辱,暗示着不相信店主的诚实无欺。在欧洲大陆,最可敬的人在开始一笔交易时也会报出一个天价,实际上他能拿到此数的一半就心满意足,而且他会一口气编造五六个谎言,让你相信他的报价又公道又克己……英格兰是一个店主之国,但是这些店主很有自尊心,与顾客打交道时很有荣誉感,所以这些店主是绅士,不亚于乡间那些受过高等教育、自称具有骑士精神的绅士。”
>
> 研究一下中世纪以来的英国文献,我们可以看出,英格兰人花了大量时间给商品定价,尤其是给面包和啤酒之类最重要的商品定价,抬高和压低物价的商人必定受罚。[①]

在我们熟悉的经济学教科书里面,自由市场一向都能讨价还价,我们甚至把这个视作市场的价格形成机制,视作消费者天经地义的权利。不过,在人类学教科书里面,市场是否能够讨价

---

① 【英】艾伦·麦克法兰主讲:《现代世界的诞生》,上海人民出版社 2013 年版,第69—70 页。

还价一直是一个需要“讨价还价”的话题。

问题的答案落在人类学和博弈论之间。设想你是一个店主，你每天面对的客户都很懦弱，他们吃了亏也不会来找你麻烦，更不会结伴来找你讨要公道。县衙和官府每年吃了你的孝敬之后，对你一直网开一面。即便有百姓结伴去官府告你，对县令来说，那不过是一次老百姓送上门的敲诈你的好机会。他并没有为百姓申冤的义务，而是把老百姓对你的投诉看成是自己从你头上捞更多好处的权利。面对这样的营商环境，你一定会想方设法能骗就骗，能欺负就欺负，能讹诈就讹诈，你就可以赚到更多的钱。如果你偶尔碰到几个满脸横肉、胡搅蛮缠的家伙，你就让一些利，把他们尽快打发走。然后，你就可以继续从那些懦弱的客户头上赚钱。当然，你赚了钱以后，还得要去孝敬县令和其他官府的小吏。

现在设想你在另外一种营商环境下，这里的人都很强悍，他们热爱公平、好打抱不平，即便和自己无关的事情，他们也要插手，经常肆意、悍然地和无缘由地干涉其他人的报价体系。如果你给一个客户打折，其他客户知道了，他们会结伴来找你麻烦。他们愤怒地指控你的歧视性定价策略，针对真正喜爱这件商品的人收高价，这在他们看来是歧视。官府对此不闻不问，你怎么办？长此以往，你只能对所有客户收一个价格，绝不允许讨价还价。允许讨价还价的存在实际上是允许商家对弱势的消费者个体收取一个更高的价格。一个公平的市场一定是一个强者默契联合的市场，他们知道保卫弱者就是保卫他们自己的利益。这样做的结果就是商家对所有顾客都实行一个价格，同时拒绝讨价还价。

有一个例子正好相反。

在缅甸的玉石市场上，不仅价格存在不确定，就连品质也不确定。投资人不仅可以讨价还价，还可以“赌石”。市场上摆放着各种未经任何雕琢的原石。这些原石看起来就是一块普通的石头。里面可能包含有大量的翡翠，也可能只有很少一点翡翠，或者根本就是一块没有任何翡翠的普通石头。买卖双方事先都不知道这些原石中究竟是否含有或者含有多少翡翠。投资人完全凭借运气（外加所谓的“经验”，这些经验只能带给人自信，而不能带来回报）来“赌石”。

这个案例也可以从另外一个方面证明，顾客的心态决定了市场的形态。如果这个市场上所有的玉石买家都是眼光独到的真正专家，那么出售玉石的卖家就会事先打磨全部的原石，使其露出本来面目，这样就可以防止别人“捡漏”，防止自己低价卖出真正含有翡翠的原石。如果这个市场上的所有玉石买家都谦虚地认为自己是个外行，那么他们就会要求卖家当场打磨全部的原石，防止自己高价购买了一块翡翠含量较低的原石或者根本就是一块普通的石头。但实际情况是缅甸的玉石市场上出售的原石都是未经打磨的石头，这说明卖家出售未经打磨的原石更有利可图。由此我断定这个市场上大多数买家都自以为是专家，而实际上他们并不是。

如果买家是一个赌徒，市场就变成了赌场。现实的金融市场上也存在这种现象。这也就应了股市的那句老话："买的没有卖的精。"越是好公司（真翡翠），就越是会频繁而详细地披露自己公司的相关信息（打磨得干干净净），因为他们不希望自己公司的真实价值被不明就里的投资人打一个折扣，从而影响到股东利益，也影响公司的再融资价格。越是差的公司（真石头）就越不愿意披露信息（被打磨），他们希望混杂在其他看起来像石头的原石当中，浑水摸鱼地卖出一个好价格。

于是，问题来了。如果一个市场的差公司很多的话，他们会联合起来抵制交易所和监管机构对信息披露的要求，他们会口口声声地宣称，上市公司的真实价值应该由投资人自行判断，听起来他们很想捍卫投资人的自由呢！其实他们只是想捍卫投资人跌入深渊的自由和他们自己升入天堂的自由。我始终认为，一个股票交易所的首要任务不是追求发展花样繁多的衍生品业务，而是坚持落实各种公司治理的制度。交易所不是市场，你千万不要被股市中的"市"字所误导了，股市的首要功能不应该是一个股票买卖的场所，尽管买卖东西的场所看起来都像是市场。其实，股市的首要功能是筛选机制，把一群符合更高公司治理标准的企业筛选出来，给予它们更多的便利和自由，让它们的发展空间更大，包括股市在内的市场其实是进化过程的一个放大器。如果股市成了少数投资银行和上市公司创始人的套现场所，那么，股市就成了一台提款机和套现通道，但这种功能也不会延续太久，因为这样的“市场”最终会萎缩。

在交易所推出电脑自动撮合成交系统之前，做市商是实现交易的主要形式。现在日常生活中的做市商已经不常见了，绝大多数做市商都是投资银行。他们在交易所或者平台上报价，包括大宗原材料、外汇和债券。我经常想起那个讨价还价的故事。做市商是不能讨价还价的，但是他们有一种新的形式来实现他们的利润：公开的买卖价差。很长一段时间里，欧美的证券交易所里面都是做市商机制。你看到的卖价和买价都是客户通过做市商报价的。其中，也有一部分做市商为了自己保持做市商资格而参与报价。当你要抛售一股股票的时候，如果此时没有另外一个投资人想要买这股股票，那么，做市商就有义务进场承接你抛售的股票。同理，如果你想买股票时市场上没有其他投资人愿意抛售，做市商也会进场，抛售一部分股票给你。保持市场的流动性就是做市商天然的义务，也是他从业的资格。

这里就引出了一个争议许久的观点。买卖价差越大，流动性越差；流动性越差，买卖价差越大。这两者之间究竟是何种因果关系？其实没有因果关系，这是统一整体的分别反应。

请设想两个公司的股票：一个是好公司的股票，这个公司对股东回报非常好；另一个是差公司的股票，这个公司对股东的回报非常差。好公司股票的做市商压力是非常小的，他没有承接抛售的压力；相反，这个公司股价一路上涨的过程中，做市商会因此而获得巨大收益。因为为了获得做市商资格，他必须在该公司股票在交易所挂牌之前就事先买入一部分存量股，以便在交易不活跃时抛售一部分股票，促进市场的流动性。所以，当好公司股票上涨时，做市商是吃了两块蛋糕，一是没有了承接抛盘的压力，二是早期投资取得了回报。现在请想象一下差公司股票的做市商，他一定面临巨大的压力。差公司的股东可能知道一些内幕消息，他们知道自己公司快不行了，知道最近一个季度的销售下滑，知道公司采购人员中饱私囊却又没有办法，知道自己公司用“拆东墙补西墙”的办法挪借银行贷款的日子可能到头了，总之，他们可能想着尽快抛售公司股票。为此，做市商有义务承接他们的抛售，以维持市场的流动性。如果你是做市商，你会怎么做呢？你一定开出一个很低的买入价格，该价格和你报出的卖出存量股票的价格差距很大，这就是买卖价差(spread)扩大。一旦出现这种情况，这个公司的股票就会成交稀少，大多数股东都对这个价格不满意，视之为“鸡肋”。其实，股市有另外一个名词是专门描述这种股票的，老股民们称之为“烟蒂股”。它们没有什么长期持有的价值，但是由于巨大的买卖价差，导致市场出现了交易性机会。

现在，请把思路调整回到“讨价还价”的场景中去。抱歉！您一定暗暗责备我写作的逻辑性不强，迫使读者在不同场景中来回跳跃和切换。但你对这个问题的兴趣驱使着你追随我忙乱的场景切换指令。你本人的智商和兴趣爱好决定了你此刻尽管埋怨但却原谅了我。我是怎么知道的呢？如果您对此毫无兴趣的话，您不会坚持读到最后一章，前面漫长的叙事已经帮我筛选了最喜欢我的读者。哈利路亚！La spicy meat ball la！（太好了！晚饭吃肉丸子！）

对于买卖价差很大的交易品种来说，相当于可以讨价还价。对于买卖价差很小的交易品种来说，相当于不可以（既没有可能性也没有必要性）讨价还价。所以，能否讨价还价的问题经过了做市商的这一环节的讨论之后，进一步简化为：交易标的物的质量如何。

这个质量包括了信息披露和未来预期。总之，好公司的股票是不能讨价还价的，差公司的股票（或者是那些根本就没有翡翠的石头）是很容易讨价还价的（买卖价差大），卖家只希望你掏钱，他们对于价格有足够的灵活性。

交易标的物的质量如果很高的话，市场上的流动性就好，买卖价差就小，就没有讨价还价的余地。在这种市场氛围中的生产商、零售商和做市商，都默契一致地提高产品和服务的质量。就像在缅甸玉石市场上，如果大家都只卖打磨得干干净净的翡翠，那么，价格可以随行就市，但是不能讨价还价。如果在玉石市场上，大家都只卖可能含有翡翠的石头，那么，一定可以讨价还价，买卖价差一定非常大。这种市场上卖真石头的人利润最高，这样的市场就会同时出现“消费者吃亏”“可以讨价还价”和“产品质量差”等现象。

一旦市场形成了诚实的气氛，就会鼓励上下游的参与者都提高质量，增加透明度，及时披露各种风险和信息。这样的市场流动性好但是不讨价还价，对消费者和投资人的保护程度更高。相反，一旦市场形成了弱肉强食、胜者为王的气氛，就会鼓励投机和赌一把的心态。

投资人想要一夜暴富的关键还是想要尽快地且单独地脱离现有阶层，成为更高阶层的成员。人们必须要意识到，市场的本质是自由人的联合，热爱自由的强者们的联合，然后才有更高的个人自由。如果人们意识不到这一点，他们就会周而复始地相信所谓的财富神话（其实是财富骗局），他们就会前赴后继地跌入财富陷阱。想着尽快富裕的投资人造就了缅甸赌石市场，那里卖的是现实中的石头和梦想中的翡翠。

各国股市几乎都经历过做市商阶段，然后才进入电脑自动撮合成交的阶段。我曾经感到很奇怪，为什么有些国家至今仍然保留着做市商的交易形态呢？直到我自己经历了一些A股的股东大会以后，我才深刻地感受到做市商制度的合理性和优越性。做市商并不是普通股民的代理人。但是他们在漫长的做市过程中，积极参与并强化了公司治理。普通股民是很难团结起来反对大股东或者管理层的，而“内部人控制”问题是全世界股市中涉及公司治理方面具有共性的难题。做市商的角色就完全不同于普通股民了，他们是“有钱有势”的华尔街投资银行家们。在美国股市发展的早期阶段，他们参与美国纽约股市的做市商制度，等于是承担了一个上市公司有关公司治理的监督人的角色。

一般来说，做市商要买入10%—20%的公司股票才能做市。所以，这些做市商其实也是公司的重要股东，而且他们熟练地掌握各种法律武器，对公司的管理层形成了制约。请把他们想象成团结起来的黑猩猩中间层。它们共同制约了主雄，主雄不能为所欲为，而是要照顾大家的利益。这样一来，上市公司就只有一条路可以走了，那就是齐心协力把蛋糕做大。让公司的股票长期走牛不仅对所有人都有利，而且堵死了大股东或者管理层侵占小股东利益的任何一条通道。

做市商们在乎的是自己的声誉、美德还是财富？把美德当成财富是否既违反了美德的初衷，也背离了美德的定义？不管怎么样，做市商自私的动机推动了上市公司公司治理结构的改善。许许多多的案例汇成了今天我们资本市场上针对内幕交易的打击，针对中小股东的保护，针对信息披露的规范，都是做市商作为上市公司切身利益的相关方“斗争”来的。

在这个漫长的过程中，上市公司变得规范了，资本市场堵住了各种制度的漏洞，投资人的理性建立起来了。从某种程度上讲，做市商探索了资本市场走向成熟的道路。我们照搬照抄许多现成的条例，却没有经历过做市商制度，中小投资人直接通过电脑撮合交易，这未必有利于资本市场上市公司治理的提高和改善。没有公司天生是好公司，没有公司天然会保护中小股东，这一切都是斗争出来的结果。今天我们资本市场上默认的规定和行为准则都源自这两百年来对公司治理漏洞的修复以及对人性阴暗面的提防。

看起来没有代理人的电脑撮合交易平台更高效，其实，这是有利有弊的。我们不能忽略做市商作为投资人，尤其是中小投资人的代理人，在公司治理方面发挥的独特作用。如果没有做市商的督促、监督和制约，资本市场可能根本就不会诞生值得投资人持有的好公司。一句话，好公司不是你凭选股技巧发现的，而是在艰难的环境下竞争出来的，这其中包含着上市公司对各种有关公司治理约束条件的适应。那些能够适应的公司就自然而然生存下来，而且成长为好公司了。

如果资本市场不存在公司治理方面的差异的话，那么，坏公司肯定很快就被好公司打败了。但是令人痛心、惋惜和啼笑皆非的是，资本市场上有一群好奇、慷慨和天真幼稚的投资人，他们总是会相信坏公司的管理层编织的故事和描绘的前景，然后慷慨地写一张支票给对方去投资。其实这些坏公司的管理层无非需要的就是钱和挥霍钱的时间而已。资本市场上的"幼稚"投资人哺育和扶持了坏公司的管理层，方法就是用资金去溺爱他们，放松公司治理方面的要求，一往情深地相信对方的谎言，期待着自己的"含辛茹苦"总会有"好人好报"的那一天。归根结底，这些投资人不是幼稚，而是心存侥幸，认为自己的聪明和幸运能够给自己快速带来财富，快速超越同僚，快速提高社会地位。因此，他们才会、才愿意相信那些坏公司管理层的谎言，因为那些谎言听起来就像是财富自由的捷径。他们没有意识到市场的本质是自由人的联合，他们以为市场就是优胜劣汰适者生存的战场，他们就想凭借聪明和运气尽快实现自己个人的财富自由。由此，他们就会心甘情愿地被坏公司的管理层欺骗，在血泪中倒下，前赴后继。

华尔街投行之所以被人认为残酷无情和冷漠多疑，那是因为多少年(200 年以上)的做市商经验在他们公司内部形成了一种文化基因：写支票的时候绝对不能带着同情心。做市商筛选了那些诚实的管理层，监督了上市公司，使得那些骗子公司无法在资本市场立足，也使得坏公司的管理层们无法从资本市场圈钱去商品市场竞争。否则，好公司早就被骗子公司用无辜股民的钱吃掉了。

一般来说，好公司是不怎么需要融资的，它们的经营活动产生足够的现金流，不仅不融资，还会大比例分红。坏公司则永远要用故事来换钱，它们总在墙上画饼，却没有现金给投资人分红。如果任由资本市场上幼稚且充满同情心和侥幸心理的投资人去给这些坏公司写支票，那么，在实体经济中，或者商品市场上的好公司就要经受一轮又一轮的烧钱大战了。

由投资银行担任的做市商起到了筛选和监督机制的作用，它们的冷漠无情恰恰体现了大自然的意志。它们对于早期资本市场上公司治理的提高和改善功不可没。当欧美股市上的普通投资人直接买卖股票的时代到来的时候，上市公司的治理结构和质量已经得到了提高。保护投资人的法律从条文到实践都已经建立起来了。对上市公司的约束，尤其是大股东的约束，对管理层的约束，对抛售行为的限制，都是在摸索中建立的制度。

我们不能简单乐观地看待我国资本市场取得的跨越式发展。我们不仅应该建立更先进的交易平台，还要看到比交易平台更重要的是公司治理和上市公司质量。这才是一切问题的核心。

从做市商到撮合成交，投资银行和中央交易所仍然扮演重要的角色，因为需要由一个清算公司来结算和过户。但是区块链改变了这一切。区块链实现了陌生人之间，尤其是缺乏信任机制的人之间，即便没有投资银行、担保人、清算所，也能实现时时刻刻的交易便利。人更加独立于交易所和做市商，投资人更加自由了。区块链把市场的核心抽象出来了，这个核心就是自由人捍卫秩序的默契。人们不必每次都团结一致地行动起来，形成巨大的舆论压力，去声讨不良商贩，去制裁黑心卖家。区块链表面上看是实现了交易的匿名化，其实区块链使得那种捍卫市场的机制在后台自动化了。

凌力是复旦大学信息学院的老师，他多年以前是我的领导。我很喜欢他那种把任务描写得很清晰的逻辑能力。他得知我在撰写《货币起源》时，专门花了一小时的时间给我讲解比特币的来龙去脉，我受益匪浅。这本书又一次得到了他的支持。他告诉我：

> 实际上，交易并不依赖于双方是否相互信任，交易也不以双方是否已经建立起信任关系为前提，交易更不会导致双方就此建立信任关系。交易平台的价值就是在双方之间没有信任关系的情况下促成交易。
>
> ……
>
> 信用是维系文明、稳固的人类社会关系的重要纽带。人们当然更愿意购买有诚信的老牌商店的东西，也更愿意与守信的人交朋友。对虚拟空间里的在线交易，信用同样大有用武之地，甚至更为重要。但是信用并不能等价于信任，也不能直接产生信任。信用是除交易平台之外解决信任缺乏问题的一种手段，协助没有信任关系的双方达成交易。两者的共同点是都需要一个可信的第三方角色。①

假设人人都学会了使用智能手机上的APP，整个网络和整个经济的效率就会提高。如果有些人愿意学，有些人不愿意学，还有些人永远学不会，那么，效率改善就无从谈起了。市场形态的变化背后不仅仅是效率的提升，还有人的素质的提高。效率改善是人进步的回报。

讨价还价情况的消失代表了交易标的物的质量提升；交易中间人的消失代表了交易者的自由度提升。我啰嗦了半天，还

① 凌力：《解构区块链》，清华大学出版社2019年版，第13页。

不如我妈妈的一句话：讨价还价就是给自己找安慰。她拉着橙色小推车去菜市场，从不和阿根、阿牛和阿毛讨价还价，她买到的东西质量一直很高，从来没有买到过以次充好的“垃圾货”，以至于街坊邻居的老姐妹们要借她的小推车去买菜，以便确保同样的商品质量。看来，从 1972 年我诞生之日起到现在，妈妈一直都是对的。我离开家去学习经济学和金融学的那段时间完全是我人生的一段弯路。

功能

本节将澄清许多关于市场功能的各种误解。

第一，是关于效率的误解。

市场本身并不提供效率保证机制。所谓“市场配置资源效率最高”这句话是错的。相当于交通警察宣称白胡子司机驾车最安全一样。关键不是司机胡子的颜色，而是白胡子司机都是老手了，老司机上路一般都是提心吊胆和谨慎小心的，由于他们的驾驶习惯比较保守和偏向防御，所以他们的安全记录比较好。

市场之所以被经济学家们认为效率很高，关键原因是市场让所有人都提心吊胆、如履薄冰、谨小慎微和兢兢业业。如果一个人或者公司整天处于这样的状态之中，那么，他和他所服务的公司都会表现出极高的效率。效率来自责任心，来自自己对未来的担心。市场本身什么机制也没有，完全是经济学家们杜撰了供求平衡和提升效率的故事。市场就是丛林，让人自己面对不确定的环境和不确定的未来。人一旦进入了这种状态，他就紧张专注，免疫系统被激活，处于随时应战的状态。

人在处于紧张刺激的过程中，会分泌多种激素，提升自己的工作质量，提高思考的效果（是效果，不是效率）。大脑会消耗更多的氧气和能量去完成更加缜密的思考，以确保工作的结果更完美。这个过程中，大脑消耗的氧气和能量是非常多的。因此，大脑思考的效果好的时候，其实思考的效率并不高。这个发现也部分解释了抑郁症的成因。许多得抑郁症的人都是责任感和责任心很强的人。

那些懒懒散散、无所事事，对自己没有要求的人，往往不得抑郁症。“懒人”们的思考效率很高，思考过程几乎不消耗什么氧气和能量。但是，他们思考的效果却很差，因而常被我们称为“不动脑子”的人。那些抑郁症患者则完全相反，他们考虑问题太周密，思考效果太好，效率太差。在消耗了过度的氧气和热量之后，某种促使人乐观解读信息的酶分泌不出来了，他们只能分泌那种让他们悲观解读信息的酶了。于是，他们就有了抑郁症。

是的，我们很多毛病都是进化出来的。但是，比这句话更重要的是，我们的决策是由激素推动的，毫不夸张地说，激素全面参与了我们大脑的决策过程。主雄晚年为什么出现雌性特征？中国古代相士们说“男人女相”是富贵命，其实是在两个结果之间建立了因果关系。真实的原因是压力荷尔蒙在起作用。主雄体内分泌了过多的压力荷尔蒙并由此抑制了它的雄性荷尔蒙，因此，它才会体现出雌性外貌特征。主雄晚年为什么会做些“亲痛仇快”的事情？日本猕猴群的观察者发现，猴王“执政”的晚期会发生一些奇怪的变化。当它的母亲和其他母猴发生争执的时候，它会冲上去殴打自己的母亲。研究者百思不得其解，最后只能接受这样一个合乎逻辑的解释：主雄晚年的免疫系统已经严重依赖于压力荷尔蒙的分泌，这种激素和权力有关。为了维持体内的压力荷尔蒙水平，它要牢牢掌握权力，掌握更多猴子的命运，这样它就必须维护群体内部的公平。

我在想所谓的“鸟尽弓藏”“兔死狗烹”“杯酒释兵权”和“伴君如伴虎”之类的历史故事可能都和这条线索有关。大自然通过主雄来体现她的意志：权力不能在血缘家庭直线继承下去，权力一定要在各家庭单位之间竞争产生。下一任新猴王一定是打出来的，而不能是继承父亲的权力(除了人类以外，灵长类动物里面都没有父亲这个家庭角色)。当主雄晚年为了维持其体内激素水平而驱赶自己原生家庭成员的时候，它的举动使得群内各个猕猴家庭的规模变得差不多。没有哪一个血缘家庭会在下一次主雄争夺战中占据天然优势。所有参加猴王挑战赛的猴子都在同一起跑线上起步，新猴王一定是最强的雄猴。这是大自然的谕旨。

很多年前，我的姐姐周顺华不幸在美国遭遇车祸。直升机将她送到最近的医院，当值的急救医生问她，你对什么(药物)过敏吗？她艰难地说了一句话，"我对婊子和混蛋过敏"，之后她就昏迷了。等她醒来的时候，已经做完手术躺在病房里了。那个急救医生后来特地去病房看她，告诉她当天晚上发生的事情：他对赶来做手术的主刀外科医生说，这个伤者生命力很顽强，可以经受住大手术。那个急救医生最后说："我当时就知道你会没事的，因为上帝会把有幽默感的人留在这个世界上。"事实证明，不是上帝挽留了我姐姐，而是她顽强的求生欲帮助医生下决心实施了大手术，并最终挽救了她自己。

大自然既像一个严厉的老师，又像一个恶作剧的孩子，它的意志就是不让你安心、舒心和顺心地过上好日子。现代社会中，市场取代了丛林，成了体现大自然意志的地方。市场让人对自己负责，就这么一句简简单单的话。理解这句话需要巨大的勇气，而不是高深的智慧。这种勇气是指克服安逸心、控制同情心并激发自己潜力的勇气。

如果一个人什么也不会，什么也不懂，什么也不学，一切全听政府或者垄断企业的安排，那么，他的激素水平"很低"，免疫系统处于休眠状态。如果大家都这样的话，整个单位的运营效率就很差。而市场激发人的活力的根本方式是创造危机感。因此，我们要勇敢地打破垄断，要坚决地把国企推向市场，让所有的企业经营者和员工都时刻充满危机感。

竞争能够带来危机意识，危机意识带来了责任心，责任心带来了效率。效率源自每个人都提心吊胆，每个人都负起责任，每个人都知道自己责无旁贷，每个人都知道自己必须承担后果。这就是市场的效率来源，它让人变成了独立的人，独自面对不确定性的未来世界和危机四伏的现实世界。如果你不是一个独立的人，你在一个莫名其妙的团体里面（我暂且不把这个团体命名为国有企业），你就会发现，那里没有人是负责的人，没有人是拍板决策的人，没有人想作决策，没有人想实现变革，没有人愿意为事后的后果承担责任，也没有人会受到处罚。那里只有文艺演出和誓师大会，那里只有一团和气和相互恭维。那里的人们只有一个目标就是维持现状不变，他们将其称为维护稳定。

中金公司曾经在2019年针对国企分红问题发布过一个专题研究报告。2018年我国国企实际分红率为16.1%，非金融国企只有5.8%，在国际比较中显著偏低。2018年国企分红对公共财政的贡献为2.4%，非金融国企仅贡献了0.5%。我国作为一个以公有制经济为主体的社会主义国家，2017年国有资本是GDP的1.1倍，但分红仅占GDP的0.6%。如果我国国企实际分红率提升至2020年目标的30%，可以增加0.5个百分点GDP规模的财政开支或者税费减免；如果提升至国际普遍水平50%，这一比例将升至1.2个百分点。

这意味着国有企业需要进行公司治理方面的改革。2018年国有资本经营收入约2 900亿元，其中调入一般公共预算的只有885亿元，占比30%，而这已经是国企重启分红后的最高值了。2012年这一比例只有4%，2016年跳升至21%，2018年升至30％，主要是因为地方国企在这三年显著提高了国有资本经营收入调入公共财政的比例，央企的这一比例在这期间保持匀速上升。另外，我国87万亿元的国资中还有约35％的部分没有上交国有资本经营收入，其中包括约10.1万亿元的非金融国资和20.5万亿元的行政事业单位净资产。

国有企业给我最大的印象是庞大而安全。首先是不要担心资金来源问题，要么财政给补贴，要么政府给工程，要么银行给贷款，要么上市融资，总有各种各样的方法拿到钱。我国国有企业占用了社会融资总额的3/4，但国有企业只贡献了GDP的2/3。这说明国有企业消耗了更多的资金，实现的产出反而低于其所占用的资金比例。或者说，民营和外资企业在资金使用的效率上更高效。

为什么会出现这种情况呢？国有企业普遍有一种“隐形担保”和“道德免责”的现象，这造成了银行或者其他金融机构更愿意给国有企业提供资金支持。“隐形担保”的意思是国有企业不会有破产的风险，即便这家国企经营得很烂，政府总会想方设法让它活下去，要么给补助，要么将其和其他好国企合并。总之，银行可以放心的是，给国企的贷款是有保障的，国企背后就是政府，政府总会用有形或无形的影响力来帮助国企。“道德免责”是指银行工作人员在给国企放贷的时候，潜意识里有安全感。尽管没有任何机构发布过任何文件，但是工作人员心里却相信，即便这笔贷款出了问题，自己也不会受到道德谴责和惩罚。因为他是为国企解决了资金困难的问题,他占据着道德的制高点。

好在我国政府已经制定了国有企业在公司治理方面的改革目标。我相信且乐观预期,国企改革将为我国经济注入巨大的活力。其实,国企改革需要的是“千言万语,不如两横一竖”的“干”字精神。其中,最主要的改革措施,我认为就是取消国企的特殊身份,允许国企破产、重组、解散、裁员和遣散员工。这样的做法看起来“残忍”,其实是最大的“善良”。只有这样才能激发个体员工的活力,让他们明白在国企工作也是要出业绩的,不能只有开会时的豪言壮语,不能只有领导讲话时的奋笔疾书,不能只有相互帮衬的同僚关系。只有这样,才能激发国企去面对市场竞争,理解和体会客户的诉求。且只有这样,才能激发银行的责任心,无偏见地面对国企和民营企业的资金需求。

独立的人,独立的企业,独立地承担风险,独立地享受回报。经济单位个体的独立性是市场机制发挥功能的关键。

我小时我们国家还没有开始改革开放的伟大事业,那时我看到许多国有企业生产的东西都设计制造得很粗糙,不像某些进口的产品非常人性化,考虑问题很周到,处处为用户着想。其实,国企的设备、资源和人力都很丰富,还有政策优势,并占领道德制高点。归根结底,国企竞争力差在当时的原因很明显,就是国企不独立,它没有一个独立的决策机制,没有独立的经营管理团队,没有独立的风险回报机制。所以,当时提倡的国企改革思路就是“自负盈亏”和“厂长负责制”。总之,要让人自己变得独立，让他对自己的命运负责。一个独立的人才有可能在面对市场竞争时表现出顽强的竞争力和适应力，这样的企业才会有效率。

第二，是关于流动性的误解。

流动性从哪里来？流动性来自货币市场？流动性来自央行？流动性来自客户？流动性来自高质量的产品和高质量的公司治理？维特根斯坦要是知道我在思考这样的问题，他一定批评我陷入了语言的迷雾，上述问题和"人是否能够两次踏入同一条河流"一样，是典型的"语言的误用"。在维特根斯坦看来，应该用语言思考这样的问题：(1) 48 路公交车从哪里来？(2) 我们称之为流动性的那种现象、事物和概念究竟是什么场合才出现的？先来看两个小故事。看完你就会发现，孔子才是真正的市场派人士，他最早解答了"什么是流动性"的问题。

《吕氏春秋·先识览·察微篇》记载了这样两则故事：

> 鲁国之法，鲁人为人臣妾于诸侯，有能赎之者，取其金于府。子贡赎鲁人于诸侯，来而让，不取其金。孔子曰："赐失之矣。自今以往，鲁人不赎人矣。取其金则无损于行，不取其金则不复赎人矣。"
>
> 子路拯溺者，其人拜之以牛，子路受之。孔子曰："鲁人必拯溺者矣。"

全文翻译如下：

鲁国有一条法律，鲁国人在国外沦为奴隶，有人能把他们赎出来的，可以到国库中领取赎金。有一次，孔子的弟子子贡在国外赎了一个鲁国人，可是子贡回国以后却拒绝去国库领取补偿金。

孔子说："你错了。从今以后，鲁国人就不肯再替沦为奴隶的本国同胞赎身了。你收下国家给予你的补偿金，这并不会影响你的品行；你不去收下这个补偿金的话，鲁国以后就没有人再去赎回在外沦为奴隶的同胞了。"

另外有一次，孔子的一个学生子路救起一名落水者，那人感谢他，送了一头牛，子路收下了。孔子称赞了子路的行为，他说："以后鲁国的落水者就有人救了。"

上面第一个故事里面有三点值得我们思考。

首先，鲁国这个补偿制度的核心是提高鲁国人的价值（关于价值问题，敬请期待我的下一部作品《估值原理》）。只有当鲁国人有价值的时候，在外营救鲁国人才变得有利可图。为此，鲁国一定要"把人当人"，而不能把人当奴才。孔子一直倡导"仁"的思想，"仁"这个字实际可以看成"人"和"二"两个部分，相当于"人"和"人"的连写。联想到孔子倡导的另外一种思想："君君、臣臣、父父、子子"。他也一定提倡"人人"，那就是指国家要尊重人，人民自己要成为一个人格高尚的人，这就是"把人当人"的思想。

其次，流动性取决于标的物资产的价值。只要让这件事情变得有利可图，就自然而然有人去做。只要大家都相信鲁国会如约兑付补偿金，自然就会有人愿意去垫资赎人。鲁国的这个政策其实是需要其他人提供流动性的，只有在鲁国以外的人愿意提供流动性，才能把鲁国人赎回来。为此，一定会有一个类似于窗口贴现的交易价差，这个价差的存在确保了流动性的存在，也保障了鲁国人的生命。

再次，孔子反对子贡不收补偿金，表扬子路收下酬谢，是因为他看到了为社会美德提供流动性的机制。子贡不收补偿金，使得他自己变得很高尚，使得其他人崇敬他，从而提高了他自己的社会地位。子贡不收补偿金的做法会使得下一个赎回鲁国人并收取补偿金的人受到道德谴责。人们纷纷拿子贡作为榜样，谴责收钱的人不如子贡有美德。如果美德只是社会上最高等级的人才能奉行，这个美德就成了顶级富豪俱乐部的内部条例。只有想方设法让更多的人都遵奉某一种美德，它才能成为一种社会风气。为此，一定要降低美德的门槛。孔子提倡的就是让人数更多的社会中底层的人们都来奉行美德。这样一来，社会风气就好了。不要去追究他们奉行这些美德的动机是什么，只要他们有一致行动的默契，这个社会就变得更好了。

所以，看起来是提高了一个标的物资产的价格，看起来是开设了一个抵押标的物的贴现窗口，看起来是提供了贴现的利差，看起来是创造了一个虚拟的市场，并用钱来鼓励大家做好事，其实，核心是让更多的人有一致行动的默契。我们看到，许多发达国家的人相互之间都要斤斤计较，把钱算得很清楚；与此同时，他们又很乐于助人。这就是孔子提倡的“人人”思想。

到了汉代，董仲舒提出了“正义明道”的儒家传统，他倡导“正其义，不谋其利；明其道，不计其功”。其实，他只是提升了儒家学者的社会地位，而把绝大多数普通人打压下去了，因为董仲舒提倡儒生们做好事不留名也不要钱，相当于让大多数做不到这一点的人不要去做好事，把更多的人挡在美德门槛以外，这就建立了一个等级社会。董仲舒其实背叛了孔子提倡的儒家思想，他只是用儒家思想去建立一个等级社会而已。真正的儒家思想，孔子提倡的那种思想，具有全社会的普遍意义。因此，我特别喜欢这个故事，它告诉了我，市场和美德是一回事，都是全社会一致行动的默契。当我们不能构建一个人人参与的公平社会的时候，我们既丢掉了美德也抹杀了市场。因此，我们真正应该提倡的是，“正其义，谋其利；明其道，计其功”。

让做好事的人有利可图就为美德提供了流动性。这其实仍然是表面现象，孔子的核心思想还是让更多的人遵奉美德。大家都依据美德而默契地行动起来，美德才真正建立起来，社会才有了更好的风气和秩序。

许多人对流动性有很深的误解，这种误解使得他们对央行有很强的期待。我们认为流动性就是注入资金，这是很糟糕的理解。我不知道经济学家们怎么想的，反正我不这样想。本章后面的内容里面还会详细介绍央行印钞票的行动。这里，我只谈有关流动性的问题。

市场上并不存在一个释放流动性的水龙头。但是，投资人普遍想象着有这么一个水龙头，而且开关就在央行总部的办公大楼里面。央行放水不是释放了流动性，而是购买了时间。流动性是资产质量的结果而不是资产价格的原因。流动性源自标的物资产估值的可靠性。央行的窗口指导很清楚地对各种类别的资产作了区分。资产质量好的，比如国债，就可以作为抵押物获得流动性。随时能够抛售的资产也随时能够得到抵押。贴现市场并没有一个资产的买家，央行并没有买下这些资产，它只是提供了短期资金融通的便利。但是央行不会接受那些资产质量差的抵押物，尤其是非标准化的债权类资产。好资产都不需要担心流动性问题，需要担心流动性的都是有风险的资产。

除了央行以外，还有一类流动性来自市场投机者的参与。2000 年，两位美国学者 Robert Almgren 和 Neil Chriss 在波动率交易策略的论文中指出了投资人的最佳出货路径与方式。他们的结论是，在流动性充足的情况下，波动率越大的资产反而越容易出货。根据这项研究，标的物资产的波动率越高，投资人在出货时越容易获得高收益，而在进货时相应地就越有可能付出更高的成本（假设订单是以市价执行的）；标的物资产的波动率越低，投资人在出货时要承担更高的成本，取得的收益也更低。而投资人在吸纳这类资产时，相应地就有机会以更低的价格买入。

这里看起来有一个悖论，其实不然，因为波动率是一个模糊的词，有多种方式去定义。这里讲的高波动率资产特指那些融券利率较高的资产。请大家想象一下“9 个盖子 10 个锅”的游戏，10 个锅子烧水，水一开就必须盖上盖子，而你手里只有 9 个盖子。如果事先谁都不知道哪个锅子什么时候需要盖子，而且每个锅子的水烧开的时间是随机的、混乱的、波动的和不可预见的不确定性事件。那么，你即便只有 8 个盖子也能应付，因为水烧开时间的不确定性带来了盖子的流动性。如果事先我们都知道什么时候哪个锅子需要盖子，那么，你非得有 10 个盖子才行。

第三，是关于随机性的误解。

“流动性是流动的，因为随机性是随机的。”这句话不是我总结的，但是这句话深深地印在我的脑海中。那是 2008 年金融危机的时候，我在上海接到了一个老朋友的电话，约我去他住的酒店见面。他曾经是雷曼兄弟公司的高级副总裁，每次来上海都约我在当地高级酒店碰头。这次，他约我在市郊接合部的一个廉价酒店，每晚住宿费只有 168 元。我在那个简陋的大堂见到了他，他明显瘦了许多，人好像也一下子老了许多，他握着我的手，眼眶湿润略带哽咽地说：“洛华，好在我们都还活着。”说完这句话，终于噙不住眼泪了。“流动性是流动的，因此会突然消失。”这句话就是他告诉我的。我们并不能理解并掌握随机性的规律，一旦我们接近于认为自己掌握了随机性规律的时候，我们就接近于被随机性愚弄的时刻。

市场是不会留给我们后门、空子、剧透和规律的。我们总是千辛万苦找到些许看起来有规律的东西，然后把它当指标来做交易，结果它的有效性很快就被市场悄悄夺走，而我们还蒙在鼓里。每一次，我们认为自己找到了有关随机性的规律，其实，那都是随机性送给我们的“特洛伊木马”。

随机性根本就不是一种可以描述、理解和掌握的现象。不，它根本就不是一种现象，现象这个词就是对随机性的误解。随机性是一种机制。这种机制就是让我们永远要提心吊胆地努力奋斗。它实现这种目的的方法就是让流动性变得流动，任何美好时刻都可能突然消失。前一刻我们还在举杯享受人生巅峰，展望着“曾经酒醉鞭名马”的奢侈生活，下一刻我们就在城郊接合部的廉价酒店里“悲歌痛哭终无补”。

试图理解随机性，这种企图就是错误的。我们只能被动接受随机性的筛选结果。我们事先要提心吊胆地做各种准备，事后要勇敢面对各种不利局面。这是大自然借助市场体现的进化机制。

鸟类学家发现，飞行能力越强的鸟，产下的蛋的形状越是狭长且不对称。越是飞行能力差的鸟，产下的鸟蛋越接近圆形球体。鸵鸟蛋是球形的，母鸡下的蛋是椭圆形的，雨燕的蛋则是细长的。我想这可能就是一种“早期失效性实验”（early failure test）。圆形蛋的结构更牢固，雏鸟容易孵化成功；狭长形的蛋容易破碎，雏鸟孵化成功率不高。对于那些高飞远行的鸟类来说，一定要有一种筛选机制，要么是筛选出最强壮的鸟（它应该来自一个更坚硬的壳)，要么干脆就是随机性筛选，筛选出来的同类鸟数量大幅度减少，未来同类之间的竞争相对缓和，个体的生存空间更大，成活率更高。你可能看到满地走的母鸡，但你绝对不会看到天空中布满了游隼。鸟蛋的形状就是随机性筛选机制的一部分。它不是一个有关长短胖瘦的现象，它是一种早期筛选机制。

为什么虾虎鱼和太平洋鲑鱼以及其他一些洄游鱼类要逆流而上去产卵？它们一路坎坷，经受各种磨难，精疲力竭地到达内陆河流上游才获得交配权。如果仅仅是一次聚会的话，它们完全可以在河口完成交配，没有必要冒险逆流而上。它们在洄游的这段路上接受了随机性的筛选，完全可能有最强壮的鲑鱼被那些伏击它们的黑熊吃掉，我们并不肯定到达产卵地的鲑鱼一定是最强壮的，我们只能说它们是强壮的幸运儿。大自然当然鼓励你变成强壮的虾虎鱼，但是它不确保最强壮的虾虎鱼最终得到交配权，这其中就是随机性的作用了。一旦你确定你自己是最强壮的虾虎鱼，你就确信自己肯定胜利了，你就会放松警惕，你就不会再努力上进，那样的话，大自然就失去了竞争，而你和你的物种也就危险了。

电影《复仇者联盟 4》里面的“灭霸”也是一个误解了随机性的混蛋。他用随意打一个响指的办法，随机地消灭地球上一半的人口，这种做法(先不说他有多么地反人类)从根本上误解了随机性。抱歉，请读者想象一下你自己是一个笨蛋或者懒汉，你听说灭霸来了，他会随机消灭一半的人。你的第一反应不是奋力抗争，而是赶紧去醉生梦死和及时行乐。

随机性作为一种进化筛选机制，它一定是催人奋进的。所以，大家都要努力去当强者。但是，强壮只是必要条件，不是充分必要条件。人们还要始终战战兢兢地努力拼搏，始终提心吊胆地顽强抗争，不能因为自己强壮了就放松警惕。随机性的存在使得河里最强壮的鲑鱼也会被黑熊吃掉。因此，每一个生物都要一刻不停，奋斗到最后一息。

事先不知道事情的结果会怎么样，却又要对事情的结果负全责，这就是筛选机制中的随机性。随机性逼得所有人都要全神贯注和全力以赴。这使我想起了神话故事中的潘多拉魔盒。潘多拉打开魔盒，释放出的毒虫变成了人世间的所有邪恶——贪婪、虚伪、诽谤、嫉妒、痛苦等，但潘多拉最后时刻按照众神之王宙斯的旨意及时盖上了盒盖，把“预知未来”的那只小虫子永远锁在盒内。宙斯因此宣布人类还有希望。是的，这个故事对我很有启发。只有当一个人不能预知未来的时候，他才会全力以赴地奋战到底。这就是“宙斯”对人类下达的谕旨。

如果一个国企体制僵化，干好干坏一个样，每个人干活都懒懒散散，开会的时候都奋笔疾书，文艺演出的时候都全身投入，这样的国企体制就使得随机性失效了。筛选机制不能发挥作用，人丧失了主观能动性，人对自己不负责了。如果这家国企还需要政府部门来帮它熨平经营活动中所遇到的随机性，那么，它就会拖累整体经济的运行效率。

筛选机制鼓励个体竞争,竞争使得大家对自己负责,从而提升了效率。我国改革开放早期曾经提倡“效率就是生命”,这句话后来不怎么提了。在国企改革方面,我们更提倡“稳定压倒一切”。我们特别注重培养人才,我们不怎么注重市场化的筛选机制。这使得我们有时候会错误地以为随机性也是可以掌控的,可以通过培养数学家来控制随机性。其实,这根本就是对随机性的误解。

我建议大家把资本市场上的随机性看成是进化机制的一部分。随机性防止了任何人用可以总结、可以传播、可以复制的方法一劳永逸地进入财务自由。那些成功地进入财务自由的投资人在市场上始终是凤毛麟角的,而他们出版的自传又让大家感觉他们的成功源自他们刻苦实践了一种可以被复制和学习的方法。普通投资人容易忽略这些人的成功源自随机性而相信他们的道路是可以追随的。这样一来,大家就努力复制富人的成功经验去实践,而随机性最终使得大多数人并没有发财。这是因为如果大多数人都发财了,人们就会失去前进的动力,我们的社会就不再进步了,而这违背了进化论。

资本市场上的成功者很大程度上是因为他们是随机性的宠儿。当然,他们的先天基因和后天努力也帮助了他们在不确定性世界里更好地生存。但是一个人所拥有的基因其实也体现了某种随机性,就连他的父母也无法预先控制。与此同时,我们又不能让大多数人相信成功仅仅就是随机的运气，那样的话，大家都干脆放弃努力了。大家都躺倒不干也不行，这样也会妨碍社会进步。于是，大家就被成功者的故事激励起来，去“勤劳”“努力”“刻苦”“节俭”和“聪明”地努力工作，这样，种种美德就得到了奉行和传播，人类社会作为一个整体就获得了持续演进的根本动力。

在历史学领域，有关随机性（历史学家们称之为“偶然性”）的激烈争论发生在20世纪初。关于埃及艳后克里奥佩特拉的鼻子的问题，关于土耳其苏丹巴济扎得的痛风问题，关于希腊国王亚历山大被宠物猴子咬了一口之后感染的问题等等，诸如此类的奇谈怪论令人目不暇接，感觉我们今天的世界完全是一场错上加错、歪打正着的偶然性事件的戏剧中的最新一幕。1909年，英国历史学家博瑞发表了关于“历史中的达尔文主义”一文，提出了“偶然巧合因素在很大程度上决定了社会进化的事件”。我不太接受这样的历史观，我认为无论是历史上的偶然事件，还是资本市场的偶然事件，都是进化机制的一部分。我们事先无法作出基于预测的准备，如果我们能够提前准备的话，等于说进化的进度表是人类预先可知的，进化可以脱离自然而单独由人类掌控着进行下去。不确定性的未来永远悬在我们前面，让我们保留了希望和恐惧，让我们对不可预知的未来始终有所准备，让我们有动机来保留生物多样性，保留文化多样性，保留不同的见解和思想，而不是事先就做一遍清扫和统一。这样的话，我们就失去了进化所需要的竞争机制，因为竞争机制的基础之一就是生物多样性。

第四，是关于数据的误解。

投资人被“科学崇拜”误导很久了。如果说文艺复兴时期还是科学与艺术并驾齐驱的阶段的话，到了欧陆列强争霸时期，奥匈帝国的山地师给每个连队配备了一名数学家，专门计算弹着点和火炮射程，战争的胜利是压倒一切的事实。它证明了我们对科学怎么崇拜都是不够的。用科学方法处理火炮数据很成功，那么，我们雇佣同样的数学家来处理交易数据是否也能百发百中呢？

那些交易数据到底是某项资产在历史上的真实价值，还是当时人们基于他们掌握的信息对这项资产价值作出的判断？抑或是能够激励当时人们的估值水平？究竟什么是历史事实？什么是历史数据？我对历史数据发出质疑的底气来自历史学家巴勒克拉夫教授说过的一句话：“历史根本不是事实，而是一系列已经被人接受的判断。”我感觉在金融学的领域中，我们把历史事实和历史数据进行了机械的分割。这种分割是可怕的，有时是致命的。因为这种分割使得我们更容易使用科学方法来处理“历史”。记住，统计软件处理的历史绝对是“历史数据”，统计软件绝对不能处理“历史事实”。只有人，而不是机器，才能从历史事实中获得对现实和未来的思考。因为这些都是人本身的主观判断。我们现在有一种盲目的可怕倾向：认为历史数据体现了历史事实，体现了规律性的交易机会，体现了市场的信息。我们只要处理历史数据就能够把握历史事实所揭示的历史规律，进而我们能够更好地把握未来。我认为这是对科学、金融和历史的三重误解。

里顿·斯特拉齐曾经诙谐地说："无知是历史学家的第一要素，无知可以让人简单、明了，也可以让人有所选择和省略。"我把这句话里面的"历史学家"换成"量化投资"的话，这个结论是否也能成立而且更加诙谐？E. H. 卡尔进一步调侃道："我在(斯特拉齐)的反思中找到慰藉，这些历史学家之所以能耐如此之大，源自他们对研究主题的无知。"

郁金香泡沫？南海公司泡沫？网络科技股泡沫？人类几乎每隔几十年就会发生一次"某某某"泡沫。发生完了以后，经济学家们往往哀叹道，"人们从不吸取教训"，他们抱怨人类有"这次情况有所不同"的侥幸心理。其实，从人类学来看，我们应该庆幸人类没有从过往的泡沫历史中学到任何教训。

第五，是关于融资的误解。

我们需要的是一个真正的买家，央行的流动性、贷款和其他扶持政策只是让我们活到买家出现的那一刻而已。央行不是买家，如果央行成了买家，市场机制就破灭了。

融资只是为了让你在买家到来之前活过那段艰难的时间。因此，融资不解决根本问题，我们还得需要买家。有买家的市场才是一个真市场。只有融资便利的地方，并不是一个市场。

2008 年金融危机期间，当时的美联储主席伯南克召集各大投资银行家们开会，试图挽救陷入困境的美林证券公司。美国银行的CEO表示愿意出资收购美林，两家合并以后成为新的美银美林公司。但是就收购的价格，两家公司针锋相对，寸步不让。会议室里的气氛一度闹得很僵，双方甚至到了恶语相加的地步。但是伯南克在一旁却试图极力掩盖自己的微笑。他日后在回忆录里披露，他当时感觉自己在金融危机的阴霾中看到了第一缕曙光。“只要投资银行家们仍然保持着贪婪，这个市场就还有救。”这是他事后的总结。

美联储作为央行向陷入困境的银行提供流动性，财政部可能发行国债注入资本金，但这一切都是延缓危机的举动，是为了防止情况进一步恶化，为找到解决问题的方法提供了更长的时间而已。

流动性也好，融资也好，都不解决问题，而是为解决问题提供了时间。真正解决问题的还需要有一个进场的买家。他买入资产，他买入陷入困境的公司，他买入商品和原材料，他给市场上的人带来希望。人们会这样看待他的举动：危机一定已经到底了，一定有人已经看到了隧道尽头的光明，他一定有新的蓝图和新的规划，他一定已经发现了新的机会，他一定已经看到了未来。我认为，真正发生金融危机的时候，靠央行和财政部都没有用，需要突然出现一个神秘买家，他给市场注入信心。

第六，是有关危机的误解。

我写完《货币起源》以后有一个体会：黄金、白银、纸币都是迷雾。关键是要有能力建立、维护、捍卫和推广一种秩序、一种道德和一种价值观。为此，我们一定要建立并维护一个公平正义的、人人向往的社会。和实现这个目标相比，如何制定经济发展政策和货币政策倒是次要的。

一个国家发生金融危机之前，它的道德体系一定已经出现了问题。这就是整个生态系统的适应性进化遇到了系统性障碍以后的被动反应。各国在不同历史时期都经历过金融危机和经济衰退，这似乎是市场经济的魔咒。我认为就像每次流感过后都会促进我们提高免疫力一样，危机带给我们一个对现有经济秩序进行调整和改革的机会。

世界上有两种类型的国家，一种是中间层很强，而顶层和底层的人相对弱势。英国就是这样的国家，她刻意保留王室作为仪式上的领袖是遏制了其他人的更大野心，使其只能成为政府首脑而不能成为国家元首。这恰恰说明了这个国家的中间层很强大。他们宁可保留一个无关紧要、无所事事和无关痛痒的王室，也不要有人成为一个真正握有王权的独裁者。

另外一些国家的中间层很弱小，顶层和底层的人则相对很强大。这些国家没有人去制约顶层的胡作非为，也没有人能够扑灭底层的颠覆叛乱。这些国家反反复复地陷入政治动荡。

只有一个国家长期实现了政治稳定，它才有资格去讨论金融危机的问题。是的，那些政治不稳定的国家情况可能更糟糕，相比较而言，金融危机和经济衰退还是那些政治上稳定国家的“特权”，是健康人群的“流感”。

以市场经济会发生金融危机为借口来遏制市场，这套说辞像是极权主义者的宣传稿。金融危机调整了社会中上阶层的构成，中产阶级当然深受其害，但是富裕阶层也往往跌落下来。危机过后，一切从头再来，使得市场机制继续发挥激励人的作用。否则的话，一个社会的中上层挤满了人，其他人的上升通道就被堵死了。当然，我们今天即便是失业的工人也过得比200年前的工厂主更好。这就是市场经济实现的人类进步，但我们真的无法维持一个人人都在顶层的社会秩序，这种秩序使得市场原有的激励人的因素被遏制了。我们被迫接受金融危机，它使得“比赛重新开始”。

第七，是关于隐私的误解。

互联网公司强迫或诱骗用户向自己披露隐私，收集到足够多的客户数据之后，这些数据本身会形成规模效应，帮助互联网公司描绘出用户的喜好和消费形态。然后，这些互联网公司就可以有针对性地出售产品给客户，或者将这些隐私信息出售给第三方的广告公司加以利用。我当然反对他们这么做，但是理由却不是为了保护客户的隐私。

利用技术手段收集客户隐私然后开发一款爆款的APP，这是把产品强加给用户，而不是让用户自主选择。这个做法本身违背了“自由人的联合”的市场原则。这款人工合成的APP不是自由人自愿的选择，我们被迫使用它仅仅是因为其他人也在用它。如果没有它，我们也许用其它方式进行沟通。取代用户本身去设计一个用户之间相互联系的方式，这种做法不是用户自愿联合的方式，这款产品也就不是他们愿意捍卫的东西。人们在使用它的过程中也许觉得很方便，但其实是失去了自由，因为我根本就没有选择权，我只能被迫接受这个安排。

第八，是关于税收的误解。

由经济学家们组成的政府智囊团经常出现各种搞笑的场景。其中最著名的场景就发生在撒切尔夫人推行市场化改革时期。她保持的一项纪录至今无人能打破：全英国 364 名经济学家联名投书《泰晤士报》，声明她的经济改革措施违背了经济学原理。但是撒切尔夫人对于这些批评毫不在意，她说："经济学家们对自己预言的准确性所持有的信心让我感到震惊。我是在父亲的杂货铺里长大的，所以有时不禁会想他们是否在用自己的钱为自己的预言背书。"等到撒切尔夫人改革成功以后，又有一大批经济学家开始赞美她，声称自己帮助她起草了改革的方案。

孟德斯鸠最早说过，自由和税收之间存在此消彼长的关系。他指出，自由国家的税收比较高是因为那里的人民为自由付出的代价更高。但是孟德斯鸠没有具体解释下去。他忽略了市场这个机制。市场是自由人的联合。放松市场管制，增加人的自由，就会使得市场创造出无穷的新机遇，为经济注入强大的活力，使得每个人都看到一个光明的未来。放松管制以后，很可能需要更大的代价来维持市场秩序了，因此，政府被迫增加税赋。这时的增税举措倒是可以理解的。所谓市场经济的新秩序，就是在更高的自由和更高的税收之间找到新平衡。

但是政府的智囊团们不这么想。这些经济学家们要么同时喂你吃“两块蛋糕”，要么同时扇你“两记耳光”。他们会宣布“为了刺激经济”，建议政府“放松管制”同时“降低税收”；他们还会宣布“为了给经济降温或者控制通胀”，建议政府在“加强管制”的同时“增加税收”。我的天啊！正确的做法是：要么允许人们享有更多自由，然后拿走更多税收；要么对经济活动进行管制，限制人们的自由，同时降低税率。经济学家们以为他们面对的市场是由一群供他们实验观测用的小白鼠构成的，所以会犯这样的低级错误。

治理

市场就是秩序，这种秩序包括了国家治理体系、法律体系、风俗习惯和货币体系。一种秩序的最终胜利体现在市场上：“耕者皆欲耕于王之野，商贾皆欲藏于王之市。”

自从市场诞生以来……不，诞生这个词不准确，它暗示了另外一种逻辑可能，即市场可能像孙猴子一样从石缝中蹦出来……更准确的说法应该是，自从热爱自由的人们联手缔造了市场以后，市场总是战胜暴君。让人人看到希望，让人们觉得自己有获得自由和发展的机会。即便是敌对阵营的人，也看到了同样的机会。古代的一切战争都是国王和教皇的战争，往往是一个暴君战胜了另外一个暴君。市场诞生以后，每一场战争都带来了人的更大自由，而不是国王的更大荣耀。

在战争中，那些自我牺牲精神强的部落往往能够战胜自我牺牲精神弱的部落。一般来说，贫富差距大的地方，人们的自我牺牲精神差，虽然表面歌舞升平一片繁荣，但是对外战争能力却是一个短板，因为贫富差距大的地方人们相互之间不团结。经济学家马特·布鲁姆(Matt Bloom)基于对"职业棒球大联盟"球队胜负情况的研究发现，薪酬不平等程度更高的球队比那些收入不平等程度较低的球队表现更差。其中最主要的原因在于：严重不平等会引起团队的不满，从而削弱团队合作。

历史一次次地轮回，只因人性变化不大。就像《哈姆雷特》的剧本从来就只更换演员和布景，台词是用不着改的。

> 亚当·斯密那引人注目的"看不见的手"的形象，把社会秩序从那些不协调的且自私自利的众多买家卖家的行为中解脱出来达成治理，这并不仅仅是文人的巧妙自负。秩序及其复杂性的出现或多或少自发地来自简单形式之间的随意相互作用，这理念具有洞见，无论如何都主宰了几个世纪以来的盎格鲁-撒克逊人的想象力。对"看不见的手"的膜拜有着独特的激烈性、广泛性和普及性，这也许是英语世

界国家和其它国家的主要区别；它既是盎格鲁-撒克逊人崛起成为世界霸权的主要原因之一，也对盎格鲁-撒克逊人如何理解和解释他们的崛起和作用产生了主要影响。

……

英国历史，特别是普通法的历史，有助于使这个观念植根于英语世界文化和情感深处。日耳曼游牧民族的原始民间法创立了盎格鲁-撒克逊英国，民间法已逐渐演变成为众多英国人所看到的庄严和谐的法律体系。这一体系最终发展成为迄今最为复杂，也是最有活力的经济体的商法的基础。这种发展并非早先计划好的结果；这是慢慢积累的结果，千百年来成千上万个案件和判决形成的成果。没有任何单一的智能控制可以精心策划这种发展，一路以来也碰到过死胡同并作出过失误决策。但是到17世纪时，英国法学家和大众舆论都看到了这种未经计划有机发展的普通法的巨大价值。

……

从更为广泛的层面来看，英国的制度和自由都朝同样方式发展：中世纪英国历史舞台上充斥着贵族、国王、议会和市民的碰撞和冲突，不知何故，平衡议会君主制的轮廓开始慢慢形成，不经国会同意是不允许随便征税的，而且王室的权力受到同样神圣的限制。英国人，至少那些足够富有和有权势的人留下了他们的观点使得史学家有史可查，这些人是很喜欢他们的法律和体制的。

……

他们可以清楚地看到社会及其制度随着时间流逝而不断演变和成长，也同样清楚地认识到，这种发展不是由全面的人类能动性和总体计划形成的。秩序在他们的社会本质中是内在固有的；法官和政客的任务是去发现已然形成的秩序，而并非将宏伟蓝图强加于一个不成熟的无序社会。[①]

第二次世界大战以后，各大国保持了将近80年的和平。这其中当然也包括核武器在内的多种因素。但是，归根结底，是因为人类在战后建立了一个规则统一的大市场。市场给人带来了希望，市场鼓励人们去追求自由。一旦一个国家的人们“沉溺”于市场，喜欢上市场，依赖于市场，只有市场才能帮助他们获得人格独立和个体自由的时候，这个国家的人民自动就会反对他们国家的暴君和专制。这就是第二次世界大战以后的秩序与和平的机制。

我有时候觉得世界上有两个罗马帝国。罗马既是一个国家，也是一种秩序。它维持这种秩序的方法之一就是向其他国家的人开放自己的市场并提供市场机会。这就使得这些国家的人民依赖于这个市场和这个秩序。

---

① 沃尔特·米德著，涂怡超、罗怡清译：《上帝与黄金：英国、美国与现代世界的形成》，社会科学文献出版社2014年版，第393—395页。

维持市场秩序需要从国家治理、市场治理和公司治理三个方面入手。

一是国家治理。一个国家治理的目标应该是：让更多的人接受我的道德，遵守我的秩序，向往我的文化，使用我的货币，依赖我的市场。罗马帝国既是一个国家，也是一种秩序、一套规则、一个市场。罗马帝国的敌人总是忽略后面三个因素。战胜罗马帝国之后，如果同时颠覆了罗马帝国所建立的秩序，那么，胜利对于胜利者来说可能就是一场灾难。自从公元410年罗马首次被哥特人攻占之后，又多次遭劫和沦陷，但是罗马帝国摇摇欲坠却又屹立不倒，在暮霭沉沉的夕阳中折腾了上千年才成为一片废墟。这不是因为罗马帝国有多么强大，而是因为没有人能够取代它所建立的秩序。那个占领了罗马的人，必须继续维持罗马建立的秩序，才能实现他的统治。

有关国家治理的内容很多，我只谈货币问题。我认为这是国家治理的核心问题。许多人错误地认为，货币发行需要一个锚。锚是货币的发行根基？不，锚是幌子，为的是让人相信并放心使用货币。我认为“货币无锚，锚在人心”。

建立一个货币发行机制就像是学习骑自行车。一开始爸爸用一双强有力的手从后面牢牢地为你扶住摇摇晃晃的车子。爸爸的一双大手就是你的“锚”。一旦你学会了骑自行车以后，就会发现，没有爸爸的辅助你一样骑得很好，你根本就不需要“锚”。“爸爸的辅助力量强”和“你自己的骑车技术好”这两者都能够使得你骑自行车不摔跤。

货币发行机制也是一样的道理，任何国家在建立一个新货币机制的时候，都宣称自己有一个“锚”，要么是锚定黄金的“金本位”，要么是锚定美元的“布雷顿森林体系”，这些锚的作用就是提升这些货币的可信度，让人放心使用。

最终决定某个货币体系命运的是这个国家的国家治理体系。如果这个国家已经建立了一个高效的国家治理体系；一个廉洁的政府运营着一个高效的市场机制；人民能够参与国家治理；人民不仅能够安居乐业，还能当家做主。那么，即便没有黄金和美元这些“锚”，货币体系依然运行良好。因为货币的使用者心里都很安定、都很踏实，对未来都很乐观。货币体系其实是社会价值体系和道德体系的一部分。

我在《货币起源》一书中总结过纸币时代央行的几个原则：

(1) 不要乱投货币破坏社会价值体系并打乱人们对未来的预期；

(2) 不要当买家直接入场救助金融机构，而是为那些愿意承担风险的买家提供融资便利；

(3) 和其他监管部门和司法机构一起保护好投资人的利益，使得资本市场不断进化出好公司；

(4) 货币是道德的补丁，一个国家如果货币发行量巨大无比，说明它的道德体系千疮百孔；

(5) 在纸币时代，只有建立并坚持最高道德标准的国家才真正拥有发钞权。

许多人认为央行有权印钞票，他们仿佛认为央行的印钞权就是“核武器”，可以解决一切问题。其实，纸币时代的印钞权相当于“我有权向未来借时间”，我保证未来一定连本带息地注销掉这些新投放市场的货币；或者，我一直不注销但是我有能力保持社会稳定，保持道德体系健全，保持物价稳定，保持人们对未来预期的稳定。

我认为印纸币或者铸银币都不是关键，关键是人民相信政府。物价涨跌和货币数量其实没有必然关系。大家不要被“印钞票”三个字所迷惑、所激怒。请想象一场排球比赛，中国女排与巴西女排前四局打成 2∶2。最后一局达到决胜的赛点了，巴西队奋力扣下一球，眼看中国女排的败局已无法挽回，冠军马上就是巴西队的了。此时此刻，排球离地面还差一厘米的距离。就在千钧一发之际，中国女排的主教练郎平突然扑向记分牌。她打破排球比赛规则，死死地摁住了记分牌，然后她跟全体观众说：“对不起，同志们，我请大家再给我们 30 分钟时间，我们中国女排一定能打败巴西队取得胜利。”如果 30 分钟之内她们没有赢回冠军，你不仅要带着失败的情绪离开，还要被迫再买一遍门票作为对巴西队的额外补偿，你愿意吗？当然，如果 30 分钟之后她们赢了，你会和中国女排的姑娘们一起带着胜利的喜悦离开，但你也不会得到额外的钱。此刻，郎平摁住了记分牌，不允许这个牌子翻下去，不允许比赛结束，她打破规则，延长了比赛时间，你会同意吗？我是会同意的，估计你也会同意的，因为我们都渴望胜利，而且我们都觉得郎平是一个可以信赖的人。她和你我有共同的价值观，她是个可靠的人。她过去一连串的胜利使得我们有理由相信，给她 30 分钟的时间，她能反败为胜，带领中国女排的姑娘们拿到冠军。所以我们决定替她扛住打破规则的责任，再借给她 30 分钟时间，并为此承担了再买一遍门票赔偿巴西队的风险。这凭空创造出来的 30 分钟的时间就相当于我们新印了一笔钞票交给郎平，让她去实现一个更伟大也更具挑战的新目标。

央行“印钞票”是表面现象，核心是“印时间”，只不过它印时间的代价是你来支付的，央行通过稀释你当期存款购买力的方法，从你手里借走了时间(如果你手里的财富主要表现形式是房产的话，则不被稀释)。所以，问题的关键是它借走时间干什么去了？如果是推进国企改革，推进金融机构改革，加强地方政府财税制度改革，建立更完善的金融市场秩序，你会放心吗？当然放心！这就相当于观众印了 30 分钟时间借给了郎平去战胜巴西队，罗马公民印了 2 年时间借给恺撒去远征高卢。如果央行印了钞票，问你借了时间以后，所托非人，用于一些很低效的项目，甚至是为了拖延关键领域的改革，那就相当于中国足协问你借了时间，然后交给一个叫“周洛华”的棒球球迷去领导男子足球的国家队。我的天，即便你借给我 30 年，我也没法给中国男子足球队的球迷一个不同的未来。

货币到底是什么？货币就是体育比赛用的记分牌。看起来是记分牌最直观地决定了比赛的胜负，其实记分牌背后有看不见的比赛规则，只要大家都理解并遵守比赛的规则，记分牌就能发挥作用。但规则不是比赛最重要的东西，乐趣才是！人们有兴趣来参加这个比赛并得到乐趣，这是推动规则完善并得到遵守的重要原因。并且只有当人们热爱这项运动的时候，记分牌才能帮助我们筛选出“最有价值的球员”。只有当人们热爱自己的国家，拥护自己国家的体制并自觉维护社会道德体系时，货币才能帮我们筛选出成功的企业家。请把三步上篮、盖帽、篮板球抢断、三分球定投全部想象成一个社会的企业家，他们用这种极致精美的动作使得篮球比赛充满了悬念和激动人心。而场边的经济学家们由于无法预测比赛结果，因此，被迫宣布篮球比赛的记分牌变动规律符合一种特殊的随机漫步过程。

央行印钞票还是印时间？这还取决于使用货币的人民怎么看。有些经济体投放了大量货币而物价却不涨，这说明那里的人民相信央行和政府，预计未来货币会被回收注销，那么，央行印的就是时间；反之，有些经济体稍微一投放货币，物价就猛涨，因为人民认为无法约束央行，央行不受控制，人民相信它在印钞票。有些发展中国家为什么经常陷入通货膨胀的泥潭？那里的人民不能很好地约束政府开支，政府为了应付各种开支需求，不得不多印钞票，一旦开始印钞票，就很难停下来了。

这些国家的货币往往不能自由兑换，一般也不自由浮动，同时还很有可能实行外汇管制。这些管制措施其实阻止了市场去约束政府乱花钱的手，阻止了市场去约束央行印钞票的手，从而让政府控制的央行能够无拘无束地投放货币。这些发展中国家一旦放开外汇管制，实现自由浮动和自由兑换机制，市场马上会用脚投票，集中兑换成外汇并逃离该经济体。“外汇挤兑”这样的事情一旦发生就会对经济发展造成巨大的冲击，尤其是令人民的信心产生动摇。

发行货币就是向人民借了时间。央行和政府一定要珍惜这段借来的时间。日本在 20 世纪 90 年代陷入危机以后，投放了大量的货币，印了 30 年时间，为什么还没有完全恢复元气呢？日本合并了大量陷入困境的银行，形成了当时世界上资产规模最大的商业银行。然后日本央行注入了大量的流动性，使得日元的利率在 20 世纪 90 年代就接近于零利率。这些措施为什么都没有达到日本央行预期的目的呢？难道是这些政策错误了吗？还是印的钞票不够多？其实都不是。日本央行用印钞票的办法给了金融机构足够的时间，但却“所托非人”，他们没有及时整改金融机构。正确的方式应该是把坏账都暴露出来并予以注销，然后改进商业银行的信贷投放和管理模式。这样公开透明的改革措施才能使市场重建对日本金融机构的信心，投资者的热情才会重新点燃。没有这些诚实透明的披露和痛定思痛的改革，就没有重建信心的基础，那就需要日本央行不断地“印时间”了。

不要以为“时间可以换空间”，不要以为“拖延”和“掩盖”能够使得问题自动消失。坏账本身不是问题，关键是你对待和处理坏账的态度和方式，那才是真正的问题。一定要给市场信心，而让市场建立信心的第一步就是诚实地披露所有的信息。要让人看到光明的前景，对未来充满期待。如何让人建立这种预期？对他们说实话，全部的实话，而不是部分的实话，更不是把部分的实话按照特定的目的罗列出来呈献给投资人。

二是市场治理。诚实不仅是个体应对市场不确定性的有效策略，更是效率本身。一个由相互之间诚实的个体组成的市场，运行的效率最高。我从进化论的观点得出这样一个推测：市场化程度高的国家，其国民素质更高，体现为更诚实守信。这其中有两个方面的原因：首先，那些不诚实的个体要么在漫长的市场进化史中被其他个体一致排除在市场之外了，要么因屡受惩罚而变得诚实了。其次，诚实的个体之间更容易结成同盟。如果一个群体内的个体都有欺诈行为，他们会相互提防，而不是结成同盟。

有些投资人笃信诚实，这当然很可贵，但是他们给出的理由却是“诚实是最好的策略”。我认为诚实并不是一个交易策略，把诚实当成交易策略从根本上违背了诚实的本意，诚实应该是无目的的。有目的的诚实恰恰不那么诚实。与之相反，“不诚实”倒是可以作为一种交易策略。当市场没有明显的合法赚钱机会的时候，欺诈是最便捷的赚钱策略。在欺诈盛行的地方，贫富差距会迅速扩大，而由于欺诈本身不创造新的社会财富也不发明新的科学技术，社会财富总量没有增加，因此，很快全社会就陷入一种经济停滞和落后的泥潭，少数人则一夜暴富。究其原因，还是因为这些地方的人们相互之间没有学会结盟，也不会一致行动去捍卫自己的利益，并且心存侥幸，以为自己可以凭借聪明、关系和运气成为少数富裕的幸运儿。一般来说，这些国家都是禁枪的，而且社会治安相对良好。

托马斯·索维尔（Thomas Sowell）是美国经济学家和社会评论家，他曾经说过一些非常经典的话，我在下面摘录了几句：

(1)"自由的代价是永恒的警惕"——这句话我们已经耳熟能详。自由的另一个代价，是对不完美的容忍。如果世上的任何不便，都成为向某些政治救世主让渡更多权力的理由，那么，自由就会被侵蚀殆尽。

(2) 我们是否准备追随任何声称能"解决"我们"问题"的政治家，这是个至关重要的问题。若真是如此，那就会有无穷无尽的"解决方案"，每个都会引出新问题，从而需要更多的"解决方案"。这是个没有尽头的任务，不仅耗费纳税人越来越多的金钱，更重要的是，还会损害你们越来越多的自由。

(3) 最终，我们的选项是：放弃乌托邦还是放弃我们的自由。数百年以来，一些人已经认识到这一点，但许多人至今仍没有面对这一现实。如果你认为对于那些惹你生气的,或任何你想要的、你没有的东西,政府都应该"管一管"(do something),那么,你已经在乌托邦和自由之间做出了选择。①

早在18世纪,埃德蒙·柏克(Edmund Burke)就说过:"知道一种罪恶应该被容忍到何种程度,是智慧的重要组成部分。"他还说:"我必须忍受这些缺陷,直到它们溃烂成罪行。"今天仍有一些理智的声音,响应着埃德蒙·柏克很久以前说过的话。芝加哥大学教授理查德·爱泼斯坦(Richard Epstein)表示:"研究人类制度的目的,始终是在探寻一种能够忍受的不完美。"如果你不能忍受不完美,就准备好和你的自由吻别吧。

世界上存在着一个比市场更聪明的政府吗?这个问题本身就错了。抛出这个问题的人并不希望得到你的回答,他只是想赢得你的支持,以便建立一个可以干预市场的强大政府。反对这个问题的人也不希望你回答,他只是想赢得你的支持,以便建立一个没有政府干预的强大市场。这两类人都是经济学家,他们脱离了当时当地特定人群的本性来谈论市场和政府。

支持政府干预市场的人认为,市场经常出错,所以需要政府出面来引导和干预。这句话的逻辑看起来对了,而且如果你把这句话中的"政府"换成"上帝",不仅在逻辑上仍然正确,而且在道德上更加崇高。这句话的关键是前提,即市场是否经常出错?

---

① 【美】Thomas Sowell, *Dismantling America*, Basic Books, 2010年版。

如果是的话,那又是为什么?市场当然经常出错,这是毫无疑问的事情。但我们不应该就此指责市场,而是应该反思“出错”这个词的用法。市场没有分毫不差的公正,没有纹丝不动的公平,市场当然会有矫枉过正的时候,也一定会有不符合我们愿望的时候。但是没有哪一场战争正好打死了全部的恶棍,或者正好挽救了全部善良的人们。我们的大多数正义的战争之所以正义,是因为在我们取得完全胜利之前,太多的好人和老实人已经被夺取了生命。我们为了给他们报仇,为了重新赢得自由,我们又付出了巨大的生命代价,这能说是无效的战争吗?这能说我们的胜利不那么正义吗?当然不是。与此类似,市场也是一个保卫自由的机制,它保卫自由的方式就是在商品市场上保护消费者,而不是生产者;在资本市场上保护投资者,而不是融资者。

保护消费者,这是一个沉重且陈旧的话题了。我认为保护消费者应该是没有任何目的也不需要任何理由的行动。而且保护消费者的主体不是独立于市场的政府执法者和法官,而是消费者自己。保护消费者需要消费者自身的一致行动,包括行政机关和法院在内的全社会都应该体现这种意志。保护好消费者意味着只有那些取悦于消费者的厂商才能生存下来,意味着没有人能在市场上拥有特殊优势地位,然后让消费者为他在“懒惰、懈怠和不思进取”中生产的产品买单。如果是那样的话,我们就又回到了部落里面,统治我们的人换了一个名称而已,以前叫酋长,现在叫厂长。

市场是热爱自由的人们共同构建起来的，它的核心是保卫自由。因此，保护消费者就是保护并提升自由。市场越是公平竞争，越是开放竞争，厂商们就越是争先恐后地讨好消费者，由此就提升了消费者的个人自由。他只要付出更少的努力就可以获得更好的东西。所以，“保护消费者”这个短语中的保护一词用错了，带来了语言的迷雾。我们真正应该做的是创造一个充分竞争的公平市场，让生产商想方设法取悦消费者。我们把消费者置于更有利的地位，并将其称为一种保护。而且这种保护不仅是指产品的质量，同时也指产品的价格。我最怕政府来一个文件“既要保消费，又要保就业，还要保其他什么的……”，根本就不应该把这些事情对立起来。如果政府为了自己的税收，或者为了本地的就业而没有对消费者进行很好的保护，转而保护那些本地的生产商，那么，政府其实就是在扼杀竞争并遏制效率。保护落后企业就相当于允许他们对消费者征税，允许他们成为酋长，允许他们剥夺消费者的自由。

需要指出的是，自由不是一种权利、特权和便利，自由是一种担当。它需要主动承担责任，它需要人人动手去捍卫。只有敢于捍卫自由的人才配享有自由。如果有人总是在等别人帮助自己，总是希望得到同情，甚至恨不得为此希望自己受的伤再重一些，这些人也许能够在某个特定的电视节目中得到同情，也许还能得到厂商的赔偿，但是这些人其实不仅没有保护消费者，反而起到了相反的作用。他们用自己的惨状赢得同情，其实就是把自己置于被同情、被帮助和被可怜的地位，他们主动贬低了他们自己的社会地位，为的是取得更高的物质补偿。这些人本身根本就没有站起来捍卫自由和实践自由的勇气。他们不能帮助我们去实现一个更公平、更高效和对消费者保护更好的市场。

三是公司治理。除此之外，我们还要在资本市场上保护好投资者的利益，也就是加强和改善公司治理。回顾世界各国发生过的金融丑闻和烂账，折腾来折腾去，就是一句话：几万人被收割，几百人蹭汤喝，几十人挣了大钱，最后几个人进去扛锅。我一想到 20 年前安然公司的股东们，我就为他们感到悲哀。保护投资人应该是公司治理永恒的主题。

集体诉讼不是一种机制，而是一种便利和一种通道。它使得全体受到管理层或者大股东伤害的中小股民们能够方便地默契一致地联合起来。绝大多数中小股民相互之间不认识，他们也几乎从不参加股东大会。他们辛辛苦苦地省下工资和积蓄，买了某个公司的股票，他们平时几乎不参与公司治理的任何大会，也不会花很长时间来研究公司的定期报告和董事会决议。集体诉讼机制有点儿像金本位里面的黄金兑付保障，这是一个普通投资人可以使用的“核武器”。如果英格兰银行滥发纸币，大家就要求它兑付实物黄金。如果上市公司大股东掏空上市公司，侵犯小股东利益，大家就用集体诉讼打垮他。当然，在某些发达国家，诉讼权有点儿被“滥用”了，但“滥用”总比“用烂”好。许多大股东不是在集体诉讼中被打垮的，而是被漫长繁多的诉讼名目和请求活活拖垮的。安然公司前董事长就是一例，他在已经被判入狱的情况下，还要应付多如牛毛的股民集体诉讼。最后，他在入狱前几天，突发心脏病死了。而安然的前总裁杰夫·斯凯林坐了十多年的牢，出狱之后仍然在应付集体诉讼请求。

这种集体诉讼机制很“有趣”，简直像是土改时的“申冤大会”和央行的“贴现窗口”的奇妙组合。一般来说，并没有任何普通股民会想起诉讼，他们也不知道怎么诉讼。没关系的，会有一帮律师，专门吃这行饭的律师，绰号“秃鹫”（成群结队地吃腐烂动物的尸体）。他们会密切关注上市公司的一举一动，一旦管理层或者大股东有什么风吹草动，并导致股价下跌，他们就立即闻风而动。首先，他们会发起诉讼请求关注函，然后他们会登报邀请受害的投资人来召开现场委托大会。在委托大会上，会有声泪俱下的投资人代表发言，会有慷慨激昂的律师代表发言，总之，一切错误都是上市公司管理层或者大股东一手造成的。律师会告诉大家：我们律师事务所就是帮你们伸张正义的，你们可以现在就委托我们提起诉讼，我们不收律师费，我们只会按照事先约定的比例和你们分享最后的赔偿金。如果你们现在缺钱，等不了那么久，我们律师可以现场买断你主张的权利，即便将来官司打输了，也和你没关系，是我们律所承担后果。当然，买断你主张的权利要打一个折扣了，就像票据贴现一样。我旁观过一次这样的宣讲会，是在一家酒店里开的。一开始，我还以为是一家公司的销售动员大会，后来发现不是，是针对某个上市公司的集体诉讼征集大会。会场热闹极了，有人在发言，有人在控诉，有人举着牌子抗议，还有人在写支票。

正当我撰写本节内容的时候，我从网络上看到这样一条新闻：美国特拉华州一名法官裁定，特斯拉董事会必须就首席执行官埃隆·马斯克(Elon Musk)数十亿美元的薪酬方案进行辩护。因为有一份针对他们的股东诉讼称，该薪酬方案使得公司的负责人获得了不公正的财富。由于该薪酬方案事先得到了董事会的批准，因此，特斯拉公司要求法官驳回公司股东提出的诉讼。但特拉华州衡平法院(Delaware Court of Chancery)副院长约瑟夫·斯利茨(Joseph Slights)驳回了特斯拉公司的这一要求。他要求特斯拉公司的董事会必须对以下指控进行辩护：该公司在批准该计划时违反了诚信义务(fiduciary duty)，而且该计划不公平地让特斯拉首席执行官变得富有。发起该诉讼请求的投资人要求撤销该薪酬方案，并对特斯拉公司董事会进行全面改革，以更好地保护投资者。

如果资本市场上有这帮“秃鹫”律师在天空中四处翱翔，后果会怎么样？如果你是上市公司总裁，你会怎么样？你一定战战兢兢和谨小慎微地经营你的公司，绝对不敢用公司的钱去包养女明星，去买豪车供自己享用，去游山玩水，去四处挥霍。你要防止这帮嗅觉灵敏的“秃鹫”一起朝你扑过来。

有些国家没有这些“秃鹫”律师，倒是常有另外一批负责“维稳”的保安人员，负责在现场维持秩序，防止维权的理财产品投资人做出过激的举动。这些保安人员在上海话里有时被称为“黑猫”。到底是“秃鹫”维持了市场秩序，还是“黑猫”维持了社会秩序？关键是不要把市场和社会对立起来，这两者本该是一体的。防止伤害中小股东利益是资本市场的核心支柱。

保护投资人的利益不仅需要一群“秃鹫”般的律师，还需要提高交易所的上市标准。如果我们一味地想着为企业、为生产商解决融资问题的话，我们就可能被诱惑着去降低上市门槛。那样的话，交易所就会吸引一群比较差的公司来上市，它们上市的真实目的不是发展，而是套现。一定要提高门槛，只让好公司上市，这些好公司上市以后，往往只分红而不套现。让市场上充满好公司，这是对普通投资人最好的保护。

关于好公司，其实是有许多标准的。读者一定已经看过许多这方面的内容了(我估计我的读者群主要来自那些读了财经类书籍之后，不仅没有解决问题，反而产生更多疑惑的人群)。为什么美国的投资银行家们乃至他们的交易所官员们，甚至他们的国会议员们，都要积极鼓吹美国上市的优越性和便利性，千方百计地吸引全世界最好的公司去美国上市？因为好公司的股权是印钞权的一部分。美国市场上对投资人的保护是很严格的，对上市公司在公司治理方面的标准也是很高的。这样做的结果就是只有那些经得起筛选的好公司才能生存下来，而这些公司的股票会慢慢涨上去，当这些公司的股价翻番的时候，美联储并没有相应投放货币来表现这些新增加的财富。因此，美国的物价水平并不受影响，这些公司天然会吸引到买家，而且由于公司治理到位，对投资人的回报和保护很好，所以普通投资人并不想抛售这些股票，他们更愿意长期持有。慢牛行情会产生财富效应，使得人们只有使用美元才能买到世界上最好的资产，由此提高了美元的吸引力。让人用我发行的货币，让人在我这里做生意，让人离不开我的市场，这就是一种秩序。

有时我觉得资本市场和实体经济之间的关系类似于库拉伙伴和贸易伙伴之间的关系。大家还记得我在前面分析过库拉圈和贸易圈的关系吗？一个西太平洋上岛屿的土著居民需要在库拉圈里面建立声誉，然后带着这种声誉去和陌生人展开一场交易。库拉圈培养了一个人的道德和行为规范，使得他不会在贸易活动中去欺诈交易对手，这就维持了交易体系的运行。我特别指出过，库拉圈里面的道德和贸易圈里面的道德是一致的。这样才能产生两者通用的声誉。

现在请把资本市场上的投资人想象成一个库拉圈，请把资本市场里的上市公司想象成那个和库拉圈对应的贸易圈。投资人的投资理念和上市公司经营理念一定有某种本质的相似性和相通性，就像库拉圈和贸易圈通行同一种道德一样。好了，现在问题来了。如果股市上的投资人都用博傻的心态、炒短线的心态、听消息的办法、看 K 线图的办法和听天由命的姿态来炒股票，他们就不会在股市上树立一种正确的估值体系。这种正确的估值体系会制约坏公司,鼓励好公司,激励和培养有前途的公司。由于这种估值体系的缺乏,在实体经济中经营的上市公司就缺乏一个激励约束机制,就不能发展(我其实更想用“进化”这个词)出“高效生产”“科研领先”“节约开支”和“回报股东”的特性。因为拥有这些特性的上市公司在资本市场上得不到回报。资本市场上的投资人欢迎题材炒作和故事新编。他们不能对好公司和坏公司进行甄别并区分对待,他们只知道快钱比慢钱好,他们只在乎自己要尽快富裕起来,尽快取得超过其他人的社会地位,为此,他们宁可投机取巧也不愿意脚踏实地。他们对坏公司慷慨解囊的同时就是在无形之中对好公司敲诈勒索。人们越是想要尽快富裕起来,就越是说明他们在乎自己的社会地位,就越是说明这里可能是一个等级社会,就越是说明这里的人们没有捍卫自由的一致行动。这就最终说明了这里缺乏一种培养良好的上市公司治理的环境。

提高公司治理水平不仅是为了回报股东,也是为了筛选出优质好公司,更是为了完善货币发行体系,最后,也是为了建立符合社会道德体系的市场机制。我过去曾经有过这样一个观点:“道德高尚的地方才有长期牛市。”现在看起来,我所谓的“道德高尚”应该是指“资本市场的投资人”和“实体经济的企业家”都奉行同一种道德体系,而且这种道德体系能够使得奉行它的投资人发财,然后就鼓励大家都成为那样的投资人。一旦投资人在资本市场形成了这种氛围和风气,就会提升和改善上市公司的公司治理，由此又倒逼上市公司奉行这些美德，从而在实体经济中脱颖而出。这其中的相互促进关系与库拉圈和贸易圈之间的促进关系是一致的。

估值

“估值”“价值”和“价值观”这三个词在英语中都可以用“value”这同一个词来表达。维特根斯坦说过，语言的一致性来自生活形式的一致性。我们的祖先在使用这三个词的时候，这三个词对应的生活场景之间一定具有某种相似性。

先有人性，再有价值。有了价值之后，人们就试图理解它并利用这种理解来赚钱并快速提高自己的社会地位，于是就有了估值这种企图。估值往往带来困惑和好奇，于是就有了构建模型这个行当。现在人们争先恐后地研究估值模型，很少有人去研究真实的人性。这是舍本逐末。我认为一定要研究人性，这是理解估值的钥匙。我们理解了估值，并不意味着我们可以或者应该就此发财了，而是在理解了估值之后，使得我们特定的困惑消失。这种困惑就是想要尽快富裕起来的念头带给我们的迷雾。

世界上本来没有模型，焦虑的人多了，自然而然地就有了模型。总是有人能够找到一个新模型来解释当前估值的合理性，这个工作并不难，只需要调整参数，或者发明新变量就行了。问题在于这项事后聪明的工作本身不具有创造性。

模型的作用不是说明估值的合理性，而是打消你对估值的疑问，让你相信这是一个自然规律，使得你心安理得地接受估值。

所以，我不讲模型了。

我得先说说“估值”这个词的由来。我认为这个词是语言的迷雾，使用这个词体现了人们对估值本身的误解。先来看一段历史故事，我是从哲学家瑞·蒙克为维特根斯坦撰写的传记《天才之为责任》[①]里面读到这个故事的，但是我没有整段摘引原文，我根据他的记载和自己的理解写下了这段有关“休克”一词的故事。

维特根斯坦在第二次世界大战期间辞去了剑桥大学的教职，去英国的一家战时医院（盖斯医院）担任一个辅助性的药剂师工作，医院的其他医生都对他的到来感到无比惊讶。

当时正值伦敦大轰炸期间，每天都有大量的伤者送到医院。盖斯医院的格兰特医生和同事们接受了一个政府资助的研究项目：“创伤性休克”（wound shock）。当时格兰特医生和同事们做了大量的文献检索工作之后，无法在临床上确定究竟什么才是“创伤性休克”（更无人知晓这个名词是怎么来的，似乎只有政

---

① 【英】瑞·蒙克著，王宇光译：《维特根斯坦传——天才之为责任》，浙江大学出版社 2011 年版，第 455—457 页。

府的拨款机构认为存在这类问题)。有些医生根据血液浓稠度判断“休克”,另外一些医生视低血压、白斑病和高脉搏为“休克”综合征。总之,对休克的诊断相当模糊和宽泛。维特根斯坦因此建议格兰特医生摒弃“创伤性休克”这个概念,不使用任何专门的术语,而是更详细地观察受害人的具体情况。格兰特医生在给政府的备忘录里面这样写道:“近来的空袭伤亡经验表明,尽管做过那么多工作,对外伤性或创伤性休克的治疗我们知道得还很少(注意:外科医生无法对这一类现象给出名词解释)。首先,在实践中休克的诊断方法有很大差异。我们常常对治疗有怀疑。由于缺乏诊断的共同基础,我们不可能评估实际采用的各种治疗方法的疗效。因此,有很好的依据认为:最好避免将病人诊断为休克,而代之以一种对病人的状态、进展以及实施治疗的精确完整的记录。”

格兰特医生提出避免诊断“休克”,其目的是:“给出某种形式的表达,从而使特定的不安消失。”这种特定的不安是怎么来的?是我们无法给出休克的定义?还是我们根本不理解病人的这种状态从何而来?抑或是我们对这种症状的了解还不够多?提不出治疗方法?格兰特医生给政府的报告体现了他的诚实(我怀疑有些学者在拿了政府资助的课题之后,是否也会这样诚实地汇报自己的想法,还是堆砌一些数据来论证原来就确定的目标)。总之,他的报告并不能使政府主管部门满意。他得到的回应之一是:“相当多的导言,其中的一些讨论专门为抨击休克这个词。我并未觉得这一点需要如此强调。”报告还指出格兰特医生“仅仅是因为第一次世界大战时期积累的医学资料在细节上达不到他的要求，就抛弃这些记录的做法并不合理。因为我们至少可以肯定的是，血压降低是一个诊断休克的稳定可观察的症状”。

维特根斯坦则对格兰特医生的主张大加赞赏，在他的影响下，这个医学研究小组在最后呈递题为《创伤对人的一般效应之观察》的报告中，通篇没有使用休克一词："在实践中我们发现，对休克的诊断似乎更依赖于诊断者的个人看法，而非依赖于一个普遍接受的标准。单凭休克这个名词无法说明病人出现了什么症状、病情如何以及怎样治疗。我们唯一的共识是病人似乎是病了。因此，我们被引导着丢弃了休克这个词，丢弃了其他各种各样的定义。此后，我们未发觉这个词在创伤研究中有任何价值；它倒是阻碍了无偏见的观察，引起了相当程度的误解。”

格兰特医生告诉我们，不要把症状从病人身上分离开来，单独处理，而是要针对病人解决问题。相应地，我们不要把问题从系统中分割开来，孤立地进行解决。系统出现的任何问题都是系统性的问题，要全面地理解系统出现的问题。一旦被贴上“休克”的标签，你就被引导着注意某一局部的现象和症状了。

尽管医生们广泛使用休克这个词，但是他们所指向的病人症状却是千差万别的。他们感觉其他医生会和他们一样使用休克这个词，实际上，医生们无法准确描述它所代表的症状。继续使用这个词只能带来语言的迷雾并耽误治疗。

估值这个词带来的迷雾不亚于休克。我们到处在轻松地谈论估值，多少倍的PE，多少倍的PB，什么区间是合理的？在各种教科书上，我们谈到估值时旁征博引、火花四溅；在各种研讨会上，我们谈到估值时振振有词、唾沫横飞。

2000年，互联网泡沫达到了疯狂的地步，科技网络股的股价冲上了天。我记得当时中国的GDP只有10 000亿美元左右，而思科公司的市值是6 000亿美元。很难用传统的估值模型（无论是现金流折现还是实物期权）来评估这些疯狂的股价。有一天，好朋友Craig Williams发给我一个模型，是美国一所大学商学院刚刚搞出来的。那个模型相当精致，并不特别复杂，不像是那种凑数字得出来的模型，而是有一种精致的美感，就像爱因斯坦的相对论公式一样。用这个模型去评估各个科网股简直神极了，每个公司情况虽然不一样，但是按照模型评估下来的估值和实际市场交易的估值相差不大。我们不禁欢呼，我们终于找到了估值的钥匙了！不久以后，股市开始了大调整，泡沫破灭了，我们都损失惨重，且对模型恨之入骨。我对估值模型有两句悲痛的总结：第一，涨的时候，所有模型都是对的。第二，事后看，总有一个模型是对的。

现在回想起来，我当初之所以对模型那么渴望，还是因为我对科网股的估值将信将疑。一旦有了科学的估值模型作为依据，我就放弃了审慎的风险控制，加入了“无脑买入”的狂欢派对了。而当初脑子里的那种将信将疑和犹豫不决，恰恰是进化史中祖先留给我的风险防控机制，这种机制使得我对任何可疑的事物都有一种警觉，这是生物自我保护的本能。

估值到底是怎么来的？你凭什么说10倍市盈率是低的？你到底是炒股票还是炒市盈率？如果从金融学出发，我们只能说各个资产之间的关系符合“一价原理”(one price)，不存在无风险套利机会(no risk-free arbitrage)。但是到底哪个资产才是整个市场估值体系的核心？我们不知道。金融学只知道用统计套利方法或者其他方法来维持各资产之间某种平价关系(parity)，我们不知道最初是哪个资产和市场一起诞生，并持续发挥了中流砥柱的作用，使得其它类别的资产都和它保持“一价原理”。

正当我钻入这个牛角尖的时候，中国人民大学社会学系的王水雄[①]老师给我推荐了一本书，是他早年翻译的美国社会学家维维安娜·泽利泽的名著《给无价的孩子定价》(上海人民出版社2008年版)。社会学的著作里面案例生动，细节翔实但模型简单。金融学则完全相反，模型极为复杂，但几乎没有可供实践的案例，也无法论证这些模型下次仍然有效。你一定想起了金融行业里那句老掉牙的俗话：“这次情况有所不同。”如果你此

① 我给他起了一个外号，我叫他“王水师”，因为“水雄是我师”。我在中国人民大学遇到许多人文学科的老师，他们对我帮助和启发极大。并不是所有人都能遇到原著的作者和译者来亲自答疑解惑的，我为此感觉幸运极了。

刻真的想起了这句话并且发出了会心的微笑，你一定理解了为什么我弃暗投明投奔了人类学和社会学。

我看完这本书以后，茫然若失，不知所云。于是我再次请教了这本书的译者王水雄老师。他向我解释了这是一个社会学的著名研究课题，时间跨度从1870年到1930年，大约有60年时间。泽利泽分析了美国这个时间段里面儿童生命保险市场和童工市场的变化，得出了同一时期美国儿童价值提高的结论。而且进一步研究发现，儿童价值的提高不是同步的，各个年龄段的价值变化情况不一样。其中，6岁左右的卷发白人女童的价值上升最快（以投保金额和保费衡量），1—2岁的婴儿和15—16岁的少年价值上升得最慢。

泽利泽认为这是一种文化的变化，而且是一种自变量，不依赖于其它变量。文化的改变，导致了人对周围人和事物看法的改变，由此，一切事物的估值也随之改变。这个现象被总结为"秀兰·邓波儿现象"。她恰好是那个时代极受欢迎的童星，且符合6岁白人卷发女童的标准。

那个年代正好也是美国工业化狂飙突进的时代。市场得到了巨大的发展，人们纷纷脱离家庭农场，从乡村来到新兴的城市，加入了市场。他们成了更独立的人，他们在工业化过程中提升了自己。

一个人变成了更好的人，更有眼光，更懂科学，更有人性，也更有胸怀，他自然而然会提升自己的价值认知。他在无意间和无形中会更加珍惜他自己。他不会去签署“桃园结义”那样的生死契约。他会去捍卫正义，但绝对不会把自己的生命去交给另外一个人决断。

第二次世界大战期间，希特勒和日本法西斯多次嘲讽美国人怕死。他们相信自己的战士不怕死，所以一定能够战胜同盟国。事实证明，这不是怕死，而是热爱生命。因为热爱生命，所以捍卫生命；因为热爱自由，所以捍卫自由。要让更多的人一起来捍卫自由和生命，因此，要帮助其他沦陷的国家。最终，热爱自由的人们默契一致地捍卫了市场机制，他们共同战胜了专制暴政。

当一个人很爱惜自己的生命的时候，相当于他对自己的估值提高了。与此同时，他也提高了所有其他与之相关的人和事物的价值。他由此才会对6岁白种卷发女孩产生关爱，核心问题不是有关文化的（抱歉，水雄！我正在批评你和泽利泽）。从19世纪70年代把孩子当童工到20世纪30年代开始喜爱孩子，这其中不是美国文化的变迁，而是成年人的自身价值的提升。

儿童保单的金额也好，商品价格和资产价格也罢，这些体现的都是人与人之间关系的变化。资产价格是荷尔蒙，是黏合剂，是催化剂，是服务于人的需求的。而且，工业化、市场化和个人化这三者几乎是同步在美国发生的。泽利泽观察的60年的变迁正好是美国市场的形成阶段、个人主义的兴起阶段和工业化的起步阶段。

一个人只有实现了独立，且全社会的人在实现了有行动默契的个人化以后，市场才会有估值出现。如果人都不能独立于自己的部落，人人都待在部落里听从酋长的安排和指示，那么，既不可能有市场，也不可能有估值。部落里都是可以随时被酋长牺牲掉的资料和资源，包括战士和粮食。

确立人的价值，与之相关的一切才有价值。这就是估值的本源。但是我们不能依赖一部杰出的法律和一位杰出的领袖来确立人的价值，我们依赖且只能依赖于人自身追求独立和进步的动力以及他们捍卫自由的行动默契。

电影《奔腾年代》（*Seabiscuit*）由环球影业公司 2003 年出品，片名直译为《海洋饼干》。故事根据劳拉·希伦布兰的畅销书《海洋饼干：一个美国传奇》改编。这是一个基于美国 20 世纪 30 年代大萧条时期真人真事的传奇。故事的主人公是一匹赛马，它是美国马会历史上唯一一匹三连冠的马，而且最后一次夺冠还是在腿伤初愈的情况下取得的。

这匹马系出名门，爸爸的名字里面有“海洋”，妈妈的名字里面有“饼干”，于是它就叫“海洋饼干”。它原先的主人对它期望很高，结果发现它“好吃懒做”“不受管教”，也“不出成绩”。绝望之下，主人用很便宜的价格把它卖了。新主人对它很好，百依百顺，任由它的“马性”自由发展，而且新主人发现它内心有极其丰富的情感（请读者回忆一下，我在本书前面曾经提到马脸的长度和它们情感交流之间的关系）。于是，新主人给它找了一匹母马做伴儿，随后它自己又和饲养员的小狗成了好朋友，饲养员还发现它喜欢追着农场的一群羊或者一群鸡来逗乐。总之，它感情丰富，绝不是一匹普通的马。它的主人后来接受采访时说，“并不是我们培养了一匹好马，而是它培养了我们”。

越是能征善战的好赛马，内心的情感就越是丰富。我在想，是否人类也有类似的规律呢？一个人越是追求进步，寻求人性的发展，追随自己的好奇心，拥有探索精神，他就越强大。一个人越是强大，他就拥有越多的同情心、同理心和共情心，他也就越关心别人，而一个人在他心里的价值也就越高。这是否就是资产估值的根本自变量呢？是人自身的进步，使得他变得有同情心了，使得他关爱、眷恋和保护特定年龄段的可爱的孩子。泽利泽在浩如烟海的保单数据中找到了一条线索，她认为是文化导致了孩子生命价值的上升。我认为不是文化，而是成年人自己的进步，自己的强大，自己的提升，导致了他会喜欢照顾其他人了。

在某些发展中国家的贫民窟里，狗可能被当成食物来源了；在发达国家里，狗变成了家庭成员。并不是人类对狗的驯化和估值发生了变化，我们驯化狗的祖先东亚狼到吉娃娃犬已经有5 000年了。关键是人自己发生了变化，人自己强大了以后，感情更丰富了，对其他人和事物的心理需求更强烈了。这些相关的人和事物也就因此得到了更高的估值，因而繁荣起来了。泽利泽将其称为文化,经济学家将其称为工业革命。我将其称为人的进步。

有趣的是,“海洋饼干”这匹马的故事早在 1949 年就被改编成电影。当时,恰好是由秀兰·邓波尔主演这部电影的。这个故事和相关的两部电影提醒了我,发展经济,提升估值,根本的动力在于捍卫好市场机制,保护好人的权利,提升人的价值,鼓励人的进步。

如果你接受这个观念,认为人是估值的核心坐标,人本身的进步会促使各类资产形成市场化的价格;人和人之间关系的变化推动了资产价格的变动,那么,估值就不是静态的一个坐标。

估值是一种机制,这种机制使得你只有两条路可以走:要么做一件正确的事情得到奖励,要么因害怕惩罚而不去做这件事的对立面。这么说有点儿拗口,我举几个例子你就理解了。

19 世纪 70 年代,如果你赶马车意外撞死了一个儿童,你只要赔偿一个体面的葬礼的钱就可以走人了,而孩子的父母很可能把孩子草草埋葬掉,剩下这笔钱的大部分用以补贴家用。

到了 20 世纪 10 年代,如果你驾车撞死一个儿童,后果可能很严重。泽利泽记录了一个真实的案例。

> 1909 年 3 月 27 日晚上 8 点,在英格伍德十字路口,一个著名的肯塔基州律师在纽约访问期间,他的 13 岁的儿子在街上玩耍时被汽车撞死。他的死亡很快就成为一场仪式的开端。媒体称之为谋杀:“虽然当时深思熟虑的杀人动机

毫无疑问是不存在的，但是车子里的那个人的确……牺牲掉了孩子的生命……”威廉·达拉夫，那个闯祸的司机，被逮捕并被指控为一级谋杀罪，这在当时的美国是没有先例的。最终，他被判处一级谋杀罪，司机抱怨道：“我只不过是撞死了一个有钱人的孩子。”[1]

孩子的价值上升了，并不是说你可以从市场上高价买卖孩子，而是说你伤害一个孩子的后果更严重了。这对孩子是一种更好的保护，否则市场形成了高价贩卖儿童的交易团伙，反而对孩子是一种巨大的伤害。在上述这个案子中，并没有任何人支付任何款项。但是由于有了这样的判决，危险驾驶有了坐牢的风险。这就使得防范这种风险具有了估值。这就是美国许多保险公司推销的伞形责任险的源头。我来简述一下逻辑：人提升了自己(在上述案例中，是一个著名的律师)，他就会对自己所爱的人更加关注，由此就提升了孩子的价值。当孩子的价值提升以后，伤害孩子的代价就巨大无比。为了防止伤害孩子有两个办法：一是发展安全的自动驾驶软件，一是给鲁莽的司机判重罪。他是否有罪其实不重要，只有把他判了重罪，才能体现孩子的价值，才能使保护孩子成为一个有利可图的事业。

安全招贴画和卡通画图解说明了儿童被汽车撞死的悲

---

① 【美】维维安娜·泽利泽著：《给无价的孩子定价》，上海人民出版社 2008 年版，第 38 页。

> 惨事故。标语提醒他们，"在游乐场中的一个男孩胜过在医院的两个"，以及"宁可迟到，不要受伤"。街头被描写成死亡陷阱："如果我的孩子离开了路边的安全石，他就进入了死亡通道。"着眼于儿童社会化的安全项目非常便利地将公众的注意力从汽车工业及司机身上转移出来。规训儿童要比成人更容易一些，而显然教育儿童比购买和发展安全设备更便宜一些。孩子们学会了"每条街道都是棒球赛的占位点，每辆电车、马车和汽车都是对方的运动员"。生动的讯息被添加到各种儿童教材中去。有关"不要"的清单在扩充："不要在街头玩耍；永远不要横过街道去追逐皮球；不要四处闲逛；不要拉拽电车。"安全学习中优秀者获得奖励，安全作文竞赛获胜者有奖金。任何人如果救了一个孩子的性命，就有荣誉勋章。①

我们给孩子高定价的根本原因是我们自己提升了自己的价值。我们体现孩子高定价的方法就是严厉惩罚伤害孩子的人。由此，我们提供了一种激励机制，让那些保护孩子的汽车软件、公共宣传、安全培训和紧急救援都变成了有利可图的事业。我们用提升我们自己的办法营造了一个价值体系、一个生态链，就像上帝拆了亚当的一根肋骨，给他造了一个伴儿一样。

---

① 【美】维维安娜·泽利泽著：《给无价的孩子定价》，上海人民出版社 2008 年版，第 41 页。

估值就是一种激励，它要么给你正面激励，让你去做什么事情；要么它给你负面激励，不让你去做什么事情。总之，它是激励机制。它通过你对风险的恐惧（怕撞死孩子被判刑），或者你对机会的渴望（想着发明一款自动驾驶软件而赚钱）来发挥作用。因此，估值没有合理性，或者说，估值只适应于它企图激励的人的激素水平，因而与人类的理智或者模型无关。理解这一点需要巨大的勇气。

维特根斯坦在表述他的语言哲学时，用过这样一个例子："设想一个画面，一个拳击手摆出一种特定的姿势。可以把这个画面理解为他在告诉人们在拳击时应该怎样站立，应当采取怎样的姿势，但也可以把这幅画面理解为他要告诉人们不要在拳击中采取什么姿势，甚至他只是在模仿某个特定的人的特定姿势。"（《哲学研究》第 23 节）现在，把拳击手的那个姿势想象成某个股票的价格，把那场拳击比赛想象成某个时段的股价走势，如果我只告诉你某个时刻的价格，你能理解什么呢？即使我把一个连续的交易时段的价格都告诉你，你又能理解什么呢？你是否一定比刚才只知道某个片段的情况更全面地理解了估值呢？

我认为估值体现了在某个历史时刻上市公司的运营状况，投资人的预期，对潜在投资者的激励和约束，等等因素均是那个时刻的生态环境下产生的一个价格指标，对当时的人有激励和约束作用，让他们去做某个特定的事情。如果我们把某个温度指标和那个温度所处的热带雨林割裂开来，单独研究温度的变化，那是毫无意义的。我们必须尊重这样一个事实：那个历史温度来自某个热带雨林在某个历史时刻的状况，那里一定有一个复杂而完整的多样性生物，雨林、生物和温度是统一整体，我们不能割裂开来，忽略其一而单独研究其二。

有鉴于此，我不赞成把上市公司的股票价格，同上市公司、实体经济、当时的货币环境、当时的技术条件、当时的社会环境、当时人们的需求等等因素割裂开来，单独放到模型里面去进行探讨和研究。我不认为当时的价格已经自动包含了市场信息。研究 K 线图的技术派人士可能就是犯了这个错误，他们认为可以抛开自然环境单独研究温度，也可以抛开经济环境单独研究价格——他们是雨林中某个部落的巫师，毕业于吉卜赛神学院，他们在资本市场生存的概率不会高于那些因求雨失败而被处死的前辈们。

估值不存在任何合理性。估值只有两个目的：一是鼓励你去做某一件事情，二是鼓励你不要去做某一件事情。只有当你想成为一个更自由、更全面发展、人格更独立和更高社会地位的人的时候，估值才对你有意义。设想你待在部落里面，一切都听酋长安排，你充其量就是一个走卒，酋长随时可以牺牲掉你。你对于他来说就是一种资源、一种生产资料和一种战斗工具。

估值是丛林中的激励机制，出现高估值的情况，就类似于向相关行业的投资人提供了激励机制，鼓励大家对某个行业进行投资,这个行业可能是具有科技进步潜力的朝阳行业,类似于丛林具有孕育新物种的机制;同行业内的领先企业得到高估值,还可以鼓励现有管理层改善经营水平,提高劳动生产率,这就是丛林中鼓励强者的优胜劣汰机制;当某个行业出现整体下滑的时候,低估值反而遏制了新增投资的冲动,对行业内剩余企业是一种保护。

从这个认识出发,我们无须构建估值模型,只需接受估值水平,估值必然有不合理、不理性的成分,因为估值本身是一种激励。合理的东西并不能刺激你去改变现状,去创造未来。只有那些看起来不合理的激励才能促使我们采取行动,把资本市场的激励机制体现到实体经济中去。

我相信金融市场是无法预测的,无论你用什么数学工具都于事无补,数学工具和理论模型只能帮你在执行某一个交易策略时建立信心而已。更好的投资决定只能来自对人性的更好理解。这种理解首先要求自己变得更诚实、更真诚,要把握好自己,去做一个更好的人,去深刻地体会人性,而不是功利地以改善投资回报为目的。成为更好的、完整的人,就是人的目的,就是你的回报,我们不应该指望自己仅仅成为一个更好的投资人。那样的话,你会迷失在金融的迷雾中。

我将在下一本书《估值原理》中详细阐述有关估值的问题,敬请期待。

最后,我想用《浮士德》歌剧第二部第五幕第五场浮士德倒地而亡之前的两段歌词来结束这本书：

只有每天都争取自由和生存的人，

才配有享受自由和生存！

……

愿自由的人民生活在自由的土地上，

（合唱）

这一刻，你真美啊！请你停留。

后 记

这本书是我和上海财经大学出版社约定的三部曲的第二部。此前,他们已经出版了《货币起源》,我目前还在写作的是三部曲的最后一部《估值原理》。它讲的是人类社会如何对各种非交易资产进行估值,进而如何影响其他资产的价格变动。在远景规划中,我还想写作《交易策略》和《金融哲学》。前者试图把历史上各个小故事,尤其是当事人的决策,放到金融交易策略里面去分析;后者试图梳理一条哲学脉络来看待金融体系。

我是在新冠病毒疫情发生期间写作这本书的。当时,我充满了焦虑不安的情绪。我担心自己得病,害怕这是我的最后一本书,甚至成为我未完成的"遗作"。这种紧张焦虑始终折磨着我,迫使我快马加鞭地写完了这本书,并以一种对自己的人生"划句号"和"负责任"的态度,在书里说出了蓄积已久的真心话。

疫情期间,各个小区都设立了严格的管理制度。每辆车进入小区之前,都要测量车内人员的体温。后来,疫情已经完全得到了控制,管理制度也就相应下调了响应等级:每人每天测一次体温就可以了，不用重复测温。有一天，我带着老婆孩子回家，保安看见我的车以后就挥挥手说："今天测过了就不用测了。"事后，我老婆对我说："这个保安真笨，他不记得我们没有测过体温。"我回答道："我倒是觉得这个保安很聪明，他给自己不测体温找到了合适的借口。"我们俩争执不下，于是就像所有父母一样，我们把这个争论提交给了孩子。我们问他："爸爸妈妈谁说的对？"孩子回答："照他说的去做就好了。"

我一直觉得我儿子有哲学家气质（我在《货币起源》的后记里面已经披露了这一点，当时他说维特根斯坦是我心中的小熊）。他提醒了我，争论一个问题往往会陷入逻辑的泥潭、语言的迷雾或者自尊的陷阱。重要的不是争论，而是实践和捍卫。总之，要付诸行动。看待问题最好的角度和方式是动手实践。那些你不打算捍卫的东西根本就不是正义；那些你不打算相信的东西根本就不是真理；那些你不打算实践的东西根本就不是理论，因此，也就谈不上对和错。

我预计这本书中的许多观点将激起学者的反对，我不奢望赢得与他们的争论。我尤其不指望赢得知识分子们的赞美，因为知识分子这个词本身就包含了对别人进行批判的责任。我应该想方设法为我的观点赢得一场由更多人参与的市场实践。愿更多的人一起来捍卫市场秩序，来争取个人自由，来实现人的更大发展，来推动国家和民族的进步。

这本书的写作过程让我自己醍醐灌顶和酣畅淋漓。写完之后，我感觉如沐春风，就像是亨弗莱·鲍嘉在电影《大梦方醒》(The Big Sleep，美国华纳兄弟公司1946年出品)片尾披露全部曲折的真相一样。正义也许还没有得到伸张，但观众的心已经提前扣响了扳机，因为真相已然就在眼前。

我相信会有读者喜欢这本书的。但不用急着告诉我这是一本好书。因为在我自己动手去艰苦实践书里的内容，去勇敢捍卫人类的正义理想之前，它还不是一本好书。

参考书目

周洛华:《货币起源》,上海财经大学出版社 2019 年版。

爱德华·威尔逊:《论人的本性》,新华出版社 2010 年版。

Edward O. Wilson, *Social Conquest of the Earth*, Liveright Publication Corporation, 2010.

弗朗斯·德瓦尔:《猿形毕露》,三联出版社 2015 年版。

弗朗斯·德瓦尔:《黑猩猩的政治》,上海译文出版社 2014 年版。

贾雷德·戴蒙德:《第三种黑猩猩》,上海译文出版社 2012 年版。

金融哲学系列

作　　者：周洛华
装　　帧：精装
定　　价：68.00
出版日期：2019 年 3 月

作　　者：周洛华
装　　帧：精装
定　　价：78.00
出版日期：2020 年 8 月

作　　者：周洛华
装　　帧：精装
定　　价：88.00
出版日期：2022 年 3 月

作　　者：周洛华
装　　帧：精装
定　　价：88.00
出版日期：2024 年 4 月